中国特色职业教育理论研究丛书
庄西真　主编

适合的职业教育教师队伍建设研究
SHIHE DE ZHIYE JIAOYU JIAOSHI DUIWU JIANSHE YANJIU

江苏省终身教育研究会2018—2019年度重点课题"基于职教师资视角的适合的职业教育研究"（18SZJA003）、2018年度江苏省教育改革发展战略性与政策性研究重大课题暨职业技术教育学会重点课题"适合的职业教育发展模式与路径研究"（XHZD20180101）成果，江苏高校"青蓝工程"科技创新团队成果

孙建波　陆玉梅　著

苏州大学出版社
Soochow University Press

图书在版编目(CIP)数据

适合的职业教育教师队伍建设研究/孙建波,陆玉梅著. —苏州:苏州大学出版社,2019.12
(中国特色职业教育理论研究丛书/庄西真主编)
ISBN 978-7-5672-3086-6

Ⅰ.①适… Ⅱ.①孙… ②陆… Ⅲ.①高等职业教育-师资队伍建设-研究-中国 Ⅳ.①G718.5

中国版本图书馆 CIP 数据核字(2019)第 294340 号

书　　名	适合的职业教育教师队伍建设研究
著　　者	孙建波　陆玉梅
责任编辑	刘诗能
装帧设计	吴　钰
出版发行	苏州大学出版社(Soochow University Press)
社　　址	苏州市十梓街1号　邮编:215006
印　　装	苏州工业园区美柯乐制版印务有限责任公司
网　　址	http://www.sudapress.com
邮　　箱	sdcbs@suda.edu.cn
邮购热线	0512-67480030
销售热线	0512-65225020
开　　本	710 mm×1 000 mm　1/16　印张:17.5　字数:251千
版　　次	2019年12月第1版
印　　次	2019年12月第1次印刷
书　　号	ISBN 978-7-5672-3086-6
定　　价	58.00元

凡购本社图书发现印装错误,请与本社联系调换。服务热线:0512-67481020

总　序

众所周知，日本和德国都是第二次世界大战的战败国，大家也都知道日本和德国"二战"后从战争的废墟上迅速崛起，成为经济发达国家，其经济总量在世界上分别排名第三和第四。虽然也有这样或那样的关于产品的负面报道，但从总体上看，德国货和日本货的质量是有保证的。许多人想知道德国和日本经济又好又快发展的奥秘，仔细分析，促进德国和日本制造业发展的影响因素绝对不止一个，但是高素质的技术工人队伍肯定是重要的因素之一，换言之，数量充足的具有工匠精神的技术工人队伍成就了德国和日本产品的高品质。因职业之故，我更感兴趣的是，高素质的技术工人队伍是如何培养出来的。研究可知，在长期的经济社会发展过程中，德国和日本结合自己的国情探索形成了具有各自国家特色的技术工人培养模式。不同的培养路径，相同的结果——高素质的技术工人队伍，可谓殊途同归。

早在1969年，德国便用《职业教育法》确定了"双元制"的法律地位，"双元制"的资格证书在行业内的认同度非常高，几乎一半的德国青少年在完成义务教育后会进入职业学校学习。该体系要求学生每周一到两天在职业学校进行专业理论学习，三到四天在企业中接受实践教育，如此安排，让学生能有效地将理论与实践相结合，较好地学以致用。培训时间一般为两年到三年半。"双元制"职业教育与培训体系需要企业的大力配合，在德国的职业教育与培训中，企业的参与程度很深，且具有较强的培养学徒的意愿。他们认为，学徒在企业实习三年的劳动贡献完全可以抵销培训所付出的费用，并且也有利于企业自身选拔人才和吸收新鲜血液。在欧洲，德国青年失业率比其他国家低便得益于此；德国经济能够抵御金融风险，保持高质量发展也得益于此。

伴随经济的高速增长，日本也探索形成了适合本国国情的、日趋完整的企业职业技能培训体系。日本企业普遍认为，企业内培训是提高企业核心竞争力的关键要素，企业需要不断地对员工进行培训和教育。"二战"后初期，日本企业一方面通过技能培训提高普通工人的生产能力，另一方面通过吸收先进的经营管理经验来提升中高层职员的管理能力。20世纪80年代，日本大企业实现了员工全员再教育，近八成的中小企业实现了员工全员培训。虽然与德国"双元制"不同，但是日本也通过这样的企业职业教育和培训方式源源不断地提供了企业发展需要的技术工人。

德国和日本不同的技术工人培养模式给我们的启示就是，每个国家要根据自己的国情、所处经济发展阶段、已有的条件和基础探索适合自己的职业教育模式，依此培养经济发展需要的高素质的劳动者和技术工人。没有一个国家是照搬别国的教育模式而达到预期效果的，尤其是大国。中国有自己的国情，这突出表现在中国是一个大国，这个"大"最起码表现在三个方面：一是幅员辽阔，陆地有960万平方千米的国土（日本是37.8万平方千米，德国是35.7万平方千米），各地区之间经济发展水平、自然地理条件、文化风俗传统差别比较大；二是人口众多，光大陆就有13.8亿人口（德国是8 218万，日本是1.27亿），仅16~60岁的劳动年龄人口就相当于美国全部人口加上欧洲全部人口、俄罗斯全部人口、日本全部人口之和，且全部人口平均受教育程度较低、技能水平较低；三是经济总量排名世界第二，仅次于美国。与数量上排名第二对应的是，我国在经济发展的质量方面与排名第一的美国还有较大差距，也就是我们常说的"大而不强"。特殊的"大国"国情加上处于转型阶段（转变发展方式、优化经济结构、转换增长动力），决定我们不可能照搬德国、日本或者其他任何国家的职业教育和培训模式，而要走自己的技术工人培养之路。

依靠先进的、科学的理论，能够合理地引领和提升实践，这是几乎所有人类活动领域长久以来奉为圭臬的命题，为中国经济的转型发展培养高素质的技术工人的实践活动也不例外。中国特色的技术工人培养实践，呼唤中国特色的职业教育理论。这就是我主编"中国特色职业教育理论研究丛书"的理由。本丛书的作者全部是江苏理工学院职业教育研究院的研究人员，也是江苏高校"青蓝工程"科技创新团队成员，他们在职业教育政策分析、职业教育治理、职业教育课程与教学、职业教育教师专业发展等领域做了深入的研究。

目 录

前言 / 001

第一章　适合的职业教育教师队伍概述 / 003
　一、适合的职业教育教师队伍的研究缘起 / 003
　二、适合的职业教育教师队伍的内涵 / 004
　三、适合的职业教育教师队伍的特征 / 008
　四、适合的职业教育教师队伍的意义 / 014

第二章　适合的职业教育教师队伍的培养理念 / 016
　一、道德标准下适合的职业教育教师队伍 / 016
　二、终身教育理念下适合的职业教育教师队伍 / 021
　三、双师理念下适合的职业教育教师队伍 / 029
　四、工匠精神理念下适合的职业教育教师队伍 / 052
　五、"一带一路"理念下适合的职业教育教师队伍 / 066

第三章　适合的职业教育教师队伍的培养方向 / 075
　一、适合的职业教育教师队伍的信息化能力培养 / 075
　二、适合的职业教育教师队伍的教学能力培养 / 094
　三、适合的职业教育教师队伍的科研能力培养 / 111
　四、适合的职业教育教师队伍的实践能力培养 / 121

第四章　适合的职业教育教师队伍的培养途径　/ 151

一、适合的职业教育教师队伍的培训途径　/ 151

二、适合的职业教育教师队伍培养的名师工作室途径　/ 195

三、适合的职业教育教师队伍培养的开放大学途径　/ 203

四、适合的职业教育教师队伍精准建设途径　/ 208

五、适合的职业教育高层次人才培养途径　/ 215

六、适合的职业教育教师队伍激励培养途径　/ 226

七、适合的职业教育教师职称评定培养途径　/ 236

八、适合的职业教育高技能师资队伍培养途径　/ 241

第五章　适合的职业教育教师队伍培养的保障　/ 246

一、适合的职业教育教师队伍培养的政府保障　/ 246

二、适合的职业教育教师队伍培养的学校保障　/ 248

三、适合的职业教育教师队伍培养的企业保障　/ 250

第六章　适合的职业教育教师队伍的培养个案　/ 252

一、适合的职业教育 Q 老师个案　/ 252

二、适合的职业教育园区个案　/ 258

三、适合的职业教育殷村国际职教小镇个案　/ 264

后记　/ 271

前　言

百年大计，教育为本；教育大计，教师为本。职教师资数量庞大，教师的素质决定着数量更加庞大的职教学生的培养质量。一所职业院校具备核心竞争力的关键在于是否拥有一支素质过硬的教师队伍，而职业教育的办学目标和办学方向及其自身特有的职业性、实用性和技能性特征则要求职教师资必须具备适合的属性。因此，加强教师队伍的培养成为职业院校师资队伍建设的重要内容，也是职业院校实现人才培养质量提升的关键所在。

第一，适合的职业教育教师是人才培养目标定位的需要。在我国向经济强国和人力资源强国迈进的关键时期，职业教育作为教育发展中的一种类型，肩负着为社会主义现代化建设培养千百万面向生产、建设、服务、管理第一线需要的高端技能型专门人才的使命。人才培养目标定位的需要决定了职业教育只有以经济社会发展需求为依据，以对接产业为切入点，通过"专业与产业对接、课程内容与职业标准对接、教学过程与生产过程对接、学历证书与职业资格证书对接、职业教育与终身学习对接"的全面推进，才能凸显职业教育的办学特色。为此，职业院校教师只有具备适合属性，充分了解产业发展趋势、职业标准要求，熟悉生产过程内容，掌握生产一线操作技能，并能获取相关职业资格证书，才能胜任现代职业教育提出的要求。

第二，适合的职业教育教师是职业教育人才培养模式改革的需要。积极推行生产劳动和社会实践相结合的"工学结合"人才培养模式，重视学生校内学习与实际工作的一致性，强调教学过程的实践性、开放性和职业性。我国职业教育多年实践也证明"工学结合"人才培养模式是培养高素质技能型专门人才的有效途径。这种培养模式的改革要求专业教师不再是纯粹学者型或教学型的,而是要懂教育教学理论,既能教学,又能熟悉企业和市场实际运作流程,具有生产一线的操作与管理经验,善于指导的复合型教师。

第三,适合的职业教育教师是课程建设与改革进一步深化的需要。随着职业教育教学改革的不断深入,可以说,当前大部分职业院校并不缺乏先进的职教理念,但改革的成效却并不理想。通过调研可知,制约教学改革持续发展的瓶颈大多不在顶层设计层面,而在操作实施层面。

课程建设与改革作为一项操作实施层面的教学改革工作,其实施的主体是教师。所以,归根到底,教学改革的成败在于有无一支能将理念与实践最大程度结合的适合的师资队伍。未来的职校教师应首先掌握相应职业的理论层面内容,其次能从职业活动中选取典型的工作过程和工作任务,遵循教育教学规律,科学运用职教教育理论,结合教学实践合理确定教学内容,优化教学环节,科学设计教学情景,选择适宜的教学方法及教学评价方式。只有做到这样,才有可能胜任培养高端技术技能型人才的教育教学活动。

第四,适合的职业教育教师是高技能人才培训的需要。我国正处于全面建设小康社会的关键时期,要走新型工业化道路,建设社会主义新农村,加快产业优化升级,发展低碳经济和绿色产业,就迫切需要培养一大批具有精湛技艺、优良素质的高技能人才。职业院校只有组建一支高水平、高素质的教师队伍,才能在不久的将来承担起提升职业技能的任务和对再就业培训人员等多门类高技能人才进行新知识、新材料、新技术、新工艺培训的任务。

第一章 适合的职业教育教师队伍概述

一、适合的职业教育教师队伍的研究缘起

2018年全国有专科职业院校1 418所,校均规模6 837人,在校生9 694 866人,学校生师比17.89∶1,折算后专任教师约为541 915人。全国中等职业教育共有学校1.02万所,在校生1 555.26万人,生师比19.10∶1,共有教职工106.63万人、专任教师83.35万人。① 江苏省有高职高专院校90所,独立学院25所,成人职业院校8所。② 江苏省中等职业教育有专任教师4.33万人。江苏省职业技术培训机构有教职工39 474人、专任教师26 096人。江苏省成人学校有教职工2 771人、专任教师1 651人。③ 职教教师队伍如此庞大,建设的重要性显而易见。职业教育的核心竞争力在于教师,有好的教师才有好的教学、好的学生、好的学校。揆情度理,"适合的职业教育"缘于"适合的教育",是"适合的教育"在职业教育领域的体现,是一种理想的教育追求,是一种完美的、成功的教育形态。这一概念因《国家中长期教育改革和发展规划纲要(2010—2020年)》的发布而引起关注。适合的职业教育理念对职业院校教育实践有着重要的指导意义,其不仅适宜学科联动、适于挖掘资源、适合教师发展,也有利于教师展

---

① 中华人民共和国教育部.2018年全国教育事业发展统计公报[EB/OL]. http://www.moe.gov.cn/jyb_sjzl/sjzl_fztjgb/201907/t20190724_392041.html.
② 江苏省教育厅.江苏省普通学校名单[EB/OL]. http://www.ec.js.edu.cn/art/2017/6/6/art_4560_55516.html.
③ 江苏省教育厅.江苏教育基本情况(2015年1月)[EB/OL]. http://www.ec.js.edu.cn/art/2015/3/19/art_4269_168374.html.

示。弗虑胡获,弗为胡成。相较于合格而言,职业教育更需要合适的师资队伍,从合格到合适,将成为职教师资发展的新趋势。所以,在职业教育这一领域,我们急需建设一支师德高尚、业务精湛、结构合理、实践能力过硬的师资队伍,建设一支具有良好综合素质、系统知识结构、创新思维能力、工程思维思想、与人沟通艺术、多学科素养、多技术技能复合的师资队伍。让职教师资追求教育思想现代化、教育情怀人文化、教学方式多样化、教学质量品质化,不断提升自身教学技能。职业教育已由快速增长阶段转向高质量发展阶段,已经进入转变发展方式、优化经济结构、转换增长动力的攻关期,教育体系结构和人才培养结构也渐趋合理。适合教育的本质特征便是在新时代下,面对职业教育发展的新态势,我们要做到系统、全面、整体、均衡地实施适合的职业教育。

二、适合的职业教育教师队伍的内涵

职业院校的教师从教学角度进行划分,通常分为两大类,一类是专任教师,另一类是非专任教师。(1)专任教师指具有教师资格、专门从事教学工作的人员,可分为专业课教师、文化课教师、实验课教师。这些人员一要具有教育教师资格证书,二要在统计时段承担教学工作。一般包括专职任课教师,"双肩挑"(行政、教学)人员;具有教师资格且承担教学任务的非教师专业技术职务系列人员;具有教师资格且承担教学任务的分管学生工作的正副书记、学生辅导员;由于学历原因未能取得职业院校教师资格证,但具有职业院校教师专业技术职务并一直从事教学工作的老同志等。(2)非专任教师包括不在教学岗位,不专职从事教学工作的行政管理人员或其他工作人员,以及学校为提高教学质量而外聘的老师,没有编制属于代课、兼职性质的教师,公共基础课教师、文化课教师不包括在内。

中共中央 国务院《关于全面深化新时代教师队伍建设改革的意见》中,

对教师队伍建设提出了高素质、专业化、创新型的要求①,经过辨析与思虑,对适合的职业教育视角下职教师资的发展路径问题,从以下三个角度分别进行内涵阐释。

(一) 素质提升

1. 加强职教师资师德建设

师德,是所有教师为师从教的灵魂所在,好师德是教师的第一财富。教师要人格高尚,这就要求教师要关爱学生,严谨笃学,淡泊名利,自尊自律,身教重于言教,以人格魅力和学识魅力感染学生,做学生健康成长的指导者和引路人。学校要对师德师风建设常抓不懈,把"人格高尚,教艺精湛"作为教师队伍建设的目标。要认识教师职业内涵,塑造教师职业形象,挖掘教师职业内在的尊严、快乐和价值。以立德树人为导向构建德育导师制,实现全员、全程、全方位育人模式。实现生命价值与职业价值的内在统一、良心育人与责任育人的统一,把学校建设成求真的知识世界、向善的人际世界、美好的心灵世界。

2. 加强职教师资素质建设

素质,是一种比较稳定的身心发展的基本品质。职业技能相当于一个人的"硬件",职业素质相当于一个人的"软件",硬件和软件的结合共同决定着一个人职业生命的高度与深度。首先需明确职业教育的特色,然后分析职业教育特色的保持需要教师具备什么样的素质,继而才能去思考这些素质的建构之法。职业院校应注重专业建设的适应性、教学模式的适合性和文化涵育的适配性,构建教师职业意识现代化、职业道德现代化和职业心理现代化,使教师具有适应的心智、适合的技能、适宜的行为,得到全面充分的发展。

---

① 中共中央 国务院. 关于全面深化新时代教师队伍建设改革的意见[EB/OL]. http://www.gov.cn/zhengce/2018-01-31/content_5262659.htm.

(二) 专业精进

1. 加强青年教师专业培养

通过专业深造、创业定位和未来发展的交流互动,让每一名青年教师审时度势,冲破阅历和社会经验的局限,争做能吃苦、能干事、能创业的"三能"人才,这样才能赢在职场。学校应加强对青年教师的培养并帮助青年教师做好职业规划,充分发挥老教师对新教师的传、帮、带作用,高标准、严要求加强后备人才培养力度,力争做到"一年打基础,三年做熟手,六年当骨干,九年成专家"。构建教师队伍科学结构,打造高层次人才培养平台。

2. 提升在职教师专业素养

把提升教师专业成长作为工作重点。为教师设立发展目标,要求教师勤于总结、善于反思,这样才能不断促进教师专业素养的提升。

第一,教师专业成长措施多样。鼓励全体教师积极争当"教学能手、命题好手、解题高手、管理强手、行家里手等",做到备课要"精",上课要"实",批改要"细",考试要"勤",辅导要"全",研讨要"新",总结要"深",提升要"快"。鼓励教师积极参加优质课评比、论文评选、课题研究、学术专题报告、名师申报等学习交流活动,为每名职教教师提供一个施展才华、追求成功的平台。

第二,信息化背景下教师专业发展。加快高新技术教师的专业培养,以适应新技术、新产品、新产业、新业态、新模式的需要。要人才增能,不能机器赋能,否则职业教育就会成为时代发展的瓶颈。让教师具有相关基础知识和专业能力(如核心技术、标准规范),为科技进步培养人才、创新人才、储备人才、供给人才。大力培养有能力为别人服务的各类技术技能人才,为未来社会可能因科技进步而出现的互补性的生活方式做好准备。[①]

---

① 教育部. 教育部关于印发《教育信息化"十三五"规划》的通知(教技〔2016〕2号)[Z]. 2016-06-07.

（三）创新发展

1. 职教师资教学模式创新

第一，以职教师资为主体地位。以教师为主体是对以人为本理念的进一步解读，适合的教育不是被动地让教师学习与教学，而是让教师学会主动学习与教学，尊重教师的主体地位，激发教师学习与教学的热情。

第二，引进新思想、新思维、新方法等教学内容。在教学内容中引进新思想、新思维、新方法。重新审视学习目标、学习方式、课程内容、评价途径，转变教学方式，力推智慧课堂，充分利用"微课""慕课"进行教学。探索"行政班+走班"教学方式改革，实施素质教育课程，引导学生适应学习。同时，构建多元化课程体系，力推大阅读活动，确保理论研究走在前列，使核心技术占领制高点。搭建"名师走教"平台，激发学生积极参与学习的热情。

第三，加大新技术在教学中的运用。在科技进步周期不断缩短，新知识、新技术不断涌现，成果转化应用技术一日千里，各种知识结构不断整合的新时代，用数字化、标准化的教师教学行为，帮助师生快速精准定位教学问题，实现针对性、科学性教学，提升教学效果。教育场景实现突破，通过技术使原本抽象、微观、平面的课本具体化、宏观化、立体化，解决教学缺乏互动等问题。强化科技应用开发，对接需求，挖掘市场应用优势，加强基础理论研究，在理论、方法、工具、系统等方面取得突破性的进展。利用百度、网易、谷歌、Facebook等国内外互联网巨头积极布局VR教育领域的大势，推动教育产业实现颠覆性变革发展。

2. 职教师资使用模式创新

科研机构、院校、科技教育企业均可引进教师，引进杰出个人与卓越团队，构建一个科学的人才培养结构。主攻关键核心技术，强化科技应用开发，以更坚定的决心、更有力的措施，创新建设学科体系、培训体系、课程体系、能力再造体系，打造多种形式的高层次人才培养平台，加强后备人才队伍培养力度，为科技和产业发展提供更加充分的人才保障，建设学习大国、人力资源强国、人才强国。

三、适合的职业教育教师队伍的特征

(一) 适合的职教教师是道德楷模

1. 道德楷模的特征为"学高为师,身正为范"

要求职教教师在政治上立场坚定,坚持真理,拥有正确的世界观、人生观和价值观;在事业上精益求精,乐于奉献;在教学上认真钻研业务,以丰富的专门知识和广博的相关知识展示较高的业务素质;在学术上必须诚实,坚决杜绝造假、抄袭;在身体素质方面,加强体育锻炼,保持充沛的精力和健康的体魄。职教教师要具有勤奋、求实、创新等认知心理品质,公正、热情、诚恳、和蔼、宽容等情感心理品质,耐心、自制、毅力等意志心理品质,合群、幽默等性格心理品质。职教教师绝不能只有一个刻板的、有限的内心世界,应当是一名心理健康的、充满阳光的人民教师。并且要做到坚持不懈地探索、再探索以及学习、再学习。职教教师必须富有创造性,有良好的教养以及丰富的知识。同时必须对许多事物及事物之间的内在关系保持好奇心、求知心,必须对所教内容及其与生活中问题的关系以及其他领域的知识非常熟悉,也必须学会预测学生对不同刺激产生的不同反应。老师要热爱所有的学生。

2. 道德楷模的养成

道德的养成不是一朝一夕可以完成的,需要时间积累和岁月磨炼。对那些已经在职业教育系统任教的教师,可以说道德特征基本定型,可塑性不强;到学校工作之后,学校能做的也只是把握住方向,在其出现偏差时,给予适时的调整和及时的指导。学校要定期进行政治学习,使其及时关心了解国家大事,坚定政治方向。在遇到一些严重的自然灾害,如雪灾、地震等时,学校应积极组织教师捐款、捐物,激发教师的爱心和责任心。道德只能约束人,不能制裁人,道德靠自觉遵守,而不是强制执行,所以道德更多的是靠潜移默化的修行,才能提高道德水平。学校要给教师制定严格的道德水准,号召所有教师参照执行,定期进行民主测评,依据测评结果,评选遵守道德的优秀教师。同时,在学校网络平台上开设道德专栏,用网络这一具有时效性、广泛性的平台公开一些值得学习的优秀道德行为,从而进行正确的引导,让教师们在心中自觉树立正确的道德评判标准,这样有助于社会和政府积极引导广大教师的道德行为。

(二) 适合的职教教师是教学能手

1. 教学能手的特征

真正的职教教师是真正能为学生"传道、授业、解惑"的人,他们要具有以下知识:

(1) 文化知识。指文理交融的广博的文化知识,为特定专业本体知识外的广博知识,对其广泛了解和掌握,具有与专业本体性知识同等重要的意义。

(2) 实践知识。指教师在面临实现有目的的行为中所具有的课堂情景知识以及与之相关的知识,也就是教师教学经验的积累。

(3) 条件性知识。指教师所具有的教育学、心理学知识,这种知识是广大教师所缺乏的,也是在教育改革实践中特别强调的。条件性知识是一个教师教学成功的重要保障。在研究中,一般把教师的条件性知识具体化为三个方面,即学生身心发展知识、教与学的知识和学生成绩评价的知识,教师必须把学科知识"心理学化",以便学生能理解。除了要具有这些必备知识之外,职教教师在具体教学中还要注意以下方面:职教教师教学理念要时时更新,能及时掌握有关教学方面的新动态。在课堂上,要做一名有着丰富教学经验的老师,掌握整个课堂的节奏,吸引学生的注意力,引导学生在轻松愉悦的氛围中学习。职教教师要灵活掌握多种教学方法,对一些最新的研究方法要敢于尝试,以学生最能接受的方式传授知识。职教教师在课堂上要表现得成熟、庄重、大气,在课堂教学中不光要传授教材知识,还要教给学生做人的道理。

2. 教学能手的养成

（1）教学思想与教学理念。职教教师平时应积极研究职业教育教学的特点与规律，将以职业能力为本位、以工作过程为导向的职业教育教学理念融入专业发展规划和课程改革设计中。要与时俱进，贴近行业，紧抓动态，跟踪把握职业岗位（群）任职要求的更新及变化，从而及时对教学内容做出调整。学校要注重教师理论的及时更新和实践能力的不断提高，安排教师至少每两年到行业企业中实践一段时间，或以带队教师的名义将教师安排在学生实习企业一边督导一边进行实践操作的实地学习等。教师应注重学生职业素质的培养、整个职业生涯的规划以及可持续发展能力的培养，眼光要长远，从学生入校开始就要对学生在校的整个培养阶段做出合理的安排。

（2）教学艺术与效果。针对职业院校和职业院校学生的不同特点，因材施教，让每名学生都能学到知识，提高教学的实效性。将项目教学法、理实一体化教学法、案例教学法、模拟教学法、头脑风暴教学法、张贴板教学法等运用于教学中，充分激发学生的学习兴趣，促进学生思维能力，提高学生自主学习的能力，开发学习潜能。充分利用网络等现代教育技术，建立具有虚拟现实效果和仿真实训效果的教学环境，将教学活动开展得具有特色。

（3）与行业企业合作。进行教学条件特别是实训条件的改善及建设，对已有的教学仪器设备进行改造和二次开发，引企业的先进设备进课堂，将车间搬到学校，让学生理论学习与动手实践交叉进行，对条件允许的实训项目进行营业性创收，让学生轮流顶岗实习。针对学校实际，组织教师进行校本教材的开发，以适应教学的实际需要。积极开展教学标准、课程体系、教学内容、案例、课件、实训项目、教学指导、习题题库、学习评价等教学资源的建设及数字化。对于习题库，可组织教师出题，每门课程设计10份习题试卷，放入习题库，练习或考核时从中随机抽取；对于教学指导手册，可组织经验丰富的教师统一编写，供教学中使用。

3. 教学组织与管理

根据职业教育特点，积极探索校企合作、产学结合的教学组织，形式可灵活多样，以利于学生创业和参与实践锻炼为前提，让学生参加生产性实训，其生产出来的产品要求达到销售水准，可直接进入市场流通。在保证学生安全的情况下，组织学生在实际的岗位上实习，参与实战。在考核方面，构建学生学业评价的新方法和新机制：将过程评价与终结评价相结合，将自评与互评相结合，将多元评价与综合评价相结合，促进学生健康发展，提高学生的职业能力和就业竞争力。

（三）适合的职教教师是行业先锋

1. 行业先锋的特征

职教教师要对所教学科前沿动态非常了解，知识不老化、更新快，与所教专业的行业企业联系紧密，及时到企业去交流、学习，掌握实时动态。理论是灰色的，实践之树常青。不断学习是适合的职教教师教学之外重要的提升自身的发展方式。所谓"术业有专攻"，就如旅游专业教师要能到旅行社带团、护士专业教师要能实际护理、医学专业教师要能为病人看病、化学专业教师要能把实验做得很好、机械制造（如铣工、模具）专业教师要能生产出像模像样的产品等。而那种只会黑板上开机器、纸上谈兵的教师已经逐渐被社会淘汰了，职教教师是所在行业中的佼佼者。

2. 行业先锋的养成

行业先锋必须深入行业中去，了解行业的发展趋势，深入不同类型的企业，比较分析，发现不同，寻找改革创新之路。政府要定期举办一些培训班，挑选优秀的教师参加培训，在经费上大力支持。学校可办一些校办培训班，也可申请政府政策支持，着重培养师资队伍，与企业加强联系、建立长期合作，派遣员工到企业工作、实习，增加校企双方的互动、合作。职教教师应该具有相关企业相应的技术工种3年以上的专职工作经历，且近3年仍能在相关企业参加技术服务或技术研发并做出实际成果，在行业企业具有一定影响力。

(四) 适合的职教教师是技术专家

1. 技术专家的特征

技术专家要在本行业中有名气，得到同行的认可。并非一定要像邓建军那样名动全国，但至少在一定的区域内要非常有名气，得到行业企业的认可。技术专家要对所从事的行业非常精通，具有扎实的理论基础并能熟练地运用于实际操作之中，对出现的问题能立刻找出症结所在，对症下药。平时能深入思考，具有宏观和长远眼光，对行业的发展现状具有深刻的了解，并且能够思考和发现行业中存在的问题和不足，对行业的发展前景能及时做出准确预测。

2. 技术专家的养成

政府推动是首要，不管是职教教师的评选，还是职教教师的培养，都需要政府出面，行政政策的支持是不可少的。职教教师要能面向行业企业实际需求，积极承担与专业相关的技术服务项目，产生社会效益，取得良好的实际效果。也要促进所在行业的技术进步，并能促进所在行业高技能人才的培养；能参与或主持来自相应行业企业的课题或具有产业价值的技术专利申报。

(五) 适合的职教教师是科研精英

1. 科研精英的特征

职教教师在科研上要遥遥领先。职教教师对其单位规定的科研任务，要能带头完成，甚至有所富余，虽不要求其所写文章篇篇都是精品，但对待每篇文章都必须是认真的。文章数量不一定要多，但绝不能造假，不能有学术不端行为。职教教师要能承担一些高级别的科研项目，不管项目多少，如果一旦有项目获得批准，就要潜心钻研，认真对待，做到最好，而不是一味地追求数量。

2. 科研精英的养成

首先，职教教师要爱读书。人们往往是爱学习，却不爱读书，其实读书是基础，只有读的书多了，才能集百家之长，发现其中的现状、动态、差异、特色，才有可能进一步做出好的科研。其次，职教教师要术业有专攻。没有人是全才，职教教师同样要在某一领域深入研究下去，才能有所创获，三天打鱼两天晒网是不可能成功的。最后，要有坚忍不拔的毅力，在科研的道路上坚持下去，爱惜时间、拒绝诱惑，聚精会神搞科研，才有可能出成果，才能挺直腰杆。

（六）适合的职教教师是团队核心

1. 团队核心的特征

团队是一个为了实现某一目标，由相互协作的个体组成的群体。教学团队，即以教书育人为共同目标，为完成某个教学目标而由分工明确、相互协作的教职人员组成的团队。一个高水平或高效的教学团队一般应具有"共同目标、知识技能互补、分工协作、良好沟通、有效领导"五个主要特征，其中"有效领导"最为重要，也就是要拥有出色的团队带头人。出色的团队带头人要能理清团队建设思路，明确团队发展方向，设计团队远景目标，协调团队成员行动，统领团队成员朝着既定目标和方向努力；应该能够引导教师树立正确的世界观、人生观和价值观，忠诚于人民的教育事业，恪守教师职业道德，爱岗敬业、为人师表、教书育人，具有集体观念和团队意识，具有健康体魄、积极向上的良好心态和合作精神，能够联系社会、了解社会、服务社会；还应具备本学科扎实的专业基础知识和相关学科知识，具有独立开展科学研究的能力，掌握现代化科学手段和教育信息技术。教学团队带头人应是本学科（专业）的专家，具有较深的学术造诣和创新性学术思想；长期致力于本团队的课程建设，坚持在本校教学第一线为学生授课；品德高尚、治学严谨，具有团结、协作精神和较好的组织、管理和领导能力。职教教师要争做团队的核心，带领团队科学地可持续发展，不断创新。教学团队可下设课程改革团队、课程开发团队、教材编写团队等。职业学校要足够重视教学队伍"双师型"结构的建设，吸引行业企业一线技术骨干积极参与教学，充实教师队伍，形成专职教师、兼职教师共存的局面。学校应对教学团队中的专业教师及时给予指导，安排其参与实践并参加定期培训，使教师队伍能适应行业对教师不断提高的要求。重视师德教风的建设，促进教师职业素质的养成，关心青年教师的成长，以身作则培养团结协作的精神，形成良好的"传、帮、带"团队文化。

2. 团队核心的养成

首先，职教教师要爱学习，随着社会和教育的不断发展，对教师的学历要求有不断提高之势。作为职教教师，要加强学习，在学历上要敢于挑战，努力获取研究生层次学历；在职称上要尽早针对职称评定的具体要求进行准备。其次，职教教师要注重实践，积极参与到行业实践中去，关注行业的发展，在其研究领域有所建树，所提观点能对行业发展起到引领作用。最后，职教教师要学会协作。全是球星的球队往往不能获胜，原因就是缺乏合作，而团队同样如此，合作非常重要。职教教师作为团队一员，要明白合作的深刻含义和巨大作用，没有合作的团队只能是一盘散沙，发挥不出团队的作用。职教教师需要秉持谦虚谨慎的作风，尽最大的努力发挥团队的团结协作精神，这样，团队带头人才能带领大家更好地发挥整个团队的优势。

四、适合的职业教育教师队伍的意义

（一）推进职教师资全面发展

适合教育在追求教育发展的同时，要遵循教育规律及教师身心发展规律，前瞻性考虑教师各自现实的条件限制，不只盲目短视考虑教师当下的收获，更要着眼于教师未来长远的发展。适合教育是丰富人的精神和培育独立人格的教育，为教师职业发展创造并开发可能性。习惯性的教育外延扩张较为强劲，而对于促进教师全面发展的内在元素关注还不够充分。要把握社会对职教师资提出的新要求，为社会培养专业化的有用教师。促进教师在已有的层次水平上继续提高，为教师提供有效的外在条件及环境，不断开发教师的内在潜能。探索构建适合职教师资的生涯发展实施指导路径,让每一位职教教师都有展示自己才华的舞台,促进每一位职教教师的全面发展,让每一位职教教师都能成为最好的自己。

(二)提升职教师资胜任力

适合的才是最好的,适合有效的课堂才是职教师资追求的理想课堂模式。具备全面胜任力的教艺精湛的教师,拥有极强的教师职业生存能力。掌握学生认识事物的规律和学科内在规律,制定教学目标,在自己的知识、经验、才能、气质以及人格、个性等因素的基础上,巧妙运用各种教育资源,设计选择最适合学生的教育方法、学习策略,让学生自主学习、自我管理、自主发展,培养学生良好的学习习惯和浓厚的学习兴趣,以整体思想优化课堂教学,适合地加以评价,提升学生的学习能力和自信心,创造出适合学生的课堂教学。

(三)满足职教师资个性化要求

随着社会进步、经济发展、产业变革、科技升级,对高端人才、转化人才、应用人才、复合型人才、应用型人才、技术技能型人才的需求量越来越大,随之要增加技术教师的总量。每位职教教师都有不同的认知特征、兴趣爱好、价值指向、创造潜能,这也就铸就了每一位职教教师的独特天资。适合理念下,实施个性化的教育手段、评价机制、发展指导等,激发每位职教教师的个性潜能充分发挥,培养适合各种人才需要的职教师资队伍。

(四)促使职教师资终身进步

发展指人或事物由小到大、由简单到复杂、由低级到高级的变化。针对教师,一方面要考虑其在职业生涯中不断发展,思考其纵深发展的空间。考虑其从初级到能手,再到专家的发展阶段,层级化分明,逐步提升,给予其不断进步的阶梯。另一方面是教师素质的不断提升,向复合性和综合性发展。要使其与所在院校专业建设、学科建设、团队建设结合起来,在教学、校企合作、教科研中均能发挥所长、与时俱进,在学校发展的同时促使其不断进步。

第二章 适合的职业教育教师队伍的培养理念

一、道德标准下适合的职业教育教师队伍

良好的品德素质是从事教师工作最基本的，也是最重要的素质，高尚的师德是教育工作者的先决条件。要成为一名合格的教师，首先要加强自身的道德修养，成为学生的表率。在教育的过程中，教师不仅传授科学文化知识，更应该通过自己的人格魅力感染学生。职业道德虽不具有强制性，却是执业的重要因素。客观、公正、尽职、廉洁的精神，大公无私、诚实可靠、保守机密、严守纪律、坚持原则的基本素质，是做好教师工作的保证。

科学研究是职业院校与生俱来的三大社会职能之一，但是近年来职业院校职称评审中的学术道德失范现象却屡见报端。我们在庆幸改革开放给予职业院校蓬勃发展机遇的同时，也应该正视学术风气不正、学术道德失范的种种不良现象，这种现象与职称评审的初衷背道而驰，不利于学术健康有序地发展。为此，探析职业院校职称评审中学术道德失范现象的成因并对症治理，显得尤为重要。

（一）职称评审与学术研究中的道德失范

1. 职业院校教师职称评审

职业院校职称评审是人事工作中极为重要的、为全校教师关注的焦点。通过职称评审这个杠杆，一方面可以调整优化职业院校的职称结构，达到人力资源的优化配置；另一方面也是对教师业务水平的肯定，调动其工作的积极性。职称评审最显性的效果就是教师工资收入的大幅度提高。

由于这种利益的驱动，越来越多的教师热衷于职称评审，但在现有的评审体制下，晋升高一级的职称，必须具备一定数量与质量的学术成果。然而，近年来为了晋升高一级的职称，不择手段追求学术成果的学术道德失范现象屡见不鲜。职业院校教师职称评审的初衷在于鼓励有志于科学研究者更好地投入，学术上取得更大的突破，而不是学术道德失范。从这个角度来说，当利己主义盛行，个人自律精神缺失，缺乏刚性制度约束的职业院校教师职称评审犹如一柄"双刃剑"，既刺激了教师申报高一级职称的积极性，同时也滋生了学术道德失范现象。

2. 学术道德失范

学术道德是为保障以推动经济社会发展为目的，学术研究得以健康、有序、有效进行的基本道德规范。学术道德失范，是指"学术人用不符合学术道德规范的手段去实现社会的价值目标（如获取职称、金钱、学位等）"[①]。其主要表现为：一是科研工作中少数人非法窃取他人学术研究成果，或抄袭剽窃，或请他人捉刀代笔；二是随意篡改他人研究数据，甚至伪造研究数据；三是以不正当手段影响或干涉学术评审结果；四是利用手中的"公权"为自己谋取不正当的学术利益。近年来，职业院校教师职称评审中学术道德失范的事例不仅屡见报端，而且涉及面广，包括教授、副教授、讲师等各个层面，学术道德失范的危害不言而喻，已经严重损害了教师"学高为师，身正为范"的表率形象，如果任由这种不良风气发展下去，只会阻碍学术研究进步，进而影响社会的发展。

学术成果的评判贯穿于职业院校教师职称评审的整个过程，但是遵守学术道德永远是学术研究必须秉持的最基本原则。如前所述，职业院校教师职称评审过程中出现学术道德失范现象，绝非偶然，而是人性自私自利的阴暗面与个人自律精神背道而驰，约束性制度缺失，让学术道德失范现

---

① 江新华. 学术何以失范：大学学术道德失范的制度分析[M]. 北京：社会科学文献出版社，2005：31.

象在一定的时空大行其道。在这种情况下，只有把教育引导与制度保障有机结合起来，把制度保障贯穿于教学研究活动的全过程，学术道德才能逐渐内化成人们自觉的行动意识，职称评审才能最终成为推动学术发展乃至人类进步的"利剑"，而非"双刃剑"。基于此，回到原点，职称评审只是手段，并非科学研究发展之终极目的，将学术道德内化为职业院校教师的立身情操和行为规范，职业院校才会永远立于引领社会发展的典范位置。

"学高为师，身正为范"，师德是学校师资队伍建设的核心和根本。当下，在文化多元化背景下，各种社会思潮，如"商品意识""消费观念""个性张扬与自我思潮的膨胀"等，直接冲击着传统师德所倡导的无私奉献精神，"教育职业化"观念大行其道，学校师风建设面临前所未有的挑战。师德培育的本质是价值观培育。因此，培育教师的文化认同，继承发扬传统师德中对价值理性的追求，建立师德培育长效机制是提高师德建设效能的重要途径。

（二）建构文化认同，弘扬师德风尚

文化认同是基于理念和价值观认同的共同体文化，是团队得以凝聚和发展的精神纽带。它表现为团队成员有共同的理想追求、共同的信念和价值观，以及共同的行为准则。现代学校管理强调以人为本，主张发挥教师的积极性和创造性，而人本管理则是以文化认同为前提的。

1. 师德建设首先需要弘扬

教育需要必要的乌托邦，尤其当前，当各类娱乐化思潮冲击着人们的生活和思维方式的时候，教育不能背弃对理想与价值理性的追求。管理者要在学校树立思想的标杆，引领教师修身立业。"教育职业化"的说法是对教育的矮化，因为教育是基于信念的事业。教育者应当要有理想和追求，唯有"视教育为事业"，才会志存高远、执着教育，才会专心治教、倾心育人。学校校训和"三风"（校风、教风、学风）是凝聚并形成群体文化认同的基础，是传承学校精神的文本标志。师德建设须在倡导传承校训和"三风"的基础上不断丰富其内涵,凝练学校精神。通过精神洗礼,提升了教师对师德的理性认识,有效地促进学校对传统师德精神的传承和发扬。

2. 以学校制度建设为保障达成文化认同,规范师德行为

如果说学校精神属于"形而上"的意识层面的范畴,那么制度与规范则属于"形而下"的操作层面的约束。因此,师德建设的第二要义是规范。俗话说,"没有规矩,不成方圆",师德建设亦不例外。唯有通过制度约束,才能将学校精神更好地落实到实践层面,并且逐渐将其内化为教师的自觉行为,从而实现现代学校管理从"治"走向"不治"。

学校应该围绕学校自身发展和教师发展需要制定相关管理制度,并形成具有可操作性的教师考核评价机制,明确教师的责、权、利,规范教师行为。广泛地征集大家意见,然后经过民主讨论、处室修订、学校审核,对学校教师管理制度进行梳理、增删、修改。如:在行为规范方面形成了"师德八条规范""教学评估制度"等,在教师成长方面形成了"教师职业生涯规划制度""专业教师下企业锻炼制度"等。这些制度,对吸引优秀教师和鼓励优秀人才长期从教,提高教师管理效能,提升学校教育教学质量,促进学校可持续发展具有非常重要的意义。

3. 以专业成长为方向加强文化认同,丰富师德内涵

"师者,所以传道、授业、解惑也。"师德建设的第三要义是教师专业化发展,通过培养"德艺双馨"的优秀教师,在教师群体的专业发展中积淀学校文化,加强认同,丰富现代师德内涵。

为引导教师合理规划职业生涯,加快人才培养,学校要重点开展中青年教师职业生涯规划工作。该项工作以科学发展观为指导,要求45周岁以下的中青年教师从职业素养、教育科研、专业技能等方面确定发展方向、确立发展坐标,制定发展规划。教师职业生涯规划遵循四个原则:科学规划与统筹发展原则、个人规划与组织审核原则、骨干示范与全员参与原则、自主发展与评估激励原则。其工作程序主要由自我评估、目标定位、行动规划、评估反馈组成。在实施过程中要求系部管理者在充分了解中青年教师成长需求的前提下引导教师认识自我、科学规划，使教师在充分认识职业教育发展方向和学校发展的基础上结合自身情况再进行合理规划。

  与中青年教师职业生涯规划工作相配套的是学校的多层面团队建设。如：以教学能力提升为主线的教研室团队建设，以专业岗位能力提升为主旨的校企联合团队建设，以研发能力提升为核心的创新工作团队建设，以及基于名师成长的名师工作室团队建设，等等。优秀的团队建设可以使教师在团队发展中收获到专业成长所带来的喜悦，增强对于学校办学理念、教育目标和发展规划等方面的认同感。

  4. 以先进典型来示范辐射文化认同，升华师德品格

  "氛围之于组织，犹品性之于个人。"师德建设的第四要义是打造教师品牌。现代学校应当树立"品牌"意识，"名校造就名师，名师支撑名校"，打造具有学校特色的教师"品牌"，对于提高学校教育教学质量、增强团队认同意识和社会认同感有着非常重要的作用。

  重视教师专业成长，尊重教师多样化发展，逐步建构形成"技能激励、教学激励、学术激励"的三维教师成长模式。在教学能力方面，建立"教学新秀—教学能手—教学带头人"考核奖励机制；在技术能力方面，建立"技师—技术能手—专业带头人"考核奖励机制；在综合素养与团队考核方面，建立"名师工作室—名教师或者优秀教学团队—功勋教师"考核奖励机制。学校各专业现已基本形成名教师和专业负责人领衔，并以教学能手为骨干、适合教师为主体的专业师资队伍。先进师德典型有效地引领了学校师德建设，升华了学校师德品格。让教师成长成为学校文化的一部分，使学校的教育密码与学校文化相融相契，这是学校师德建设的本义。

  在选聘教师时，一般有五个方面的要求，分别是学历背景、工作经验、品德素质、语言能力、健康状况，其中学历背景和工作经验是有具体标准的。学历方面要求在本科及以上，不要求一定是硕士或博士，但对工作经历和实践经验方面要求相当高。要想成为职业院校的教师，除了要有一定的教学经验外，必须还要有在相关企业重要岗位工作三到五年以上的经验，要求教师既具有在现场解决实际技术问题的能力，又要具有较强的技术开发和创新能力，还要熟知行业和企业文化，能够与企业保持紧密的联系和良好的合作关系，能够获取一定的企业项目。在任教一段时间之后，职业院校的教师还要回到企业一线继续密切接触最前沿的技术应用与开发。

二、终身教育理念下适合的职业教育教师队伍

21世纪是信息化时代，是知识大爆炸时代。为了顺应信息化、知识型社会的快节奏变化，全社会必须使主动学习、终身学习逐渐发展成为一种社会潮流。养成主动学习、终身学习的习惯，不断学习新知识、认识新事物、培养新能力。《国家中长期教育改革和发展规划纲要（2010—2020年）》提出："要构建灵活开放的终身教育体系，搭建终身学习'立交桥'，促进各级各类教育纵向衔接、横向沟通，提供多次选择机会，满足个人多样化的学习和发展需要。"[①] 作为一名教育工作者，要想真正做好教书育人的本职工作，适应社会对教育行业提出的新要求，适应不断变化的社会环境，应首先成为终身学习的楷模，通过终身学习来促进自己的成长和发展，实现自身价值。

（一）终身教育理念

1. 终身教育、终身学习、终身发展

终身教育（Lifelong Education）理念自古就以一种朴素的价值观存在于人们的日常生活和工作之中，如中国的"活到老，学到老"，日本的

---

① 教育部.国家中长期教育改革和发展规划纲要（2010—2020年）[R].北京：人民出版社，2010：33.

"修业一生"，作为一种萌芽思想广泛存在。1919年第一次世界大战以后，英国教育部重建成人教育委员会，在其成人教育报告书中，特别提出"教育是终生的历程"。这种具有前瞻性的教育理念，使终身教育成为一种公共的、面向广大民众的教育活动。1970年，联合国教科文组织出版的现代终身教育理念的倡导者和奠基人保罗·朗格朗（Paul Lengrand）的专著《终身教育引论》中认为，"终身教育是指人的一生的教育与个人及社会生活全体的教育的综合"①。是一种从子宫（womb）到坟墓（tomb）的教育模式，是一种广义的教育范畴。终身教育的意蕴即在于指导人们终身接受教育，实现人的终身可持续发展。终身发展是指通过一个人一生持续的终身教育，实现此人持续不断的终身发展。

1972年，由联合国教科文组织国际教育发展委员会编著的《学会生存——教育世界的今天和明天》一书中，建议"将终身教育作为发达国家和发展中国家今后若干年内制定教育政策的主导思想"，并首次提出了"终身学习与学习社会"的概念。

自终身学习理论被提出后，其概念便众说纷纭。1994年在罗马举行的"首届世界终身学习会议"所采纳的定义是：终身学习是21世纪的生存概念，是通过一个不断的支持过程来发掘人类的潜能，它激励并使人们有权力去获得他们终身需要的全部知识、价值、技能与理解，并能使人们在任何任务、情况和环境下有信心、有创造性地去愉快地应用它们。② 终身学习是人类开启知识社会大门，适应并且驾驭知识经济的一把钥匙。③ 终身学习是一种知识更新和知识创新的学习，其核心观念就是要求每个社会人都要充分利用一生中可利用的各种机会去更新、充实和深化自己最初

---

① ［法］保罗·朗格朗. 终身教育引论［M］. 周南照，陈树清，译. 中国对外翻译出版公司、联合国教科文组织出版办公室，1985：22.
② 程春梅. 终身学习理念及其对教师的启示［J］. 教育探索，2009（04）：94-95.
③ 王仁彧. 特色与机制：落实终身学习理念的路向探究——对践行《建设学习型城市北京宣言》的思考［J］. 中国远程教育，2015（08）：31-33.

获得的知识，使自己适应快速发展的社会。终身学习的能力既是社会发展对人的要求，也是教育变革对教师职业角色提出的要求。

"学高为师，身正为范"，一名优秀的教师必须具有崇高的品质、宽广的知识面、一流的教学艺术和专业化水平等，而这些优秀教师核心要素的形成，均不能脱离学习这一行为。由于职业教育的特殊性，职业院校教师的学习更为迫切，只有持之以恒地学习思考、学会创造、学会合作、学会塑造完美人格，才能最大限度地挖掘职业院校教师的潜能，使之成为创造型、指导型、研究型、综合型教师，以满足时代需要和教育改革的内在要求。至此，终身教育和终身学习思想已经被大众广为接受。无论是政府还是个人，都对终身教育有了更深刻的理解。

终身发展是指一个人整个一生的生涯发展，除了接受学龄前、学龄期各类学校教育外，还包括职后培训等一系列继续教育措施等不断推进的教育完善，从而实现一个人职业生涯的科学发展。保罗·朗格朗认为"终身教育是指人的一生的教育……"，其意蕴即在于指导人们终身接受教育，实现人的终身可持续发展。但是职业院校的人才培养模式中仍存在理论与实践不能完美结合的现象，培养出的人才不能完全胜任岗位的需求。

在倡导构建学习型社会的背景下，终身学习理论强调的并不是简单意义上的学习，而是强调学习主体能否根据时代和社会的发展需要来学习，做到与时俱进；能否体现人们主动、有创新、有追求，并能够有信心、有创造性、愉悦地将所学知识进行应用。终身学习是每一个社会人享有的权利，但同时也是每一个社会人应当承担的义务和责任，已被人们视为"知识社会的根本原理"，成为个人适应现代社会的基本生存方式。

2. 各组织及国家发放的终身教育文件

（1）国际组织。如联合国教科文组织、经济合作与发展组织、欧盟等在推动终身教育上，均做出了积极的努力。① 联合国教科文组织通过的一系列文件中均提到了构建终身教育问题。如1976年的《关于发展成人教育的建议》，1985 年的《学习权宣言》，1996 年的《教育——财富蕴藏其中》，1997 年的《汉堡成人学习宣言》，1998 年的《世界教育宣言》，2000 年的《教育的权利：走向全民的终身教育》等文件。② 经济合作与发展组织颁布了一系列文件，促进终身教育的实施。如 1973 年的《回归教育——终身教育的战略》，1975 年的《回归教育——动向和问题》，1976 年的《教育休假的发展》，1977 年的《回归教育——最近的发展和将来的选择》，1978 年《劳动和教育的循环》等。1998 年、1999 年、2001 年，以终身学习为主题出版了《教育政策分析》系列丛书。③ 欧盟在 1993 年到 1995 年，连续发表了《成长、竞争力与就业：影响二十一世纪的挑战与途径》《欧洲社会政策：欧盟的未来之路》《教与学：迈向学习社会》白皮书。2001 年发表宣言《实现终身学习的欧洲》。

（2）一些发达国家也出台了一系列政策，推动终身教育的发展，如英国、美国、日本。① 英国。1919 年颁布了《最终报告书》，1924 年制定了《成人教育章程》，1944 年制定了《教育法》。其正式提出终身教育的概念始于 1972 年的《拉塞尔报告》。1986 年，英国制定了国家职业技能标准，开始在全国建立终身职业教育体系。1997 年，英国教育研究委员会发表了《学习社会中的教育》。2000 年颁布了《学习与技能法》。① ② 美国。1966 年颁布了《成人教育法》，1976 年颁布了《终身学习法》，1978 年出台了"终身学习计划"。1993 年美国还成立了"终身学习者之国家委员会"，1997 年发表《国家学习：展望 21 世纪》的报告。③ 日本。1990 年颁布了《关于振兴终身学习，完善其实施推进体制的法律》。接着又颁布了《关于适应今后社会变化的终身学习振兴方策》《我国的文教政策》《关于充实社区终身学习机会的咨询报告》《我国的文教政策——终身学习社会的课题和展望》等。

---

① 国卉男. 当代国际终身教育政策的回顾与展望 [J]. 外国中小学教育，2013（01）：17 - 23.

（二）职业院校教师终身发展的若干原则

1. 对象明确原则

职业院校的教师从教学角度进行划分，通常分为两大类：一类是专任教师，一类是非专任教师。专任教师指具有教师资格、专门从事教学工作的人员，即这些人员一要具有教育教师资格证书，二要在统计时段承担教学工作。一般包括专职任课教师，"双肩挑"（行政、教学）人员；具有教师资格且承担教学任务的非教师专业技术职务系列人员；具有教师资格且承担教学任务的分管学生工作的正副书记、学生辅导员；还有就是由于学历原因未能取得职业院校教师资格证，但具有职业院校教师专业技术职务并一直从事教学工作的老同志等。

2. 公平兼顾原则

如果只考虑专业课教师的终身发展问题，对职业院校中的其他教师而言是否有失公平，如公共基础课教师、实验课教师，他们的发展机遇和机会无形中要少很多。所以考虑终身发展问题时，要在最科学范围内给予照顾。对于不同系科、不同专业的教师，考虑其专业差异性，结合专业特殊性制定不同的评判标准，出台针对不同教师的晋升政策。促进职业院校岗位之间的合理流动，为管理岗教师、文化课教师提供向专业课教师流动的通道，促进人才的流动，效率优先，兼顾公平。

3. 持续发展原则

发展指事物由小到大、由简单到复杂、由低级到高级的变化。[1] 针对教师的持续发展，一方面指其在职业生涯中不断发展，思考其纵深发展的空间，设计从初级教师到能手教师，再到专家教师的逐级发展模式，逐步提升，给予其不断进步的阶梯。另一方面指教师素质不断提升，向复合性和综合性发展，并与所在院校专业建设、学科建设、团队建设结合起来，

---

[1] 中国社会科学院语言研究所词典编辑室. 现代汉语词典（第7版）[Z]. 北京：商务印书馆，2016：352.

在教学、校企合作和教科研中均能发挥所长，随学校发展而不断进步。

（三）适合的职业教育教师终身发展的对策

"制度"一般指要求大家共同遵守的办事规程或行动准则，也指在一定历史条件下形成的政治、经济、文化等方面的体系。①"设计"指在正式做某项工作之前，根据一定的目的要求，预先制定方法、图样等，也指设计的方案或规划的蓝图等。制度设计是在一定历史条件下，针对适合教师设计出的相关制度及规定，如职称体系、职后培训（配套经费和实训基地等）。制度设计是指为了要求大家共同遵守有关教师的要求而制定的方法、规章制度等。要解决适合的职业教育教师的终身发展问题，解决方案要系统化，要进一步考虑其社会保障制度的设计、职称晋升制度的设计、职后培训制度的设计、激励制度的设计。

1. 社会保障制度设计

"社会保障"是由英语中 social security 一词翻译而来的，亦可译为"社会安全"。社会保障制度，是指国家为了保持经济发展和社会稳定，对公民在年老、疾病、伤残、失业、遭遇灾害、面临生活困难的情况下，由政府和社会依法给予物质帮助，以保障公民的基本生活需要的制度。② 社会保障制度包括社会保险、社会救济、社会福利、社会互助和优抚安置等几个方面内容，具体包括养老保险、医疗保险、工伤保险、生育保险、失业保险、住房保障、最低生活保障制度。社会保障制度大体上可概括为物质保障和精神保障两方面，物质保障如薪水、住房、医疗，精神保障如职称晋升、荣誉称号、社会地位等。针对不同层级的教师，可否考虑在保障制度上给予一定程度的倾斜，这是一个值得考虑的问题。

2. 职称晋升制度设计

（1）三段法。根据不同职称设计不同等级的教师，如初级教师、中级

---

① 中国社会科学院语言研究所词典编辑室. 现代汉语词典（第7版）[Z]. 北京：商务印书馆，2016：1689.
② 舒胜. 市场经济形式下社会保障制度再思考[J]. 宿州教育学院学报，2007（01）：21.

教师、副高级教师、高级教师。对于不同等级确定一定的职业标准,如中级根据双证来达到,有中级职称和技能等级资格证书,或者发明专利也可以。副高级教师,要有副高级职业院校职称和技能等级资格证书,或者在核心期刊发表文章和主持省级以上的课题。高级教师要有正高级职业院校职称和技能等级资格证书,或者在 CSSCI 期刊上发表文章和主持部级以上课题。教师要有不断提升的空间,有明确的奋斗目标。(2)等级法。将不同的教师职称划分为不同等级,如一级到五级,一级是初级,二级和三级是中级,四级和五级是高级。以年限和成果限定等级的水准,细分职业生涯发展规划,提高不同等级的要求。每年按照不同等级给予教师相应待遇。

3. 职后培训制度设计

(1)治理机构,进行整合化设计。① 名额。对于职后培训机构,每年给予一定的计划专门用于针对教师的培训,针对不同专业的专业课教师进行专项培训。名额一定要保证,才能确保工作的开展。② 培训专业。可以先选择几个覆盖面比较广的老牌专业和优势专业,进行规范化的知识培训。对于一些新兴专业,可以就近归入相关联的优势专业进行培训。全国或全省通盘考虑,照顾到方方面面,进行专业选择。③ 培训基地。选择富有经验的老牌培训基地,即培训经验丰富、师资力量强大、课程设计科学的基地。

(2)规范政策,进行专业化培训。① 培训对象的选择。从最初选定培训对象时,就要进行客观合理的筛选。严格选定符合培训内容的人员来参加培训,防止出现上级给予部分名额之后,为了应差,不浪费名额,便随意派人前往学习的情况。如果这样,那么参加培训的人,对所培训的内容完全不懂,起不到对症下药的培训效果。② 培训考核。定期对培训效果进行考核,考察其培训成效,监督和督促培训机构把培训质量放在第一位。在培训开始、培训中期、培训后期都实行动态化监督,通过量表、调查问卷、访谈等形式调查反映培训的效果,实行网上实时监控,以保证通过培训能确实提高教师的水平。

4. 激励制度设计

"激励"一词在《辞海》中的解释是"激发使振作"。美国管理学家孔茨和奥唐奈认为：激励是适用于各种动力、欲求、需要、希望以及其他类似力量的通用术语。由此可见，激励就是通过满足人的需要、激发人的动机、挖掘人的潜能，从而发挥人的主观能动性的过程。管理学中涉及激励的理论很多，有需要层次理论、双因素理论、强化激励理论和公平理论等。① 在此针对激励的多样性及"双师型"教师就职融通的激励制度进行设计。

（1）激励多样设计。① 直接激励设计。对于教师可否在教学津贴、岗位津贴和奖励津贴上给予倾斜，使教师有奔头，增加其对岗位的兴趣。如果国家暂时缺乏此方面的规定，可以由各职业院校在收入分配时予以考虑。② 间接激励设计。间接的刺激不一定是以货币或者现金的形式出现，如规定只有具备资格的教师才可申报某些荣誉。这样的激励更具吸引力和号召力。

（2）就职融通设计。① 校内校外兼容制度。学校允许校内的教师到企业去挂职锻炼，允许校外企业的能工巧匠到学校来传授技艺。这样可以使企业最先进的技术和动态能够通过教师和企业人员的双向流动，在学校和企业之间流通起来。尤其在待遇方面，从学校去企业的教师，学校的工资、津贴发放50%，其余50%等从企业学完归来，考核合格后给予补发。在企业工作期间，企业的待遇按照企业引聘工作人员的要求进行发放，提高教师下企业的积极性。不过从企业来的员工，原来在企业的收入比较高，到学校之后，一般会以课时费的形式给兼职教师发放报酬，如此一来，收入可能会降低。这也是学校很难吸引企业员工的一个原因。② 稳定性与弹性相结合。相对于学校稳定的工作来说，到企业之后弹性会比较

---

① 孙艳淮. 激励理论在大学生教育管理中的应用[J]. 中国青年研究, 2008（11）: 99.

大。如何在稳定与弹性之间达到平衡，这就要学校和企业都能从制度上进行规定，政府给予经费补贴，或许可以比较好地解决这个难题。在工作时间上，可以稳定性和弹性相结合。学校和企业都能从制度上进行规定，允许教师大体上有个比较稳定的工作时间，每五年中有1～2年能够在企业工作；企业的员工能到职业院校稳定就职1～2年。

三、双师理念下适合的职业教育教师队伍

（一）双师理念

1. "双师型"教师

据考证，在我国最早提出"双师型"概念的人是王义澄。其1990年在《中国教育报》发表了《建设"双师型"专科教师队伍》一文，文中分析了上海冶金专科学校培养"双师型"教师队伍的具体做法，开启了我国职业教育"双师型"师资队伍研究的先河。关于"双师型"概念最早上升为政策层面的表述，是在原国家教委1995年印发的《关于开展建设示范性职业大学工作的通知》中。1997年召开的首次全国职教师资队伍建设工作座谈会中提出：师资工作"以建立'双师型'师资队伍为重点"。2010年颁布的《国家中长期教育改革和发展规划纲要（2010—2020年）》中指出，"以'双师型'教师为重点，加强职业院校教师队伍建设"。

"双师型"教师：在中国重理论、轻实践背景下产生的，要求既能从事理论教学，又能从事实践教学的职业院校教师。

目前，国内对"双师型"教师的界定不一，主要有"双职称说""双证书说""双资质说""双能力说""双来源说"等。教育部在职业院校人才培养工作评估方案（教高〔2008〕5号）中明确提出了"双师素质"教师标准，要求"双师型"教师必须具备两种资格：一是职业院校教师资格；二是相关职业资格，或相应企业工作经历和指导学生能力，或相当的技术应用成果。"双师型"教师既是教师，又是工程师、建造师、会计师等，同时具备教师资格和职业资格，具备教学教研和专业实践两方面的素

质和能力,是教育教学能力和工作经验兼备的复合型人才。需要特别强调的是,"'双师型'教师并非教师与工程师的简单叠加,而是两者在知识、能力和态度等方面的有机融合"①。

"双师型"教师首先是教师。教师既指一种社会角色,又指这一角色的承担者。广义的教师泛指传授知识、经验的人;狭义的教师指受过专门教育和训练的人,并在教育(学校)中担任教育、教学工作的人。而"双师型"教师又不同于一般教师,具有两层含义:一是对教师个体而言,"双师型"教师既有良好的职业道德、较强的教育教学能力,能传授专业理论知识,又有丰富的实践经验、较高的专业操作示范技能和较强的科研能力,具有教师和"工程师"的双重知识和能力结构(注:"工程师"泛指具有较强的专业实践能力和技能的人员)。二是对学校教师全体而言,"双师型"教师是指教师队伍整体上具备"双师"能力,即在"理论型"教师(以理论教学为主的教师)和"技能型"教师(以实践教学为主的教师)的结构上保持合理的比例。

总体来看,尽管"双师型"教师的研究过程中存在着各种各样的概念分歧和意见不一致,但是这一提法已被普遍接受,"双师型"教师研究已受到重视,相关研究也已取得一些共识和进展。对于到2020年预计占教师队伍60%~70%的"双师型"教师来说,他们的可持续发展不得不引起学界的重视,急需制定出完善的制度保障他们的发展。以下是对"双师型"教师研究特点的归纳。

2. "双师型"教师研究现状

(1)关于"'双师型'教师内涵"的研究。关于"双师型"教师的标准大致存在行政标准、院校标准和研究者标准三类。行政标准是上至教育部下至各地教育主管部门在职业学校合格评估、(示范)水平评估中提

---

① 王稼伟. 行知合一:"双师型"师资培养的核心命题[J]. 教育理论与实践, 2013 (36): 48.

出的"双师素质"教师标准。院校标准主要指天津职业技术师范大学等职教师资培养基地提出的诸如"双师型"和"一体化"教师的标准。还有研究者提出的"双师型"教师标准,如"一全""二师""三能""四证"。对于"双师型"教师的概念,很多学者提出了异议,有提倡"新双师"的,有提倡"教师+技师"的,也有质疑"双师"的,质疑"教师+工程师"的。

(2)关于"'双师型'教师培养"的研究。参见全国教育科学规划网站和江苏省教育科学规划网站,搜罗其对"双师型"教师这一选题的课题立项,以窥见其研究进展。

全国教育科学规划网站情况如下:2007年,第一届职教专项中批准了2个课题,分别是"研究生层次'双师型'职教师资的培养模式"和"江苏省职业教育'双师型'队伍现状、问题及对策研究";2009年,全国教育科学规划立项课题中再次批准2个课题,分别研究在网络环境和校企合作情景下建立"双师型"教师培养的模式和机制;2010年,全国教育科学规划立项课题和职教专项中各批准了一个课题,分别是"职业院校'双师型'教师专业标准及其培养模式"和"基于产学研平台的'高层次双师型'职教师资培养模式"。

江苏省教育科学规划办在"十五"期间批准了1个以"双师型"教师为题的课题,即2001年职业院校课题的"职业教育'双师型'教师知识与能力结构以及培养培训研究";在"十一五"期间,共批准了4个以"双师型"教师为题的课题,分别为2006年的"职教'双师型'教师队伍建设的研究"(普职成教系统),2008年的"职业院校'双师型'教师专业发展与成长规律研究"(高教系统),2009年的"职业院校'双师型'教师胜任力特征调查与模型分析"(高教系统)和"动态、互补、组合式职业院校'双师型'教师培养模式的研究"(普职成教系统)。

纵观这11个课题,可知对"双师型"教师的研究重点集中在培养和培训上。

(3)"双师型"教师职称体系制度设计诉求的跃出。总体来看,"双师型"教师这一提法已被人们普遍接受,职业院校"双师型"教师研究已受到重视,相关研究也已取得一些共识和进展。目前的研究进入不同环境下对不同层次"双师型"教师培养模式的创新探索阶段,大批量培养"双师型"教师势在必行,而且还制定了详细的数量及比例目标,具体从我国除港、澳、台以外的22个省、5个自治区、4个直辖市的《中长期教育改革和发展规划纲要(2010—2020年)》中可见一斑。但被评为"双师型"教师并不是一名教师职业生涯的终结,而是一名教师职业生涯新的起点。

3. "双师型"教师研究概述

(1)研究文献汗牛充栋。1991年,王义澄在《工程教育研究》杂志上发表的《努力建设"双师型"教师队伍》,成为中国知网上检索到的1991年核心期刊中唯一一篇以"双师型"教师为关键词的文章。"双师型"教师第一次出现在官方教育文件中,是原国家教委印发的《关于开展建设示范性职业大学工作的通知》(教职〔1995〕15号)。1997年召开的首次全国职教师资队伍建设工作座谈会中指出:师资工作"以建立'双师型'师资队伍为重点"。时至2010年颁布的《国家中长期教育改革和发展规划纲要(2010—2020年)》中,提出"以'双师型'教师为重点,加强职业院校教师队伍建设"。经过十几年的发展,国家对"双师型"教师这一具有中国特色的教师培养模式日益重视。

(2)内涵表述众说纷纭。这对后来进一步认识"双师型"教师内涵以及制定相应标准产生了重要影响。"双师型"教师因为有着鲜明的中国特色,所以一经提出后,便引起了职教界的强烈关注,并对其进行了长期研究。

关于"双师型"教师的内涵界定,代表性的有"双证"说(教师资格证和职业技能证)、"双能(双素质)"说(兼有教师与技师的职业素质与能力)、"叠加"说("双证"+"双能")、"双职称"说(兼有教师系列与工程师系列的职称)、"双层次"说(第一层次为经师+技师,第二层次为人师+事师)、"特定情况"说(即离不开当前我国职业院校重理论、轻实践的背景)等。其中刘建湘等(2005)构建的"双层次"说影响较广,第一层次为能力之师,即"经师+技师";第二层次为素质之师,即"人师+事师"。

对"双师型"教师队伍内涵的认识尚不够清晰。加强"双师型"教师队伍建设,鼓励教师积极向"双师型"教师转变,但由于对"双师型"教师的概念和内涵未进行正确的解读,导致很多教师片面地理解所谓"双师型"就是指"双证",即除教师资格证外,再考取一个资格证书即可,从而引起了教师的考证热潮,违背了政府当初提出的以能力为本位的"双师型"教师的初衷。

(3)标准界定莫衷一是。到目前为止,对于教师是否一定需要具备"双师"能力或素质,"双师型"教师在教学中是否真的能够做到"双师",达到什么标准才算是符合"双师"要求,学界一直争论不休。唐林伟等(2005)认为,概念界定的不统一是导致评定标准多样性的根本原因……但在"双师型"教师标准问题上,普遍主张"双师型"教师应拥有多种能力,持有多个证书。另外,诸多国外职教师资的研究论文也为我国"双师型"教师的研究提供了借鉴。

缺乏校本的"双师型"教师资格认证标准。在"双师型"教师资格认证标准上仅仅提出了教师应该具备的资格和素质的大体框架,缺乏细分准则,在教师的能力本位素质方面没有细化的量化操作指标,包括"双师型"教师的来源、职业能力以及职业素质等方面均未拿出可行的量化标准,没有制定具有弹性的校本"双师型"教师的资格认证标准,仅仅侧重资格证书的获得,很少考虑"双师型"教师成长过程中的固有成本和动态因素,缺乏人文关怀。[①]

[①] 贺金凤,李东凤,许瑞超,等."双师型"教师队伍建设的实践与思考[J].中国高教研究,2001(05):51-52.

(4) 养成研究如火如荼。"双师型"教师作为职业教育师资队伍中的最重要组成部分和精英类型,其数量及比例成为衡量学校师资强弱的重要指标。目前对"双师型"教师的研究已进入不同环境下对不同层次"双师型"教师培养模式的创新探索阶段,大批量培养"双师型"教师势在必行,而且还确定了详细的数量及比例目标。数量的紧缺以及国家对"双师型"教师比例要求的不断提高是导致其养成研究火热的一个重要原因。国家倾向于不断提高"双师型"教师队伍的数量,意在普及"双师型"教师。

在"双师型"教师培养模式的探讨上,唐林伟等(2005)将其归纳为院校培养模式、企业嫁接模式、校本培训模式、自我生成模式四种类型。① 刘建湘等(2005)借鉴国际职业能力分析法提出,"双师型"教师专业标准方面具有"一般能力"和"阈能力",专业管理方面提出了"自我""学校""国家"三个层次的管理学说。② 不少学者提到了"双师型"兼职教师队伍的建设,如林辉山(2007)提出以校外实训基地为主要对象考察和聘用兼职教师,建立一支相对稳定的"双师型"兼职教师队伍。③ 总之,在"双师型"教师养成机制问题上,强调参与企业实践,重视真实的实践体验,是学者研究的共识。

(5) 专业化研究涉猎不深。教师专业化主要包括两层含义,一是把教师视为社会职业分层中的一个阶层,争取专业的地位与权利及力求集体向上流动;二是把教师视为提供教育教学服务的专业工作者,发展教师教育教学的知识和技能,提高教育教学的水平。

20 世纪 80 年代以来,教师专业发展日趋成为教育改革的主题之一。

---

① 唐林伟,周明星. 职业院校"双师型"教师研究综述[J]. 河南职业技术师范学院学报(职业教育版),2005 (04):32 – 33.
② 刘建湘,周明星. 探析"双师型"教师专业发展的管理策略[J]. 教育与职业,2005 (21):25 – 27.
③ 林辉山,施复兴,朱晓丹. 对高职会计专业"双师型"师资队伍建设的思考[J]. 十堰职业技术学院学报,2007 (06):62 – 64.

"从本质上说，教师专业发展是教师个体不断发展的历程，是教师不断接受新知识，增长专业能力的过程。教师要成为一个成熟的专业人员，需要通过不断的学习与探究历程来拓展其专业内涵，提高专业水平，从而达到专业成熟的境界。"① 教师专业发展理论强调教师作为一个教育教学专业人员，要经历一个由不成熟到相对成熟的发展历程，这一过程不是自然形成的。教师专业发展理论包含两个方面，一是指教师的专业成长过程，二是指促进教师专业成长的方式（教师教育）。联合国教科文组织发表的《关于教师地位的建议》一文中提出，应该把教学工作视为一种专门职业，并强调教师是经过严格训练和持续不断地研究才能获得并维护专业知识及专门技能的人员，其含义有两层：一是教师必须经过严格训练，才能成为履行教师职责的专业人员；二是教师只有持续不断地研究才能维护专业人员地位。教师专业发展理论不仅要研究教师专业发展的规律，也要研究促进教师专业发展的教育过程。职教师资培养模式的研究必须建立在职教教师专业发展理论基础之上。

从专业发展角度出发研究"双师型"教师的还不多，主要有肖称萍的《职业院校师资队伍专业发展的思考》，郑秀英的《"双师型"教师：职教教师专业化的发展目标》，李静的《基于职业院校行业英语教学的专业化发展研究》，张建荣和王建初的《论职业教育师资的专业化培养》。这些均从专业发展方面对"双师型"教师的未来发展和出路提出了建议，如实行教师资格证书制度，明确职教教师的专业标准和要求；实现培养机构的多元化；进一步加强相关法律建设和政策引导；优化职业院校教师结构，不断提升"双师型"教师的综合素质；更新教师传统观念，培养教师的自我专业发展意识；培养专门的职业教育硕士；等等。但"双师型"教师的专业发展公平还未进入学者的视线。

---

① 教育部师范教育司. 教师专业化的理论与实践［M］. 北京：人民教育出版社，2003：354.

(6)待遇方面呼声很高。"双师型"教师的激励和考评体系不健全,教师激情不高。在待遇方面,总体上国家对教师的激励额度还是很大的,但主要集中在国家级及省市级的专业技能大赛、"文明风采"大赛,教师的科研水平、教学水平、班主任经费、招生费用等方面,而"双师型"教师的相关激励所占的比重较低,导致一部分教师的"双师"化积极性和热情不高,精力不能放在"双师型"教师水平的提高上。

① 职称探索。第一,民间呼声高,官方行动缓。目前我国的职称评定体系中,"双师型"教师没有丝毫体现,只限于每所学校的文件和自行发放的象征性的微薄奖金,相应的工资、住房、医疗等待遇更无从谈起,职称发展公平和待遇发展公平正是"双师型"教师所急切呼吁的。在职后培训中,也不是以"双师型"教师作为参训人员选取评判标准的,形成了"热情"研究"双师","冷清"对待"双师"的强烈对比局面。职后发展公平更需要政府政策上的倾斜和学校大量的资金投入,这定会经历一个不断改善的过程,不会一蹴而就。

第二,学校动作快,政府反应慢。应对"双师型"教师职称体系、待遇进行制度设计。根据《深圳职业技术学院十年发展规划编制说明》中提出的在"双师经历教师""双师资格教师""双师等级教师"的基础上,还应结合临时、短期、中期、长期、终身等双师资格证书,以及单一课程双师资格证书、多学科双师资格证书、专业双师资格证书等模式,建构出一套比较完善的"双师型"教师职称体系,为其终身可持续发展提供制度上的保证,并设计相配套的不同水平待遇制度。

第三,"双师型"教师在职称晋升中的优势得不到体现,缺乏相应的政策支持。学校对教师的职称晋升有一定的要求,比如教学年限、科研水平、班主任年限等,具有突出贡献的可以优先考虑。比如在全国专业技能大赛中成绩优异者,获得省、市级优秀学科带头人、优秀教师等类似于具备"名师"头衔的均可优先考虑,但"双师型"教师在职称晋升中的优势并没有得到明显的体现,或者说虽然也有相关的条文,但由于标准过于烦琐、笼统，在实际操作中很难对照实施，导致这些条文最终变成形式。

② 公平研究。学术上重视，待遇上轻视。沿着"双师型"教师的待遇研究衍生而来的公平研究，还未多见，只有几篇非核心期刊文章提到"双师型"教师和公平，提倡提高"双师型"教师的待遇，弥补西部等经济不发达地区的教育公平。这些只是停留在面上的零星探讨，还没有系统的深入研究。

继续教育形式简易，培训途径单一，覆盖面不广。真正的"双师型"教师，必须与时俱进，不断学习先进理念，提高专业技能。以深圳职业技术学院为例，该院每年都组织教师参加市教育局及学校管理中心组织的继续教育培训，但整体上是趋于形式，意义不大。另外，该院每年都会派遣教师到国内外知名的企业和职业院校去挂职锻炼。但由于经费等方面的原因，送出去的人员名额太少，覆盖面太窄，只能在院级领导、中层管理人员或者重点专业的骨干教师当中选择，这些都制约了职业院校"双师型"教师队伍建设的发展。

③ 生涯发展。教学中重视，行政中漠视。沿着职称研究而来的生涯发展研究裹足不前，因此要突破目前盛行的对不同层次"双师型"教师培养模式研究的藩篱，将视线放宽至"双师型"教师的一生，以其终身发展为研究视角，对其动态发展进行制度设计，在研究对象和研究主题上都体现一定的创新性，使研究结论有可能取得突破。

同时还存在如下主要问题：未能基于专业建设与发展的背景，在内涵和标准认识问题上的诸多歧见，使得已有的相关成果无力指导当前职业院校改革发展实践；按照不同专业分类养成"双师型"教师的相关研究非常薄弱，对具体专业的"双师型"教师发展问题关注太少，尤其缺乏针对工科、文科、理科等不同专业建设需要的"双师型"教师养成研究，存在把"教师"和"工程师"简单线性叠加的情况；对各地"双师型"教师的养成也大多停留在经验介绍上，缺乏深入、系统的提炼；虽较准确地判断政府和市场对"双师型"教师的素质需要，也提出了一系列的养成对策，但未能分专业对"双师型"教师养成机制进行系统研究；对国外尤其是职业教育发达国家同类问题的比较研究严重不足。总体来看，对"双师型"教师的培养已经取得一些共识和进展，肯定、重视"双师型"教师的作用，内涵和标准遭到质疑却也取得共识。

4. 国外职教师资

国外不乏职业教育举办得相当成功的国家，如德国、日本、美国等，其职业教育已成为社会建设所需人才培养的主阵地，在经济建设过程中起到了不可估量的作用。细析这些国家职业教育举办成功的缘由，不难发现其职业教育的机制非常健全，均具有一整套系统的、科学的管理制度，特别是在师资力量的培养方面显得尤其突出，涉及师资队伍的诸多方面均形成了极为严格的体系，比如教师资格的规定，教师队伍的培训、管理和激励等方面都具有极为严格的制度。

（1）实践经历丰富。美国对职业教育教师的要求为具有学士以上学位，并对所授课程有1年以上的工作经验；德国对职业教育教师的要求除具有博士学位外，还要至少有5年在企业的专业实践经历和2年以上的教学或培训经历；丹麦对职业教育教师的要求除完成第三级职业教育外，还要具备专业技能并拥有5年以上的实践工作经历；澳大利亚对职业教育教师的要求除学历外，还必须有3~5年实践工作经历。[①]

（2）兼顾专业技能知识。在德国，根据各联邦州的法律规定，职教师必须接受新技术、新规范知识的继续教育，也称为第三阶段的师资培训。培训模式采取"双元制"，经过专业资格培训和职业教育理论进修，同时需接受专业技能训练，并掌握职业教育学知识。丹麦职业院校教师的培训主要是在专业技能经验的基础上，补充教育教学专业知识技能的培训；日本职业院校教师的培训主要以实践能力为出发点，课程设置以学科为核心。

---

① 石伟平. 比较职业技术教育[M]. 华东师范大学出版社，2001：65，71，85.

（3）聘用兼职教师。在美国的职业院校，兼职教师的数量大约是专职教师的2倍；在德国的职业院校，非正式教师及编外教师的数量占全体教师的60%左右；在日本的职业院校，兼职教师的数量也大约是专职教师的1.7倍。

（4）激励机制健全。在德国，职业院校教师的身份等同于公务员，法律地位是由各州的公务员法决定的；在日本，国家对职业教师给予较优厚的待遇，考核晋升与工资待遇的提高直接挂钩，原则上工资一年提升一级；而在英国、加拿大、澳大利亚及丹麦等国家，职业院校教师的社会福利、工资待遇以及社会地位等都高于普通学校的教师，甚至有些职业院校的教师待遇高于国家公务员和大学教授。

5. 新加坡职教师资"双师"培养的途径

（1）政府鼓励，地位保证。在新加坡的教育体系中，职业教育占有很大比重。政府将职业教育上升到国家发展的战略地位，并给予高投入，使得职业教育从无到有，在发展过程中，特别注重引进高水平的师资力量。新加坡政府为了将更多的人才吸引到职业教育教师的岗位上，从政策上给予了职业教育教师很高的地位和薪酬。因为到职业院校任教有前途、有地位、有保障，所以应聘者都乐意去，岗位竞争激烈。职业教育发展初期的很多师资都是从科技最前沿和生产第一线中请来的高水平技术人员，而且政府还牵线将众多科研机构与职业院校联系起来，比如德新学院、法新学院、日新学院等，这些都为新加坡的职业教育提供了大量高水平、与最新科技密切接触的师资力量。因而，新加坡职业教育起步阶段的教师是有企业背景的人才，从一开始就是真正的"双师型"教师。

（2）终身培训，更新能力。紧跟时代步伐，学习国际先进知识和经验，更新能力知识是对每一位新加坡理工学院教师的基本要求。在职业教育岗位上，每一位教师都必须不断学习、不断进取、不断挑战，终身学习的观念已经深入他们的思想。比如南洋理工学院提出的"无货架寿命"师资开发理念，教职员工不分年龄大小、专业类别，每个人职业寿命的长短由自己决定，在工作面前不存在到期、过期和不能干的思想。不论什么年龄、什么岗位，只要有事业心、进取心，就能够获得学习进修的机会。新加坡的理工学院一般都要求每位专职教师每年至少要参加 20～30 个工作日的培训，每五年必须回到企业接受三个月的新技术培训，同时还选派教师利用假期到发达国家学习先进技术，使得教师的专业知识能够不断更新，及时了解最新的科技发展动态。

（3）校企互通，流动无阻。新加坡政府鼓励企业与相关院校进行深度合作，职业教育非常重视和企业之间的联系，合作密切，不仅有技术方面的交流，而且人员在企业与理工学院之间的流动也非常频繁。不仅有灵活善变的小型高新技术企业人员，还有世界五百强的跨国企业人员，到理工学院任教一段时间。理工学院的教师一般都是聘用合同制，先是两年合同，再是三年，在此基础上才是长期雇用合同。两个合同之间，教师一般都要回到企业再工作一段时间，以了解最新的发展信息和技术变革，从而为再去任教打下良好的基础。企业与学校之间的工作经历都是相互认可并鼓励的，薪酬级别等也是相互承认的，人员在两者之间的流动畅通无阻。无论是做"教师"，还是做"工程师"，都很有前途。

（4）广纳人才，弥补不足。新加坡特别注重人才的引进，在将国际化的现代企业管理人员和技术人员引入企业的同时，也将这些人才吸引到理工学院中，对这些技术型人才的选聘主要考虑他们的技术掌握与项目开发能力，还有企业经历和经验，而对选聘人员的学历、教师资历等要求稍低。因此，在新加坡的理工学院里有数量众多的兼职教师，他们白天在企业上班，晚上则到理工学院为学生传授技能、指导操作、辅导项目研究与开发，为学生们带来了最前沿的技术项目，使学生能够及时跟上科技的发展，能够与社会无缝对接。这些兼职教师弥补了部分基础理论教师不能及时进修提高的不足，促进了"双师型"教师队伍整体结构的提升与完善。

6. 个案：J 学院"双师型"教师调研

（1）J 学院"双师型"证书书面调研。J 学院作为一所快速发展中的应用型本科院校，笔者到该学院人事处，对其"双师型"教师队伍建设进行了资料调查、汇总分析。J 学院共有 228 名"双师型"教师,其中男 139 人,女 89 人,占全校 1 020 名专任教师的 22.35%。(1)学历:博士 46 人,硕士 62 人,本科 120 人。(2)职称:初级 13 人(助级十二级 9 人,试用期 3 人,技术工二级 1 人),中级 101 人(中级八级 16 人,九级 39 人,十级 46 人),副高级 89 人(副高五级 6 人,六级 20 人,七级 63 人),正高级 25 人(正高三级 5 人,四级 20 人)。(3)职务:正处 6 人,副处 17 人,正科 8 人,副科 2 人,科员 1 人。具体如表 2-1 所示。

表 2-1　J 学院"双师"证书数量及种类

序号	学院/部门	"双师"证书数量/个	"双师"证书种类
1	商学院	39	企业信息管理师、金融分析师、电子商务师、创业培训师、国际商务师、注册会计师、心理咨询师、会计师、经济师、营销师、律师
2	化学与环境工程学院	29	职业指导师、生涯规划师、心理咨询师、职业指导师、培训师、分析工二级(技师)
3	机械工程学院	29	计算机辅助设计师、创业咨询师、心理咨询师、职业指导师、工程师、数控车床工、操作工、车工、钳工、电工
4	计算机工程学院	27	计算机网络管理师、计算机系统操作员、计算机程序员、软件设计师、网络工程师、系统分析师、心理咨询师
5	艺术设计学院	21	国家职业技能鉴定高级考评员、中国美术家协会会员、动画一级工程师、高级工艺美术师、高级室内建筑师、影视特效设计师、江苏省美术家协会会员、游戏美术动画、工艺美术师、摄影师二级、室内设计师、心理咨询师、工程师、服装设计定制工(制板)二级、服装制作工(制版)
6	汽车与交通工程学院、中德诺浩汽车服务培训中心(合署)	21	国家职业技能鉴定高级考评员、德国高级技师(HWKW 大师)、汽车维修工、软件设计师、职业培训师、高级技师、物流师

续表

序号	学院/部门	"双师"证书数量/个	"双师"证书种类
7	体育部	19	舞蹈啦啦操一级裁判员、舞蹈啦啦操三级裁判员、篮球一级裁判员、篮球二级裁判员、排球一级裁判员、乒乓球二级裁判员、舞龙舞狮二级裁判员、健美操一级裁判员、艺术体操二级裁判员、足球一级裁判员、田径二级裁判员、网球二级裁判员、手球一级裁判员、瑜伽指导师、救护培训师、拓展培训师、按摩师、省红十字会救护员
8	人文社科学院	18	人力资源管理师、公共营养师、心理咨询师、中式烹调师、调酒师、江苏省普通话测试员、职业技能鉴定考评员、计算机程序设计员、国家秘书、三级秘书、商务秘书、特约记者、会计、导游、高级数控车床工、车工
9	电气信息工程学院	17	工程师、电子元器件检验员、考评员、楼宇自控员、无线电调试员、维修电工
10	材料工程学院	10	心理咨询师、一级建造师、经济师、工程师、计算机程序设计员、分析工、钳工
11	教育学院职业技术师范学院	6	心理咨询师、音乐评审员、育婴师、婚姻与家庭辅导
12	国际教育学院	2	经济师、对外教师
13	思想政治理论课教学部	2	律师
14	图书馆	1	科技查新
15	外国语学院	0	
16	数理学院	0	
	合计	241	

注：共有241个"双师"证书。J学院"双师"鉴定办法是以证书为标准，"双证"即"双师"。教师多数一人一证，少数一人多证。

（2）J 学院"双师型"教师挂职调研。J 学院派遣"双师型"教师在省内任科技镇长，开展挂职锻炼制度，开展产业孵化、产教融合。所有挂职教师均具有博士学历。具体如表 2-2 所示。

表 2-2 J 学院"双师型"教师挂职科技镇长人数及职务

年份/年	人数/人	职务
2015	5	副书记、副镇长
2016	6	副书记、副镇长
2017	8	副书记、副镇长、副局长、副主任

（3）J 学院"双师型"教师访谈调研。对 J 学院人事处领导、部分"双师型"教师进行了访谈，就学院在"双师型"教师队伍建设中存在的问题进行了调查，总结分析其建设困境具体如下：

① "双师型"师资结构待优化。第一，专任教师数量偏少，教授、博士占专任教师比例不高，具有海外留学背景的高层次人才比例偏低。教师队伍中有影响的高端人才、学科带头人、学术创新团队缺乏，省级有突出贡献的中青年专家、省级以上教学名师、六大高峰人才等省人才工程项目及人数偏少。第二，教师队伍整体水平不高，影响了学校学科及专业建设，制约了重大科研项目的申报，原创性、高水平成果少。

② "双师型"师资教学能力待提高。第一，部分教师对教学的重要性认识不够，在教学上精力投入较少，教学积极性不高，责任心不强，教师的作用没有充分发挥，教师的勤奋及开拓进取精神总体不强。第二，部分教师教学设计缺乏科学性，不注重教学环节，不注重启发式、探究式、讨论式等教学方法的运用，课堂驾驭能力较弱。教学手段落后、教学方法单一，不注重"互联网+"时代对教学手段的创新，过分依赖 PPT 教学，且 PPT 制作质量不高。学生主体性及个体性不明显，教学效果不理想。第三，青年教师的教学主动性不强，钻研教材教法不够，缺乏对教学环节的整体把握。

③"双师型"师资政策待改进。囿于资金制约与学校声誉,吸引人才的力度不够,"双师型"高层次人才很难引进,存在数量不足、质量不高、结构欠合理、教师聘任不科学的问题。由于观念认识问题,教师积极性发挥不畅,高水平"双师型"教师很难脱颖而出,人才流动受阻滞,预警与退出机制不畅。

(二)适合的职业教育"双师型"教师发展对策

1. 加大"双师型"教师队伍建设的宣传力度,认真解读其内涵

"双师型"教师的培养关系到职业教育质量的提高和职业教育改革的成功。因此,要利用学校教职工大会、校园网络等途径加大对"双师型"教师队伍建设的宣传力度,并认真解读其内涵,让广大教职工从思想上切实认识到建设"双师型"教师的重要性,行动中以高标准要求自己,认真贯彻"做中学、做中教"的教学模式,将教师教学实践能力和专业实践能力的培养和提升贯穿于自己职业生涯发展的全过程。①

2. 扩大"双师型"教师培养的途径,使校本培训制度化、正常化

为了使广大教师向"双师型"教师转变,各职业院校除组织教师参加全国、省级的各类培训外,还需充分利用院校内资源,广泛开展校本培训。

(1)要扩大培养的途径,采取多种形式,加强教师的能力培养。如开展新进教师培训班、青年教师教学基本功大赛、骨干教师示范课或专题讲座、教学开放日等。

(2)为了遵循"以赛促练"的原则,各院校应积极举办技能节、技能活动周、技能竞赛月、岗位大比武等院校内技能比赛活动,让教师相互切磋、学习,不断提升教师的技能水平。

(3)各院校应加强教学名师评审工作的力度,造就一批职业教育专家、教学名师(成立名师工作室)、学科专业带头人和校企合作、产教结

---

① 余群英. 高职"双师型"教师资格认定探析[J]. 教育发展研究, 2002(09): 75-77.

合的优秀教师团队，充分发挥名师的辐射带动作用。

3. 制定科学的、严格的聘任考核制度，不拘一格引进人才

聘请有实践经验的企业专家、工程技术人员、能工巧匠担任兼职教师，是职业院校教师"双师"化的一个必要手段。因此，在聘任时必须遵循"能力本位"的原则，按照严格的标准制度来进行，聘任后必须要有相应的管理考核制度来监督和激励，不仅要保障兼职教师的合理劳动报酬，而且要使兼职教师在职业教育方面有发展空间，避免兼职打工的心态，只有不断地挖掘兼职教师的潜力，发挥他们的特长，才能做到"人尽其才，人尽其用"。

4. 进一步完善"双师型"教师的激励机制，调动教师的积极性

"双师型"教师是职业院校师资队伍改革的最终趋势。因此，各职业院校要想提高"双师型"教师的数量和质量，就必须有可行的激励机制和相应的福利保障体系，要能调动教师的积极性和热情，不断增强他们对学院的认同感和对教书育人的责任感。学院可以通过采取一次性奖励或者分批奖励的原则来奖励取得"双师型"资格的教师，每年年终绩效考核的30%部分可以考虑用部分资金来奖励"双师型"教师，评定职称时可以向"双师型"教师倾斜，岗位级别评定可以提高一级，等等，促使他们能够潜心教学。

5. 进一步完善校企合作制度，提升职业院校与企业合作的深度和广度

加强与企业的合作是职业院校教师"双师"化的有效途径之一。因此，职业院校必须加强与企业的合作，并提升合作的深度和广度，避免合作出现"一头冷一头热、工学结合两张皮"的现象。

（1）借助职业院校高水平示范性实训基地建设这一契机，推进职业院校专业教师实践技能培训，落实专业教师赴企业实践锻炼制度，不断完善教师下企业锻炼的保障机制和监控措施，以提高教师产、学、研结合能力为目标，并以实地走访、撰写体会、举行报告会等形式加强考核，努力提高教师技术应用能力和实践能力,确保"双师型"教师队伍建设成效。

(2)校企还可以在人才培养方案、课程标准滚动修订、建设精品课程和开发校本教材等方面进行合作,并逐渐规范化、制度化。

(3)要积极加入有关职教集团,构建区域内校校合作、校企合作,规模化、集团化的新平台。

(三)成为"双师型"教师

作为一名普通教师,在职业追求上,听得较多的恐怕就属"双师型"教师了。可是作为一名普通的专业课教师,为什么非要成为"双师型"教师呢,不做"双师型"教师行不行呢?如果做"双师型"教师是大势所趋,那怎么才能成为一名"双师型"教师呢?成为"双师型"教师之后又有什么具体的收益呢?日后职业生涯的进一步发展目标又是什么呢?这一连串的问题萦绕在笔者心头很久了,带着这些问题,笔者有针对性地访谈了多位职业院校的教师,试图从他们回答的一些细节中,寻找第一线的、最直接的、最真实的、最实用的想法。

1. 成为一名"双师型"教师很有必要

随着经济结构的进一步调整和产业结构的不断升级,在科学发展观的指导下,走内涵发展之路已成为共识,社会发展和经济建设需要更多的高技能、高素质的专家型、能工巧匠型教师。而"双师型"教师无疑是为此量身打造的,在我国重理论、轻实践的背景下应运而生的。

国家对"双师型"教师的重视程度由相关政策、措施和标准可窥一斑,当然也体现在学校的各种考核和评估中。如江苏中等职业学校一级至五级"星级评估"中,对"双师型"教师可是设置具体规定的。其中二星级标准参照教育部《中等职业学校设置标准》,规定:"专业教师数应不低于本校专任教师数的50%,其中'双师型'教师不低于30%。"三星级、四星级标准参照《江苏省中等职业学校星级评估标准》评定,三星级中等职业学校规定:"专业教师占专任教师的60%以上,满足技能性、实践性教学要求;'双师型'教师达到专任专业教师的60%以上。"四星级中等职业学校规定:"'双师型'教师占专任专业教师的70%以上。"

有了政府文件中的硬性规定,学校自是想方设法也要达到要求,教师们于公于私都要以评上"双师型"教师为目标和荣誉。这样便进入第二个主题,如何成为一名"双师型"教师。

2. 成为一名"双师型"教师的途径

(1) 现有途径。2004年4月教育部办公厅在《关于全面开展职业院校高专院校人才培养工作水平评估的通知》中指出,双师素质教师是指具有讲师(或以上)教师职称,又具备下列条件之一的专任教师:① 有本专业实际工作的中级(或以上)技术职称(含行业特许的资格证书及其有专业资格或专业技能考评员资格者)。② 近五年中有两年以上(可累计计算)在企业第一线本专业实际工作经历,或参加教育部组织的教师专业技能培训获得合格证书,能全面指导学生专业实践实训活动。③ 近五年主持(或主要参与)两项应用技术研究,成果已被企业使用,效益良好。④ 近五年主持(或主要参与)两项校内实践教学设施建设或提升技术水平的设计安装工作,使用效果好,在省内同类院校中居先进水平。此处的双师素质侧重的是职业院校的教师个体,其实指的便是既能教理论,又能教实践的"双师型"教师,只不过"双师型"教师更多的是针对职业院校师资队伍整体构成而言的。

(2) 困惑。① 条件要求难易不一。从以上四点可以看出,做到一、二两点并不难。A. 很多教师在上学期间就已经考取了相应的中级资格证书。有些专业的教学计划中就包含职业资格证书的认定,认定的结果是大部分比例的学生都可获得相应专业的职业资格证书,如果是本科毕业一般评定的就已经是中级资格证书了。B. 出于就业的压力,很多教师在攻读本科、硕士学位的时候就参加了本专业、相关专业,甚至是毫不相关专业的技能培训,并获得了合格证书。到了教学一线岗位之后,不断强化和提高教学技能,假以时日,全面指导学生专业实践实训活动,对绝大部分教师来说还是可以胜任的。而要做到三、四两点还是需要些历练的。

② 资格准入机制不明。上述四点是不是一款比较实用和公认的"双师型"教师的资格准入机制呢？职业学校在认定一位教师是否为"双师型"教师时是否以此为标准呢？根据笔者的调查，很多学校是以"双证"作为评定"双师"的一个重要标准，拿到职业资格证书或专业技能培训证书和教师资格证书便鉴定为"双师型"教师，这的确是一个简单易行、便于操作的方法。这便是一、二两点受到广泛应用的原因。标准中的三、四两点比较难以鉴定，普适性自然受到一定的局限。效益良好、使用效果好到底怎么评价呢？谁说好就是好呢，是专家评价吗？还是由哪个具体机构负责评价？访谈了几家学校发现都是由人事处来评价，那每个学校的人事处就是具有专业审核资格的权威机构吗？这一点被打上质疑的问号是在所难免了。

在研究了二十多年"双师型"教师认定上，没有统一的法规规定和严格的认定程序，也不与教学紧密结合，这会让想成为"双师型"教师的人感到茫然。

3. 成为一名"双师型"教师的方法

（1）政府立法，破除终身制。新加坡政府是非常鼓励高水平的科技一线人才到职业院校执教的，并给予了足够的地位和物质保障，同时也对职业教育的教师提出了很高的资历和能力要求，不能及时跟上经济发展的步伐就将被淘汰。德国等西方发达国家也从立法方面对职业教育师资的聘用和培养等提出了众多严格而具体的要求。我国政府虽然也出台了很多政策文件，显示出重视职业教育发展的决心，但对职业教育师资的要求并不是很高，标准也不是很明确，也不能吸引很多优秀人才。要做到像发达国家那样吸引最前沿、一线的人才来职业院校任教，就必须从法律上保证他们的地位和物质待遇，使优秀人才乐意做教师。同时要严格选聘教师，资格认证要凭能力、凭资历、凭经验而不是凭某个证书。而且要定期重新评估认证，破除终身制，从而促使教师不断学习、不断进修，紧跟世界先进技术步伐，成为技术和教学都领先的"双师"。

（2）企业经验，选聘的关键。新加坡等职业教育发达的国家，招聘职教教师时都要求有三年以上的企业工作经验。而我国各高职院校目前在引进师资时，学历条件的"门槛"订得越来越高，基本上高职院校都把硕士、博士作为招聘教师的必要条件之一，而企业经历只是参考指标。实际上，很多硕士、博士是直接从学校到学校，没有任何企业经验，来职业院校做老师后，在课堂上只会就理论讲理论，不能为学生掌握实用的技能提供帮助。只有与企业沟通，才能预测技术发展趋势和新技术应用前景，提升学校服务社会的能力和水平。因此，我们在进行师资队伍建设时，应该借鉴新加坡等发达国家的经验，在引进教师时，企业工作经验作为必备条件，优先选择具有企业一线岗位工作经历的人员担任专业课教师，在强调企业经验的同时可适当放宽学历条件，以吸引更多的企业技术人才来职业院校执教。同时，也可以适当聘用一些企业人员作为职业院校的兼职教师，利用业余时间对学生进行指导，使学生更加真实地接触企业项目，做到毕业后与企业、社会无缝对接。

（3）教育继续，能力持续更新。科技是不断发展的，"双师"能力也应该是动态发展的。从发达国家的先例可以看出，职业教育与技术更新、经济发展的关系非常密切，这也就对职教师资的能力提出了相当高的要求。为了使职教师资适应经济发展日新月异的需求，必须加强和支持教师的在职进修和继续发展，建立科学、规范、有效的继续教育和培训制度，结合学校实际，制订相应的教师培训计划，并积极创造条件，有计划地安排教师到企事业单位顶岗工作或实习锻炼，提高广大职业教育教师的专业技能和实践能力。培训项目要有计划、分步骤地贯穿实施于教师的整个职业生涯之中，为教师的职业发展创设一个良好的外部环境。鼓励教师通过多种渠道参加多种形式的教育与培训，从而保证职教教师能始终与技术、经济发展同步提高。

（4）考核评定，回归职教本义。对教师的考核评定是促进教师学习进步最强劲的动力源泉。与新加坡等职业教育发达国家相比较，我国职业教育师资的考核和职称评定与普通教育共用一套标准和指标，这就不能体现职业教育的特殊性。比如学术水平是职业院校对教师考核的硬性指标之一，也就是说高职院校对教师的评价与研究型大学没有实质区别。而新加坡等职业教育发达国家的教师考核办法更具职教特色，更强调实践能力、开发能力和管理能力。德国职业学院主要从事教学工作的教授也与一般大学不同，他们没有科研工作要求。正是由于我国对职业教育师资的考核评定缺乏针对性和适用性，才使得职教师资缺乏进修培训的动力。没有相应的激励和保障机制，才使得职教师资"双师型"队伍建设难以达到预期的效果。因此，职业教育教师的考核评定要有自己的要求和指标，要体现职业教育的特色，回归职业教育本义。建立科学、合理、独立、适用、有效的职教师资考核评价体系，对"双师型"师资队伍建设作用重大。

（5）鼓励流动，校企互通共赢。一般的职教教师虽然对学校教育中各要素及其关系有较好的理解与把握，但对企业社会中的各种组成要素及其关系，对企业社会的运行规律缺乏了解与把握，所以往往很难在学校与企业之间顺畅地实现角色转换。要解决这个难题，只有吸引企业中的优秀人才来职业院校执教。但由于国内人事管理、人才流动政策等方面的原因，人员从企业向事业单位流动难度很大，从企业招聘具有职业经验的工程人员显得非常困难。因此，政府应积极进行人事配套制度改革，打破人才身份的限制，疏通企业人员向职业院校流动的通道。要建立一种企业与学校人才的交流机制，保障双方的利益，鼓励企业人员和职教教师相互流动、双向互动。企业为学校提供项目和技术指导，学校也可以为企业提供理论指导和人力资源，使工程师可以成为教师，教师也可以成为工程师，成为双方的"双师"，达到校企双方互利共赢的效果。

那么努力之后已成为"双师型"教师的，他们又有什么具体的收益和实惠呢？在此进入第三个主题。

4. 成为一名"双师型"教师的收益

（1）成为"双师型"教师收益不诱人。对学校来说，一定比例的

"双师型"教师是其在各种评估、检查和考核中的一个重要指标。对教师个人来说，具体的收益又有哪些呢？也许大的收益还没见着，小的收益倒有一点。如有些职业院校，对于已认定为"双师型"的教师，年终一次性补贴500元，有的学校是800元，算作是肯定和褒奖。职称评定上，评正高、副高与是否为"双师型"教师没有直接关系。在外出进修机会上，在住房、福利、津贴待遇上，"双师型"教师多是不被提起的，也许只有在评专业带头人时，算是一个参考指标，但也不是决定性指标。

（2）不是"双师型"教师处罚不明显。不是"双师型"教师也没有处罚措施，那对教师来说，利诱不足，威逼很少，学校靠什么让教师一定要成为"双师型"教师呢？难道仅靠校长在大小会议上的倡导和鼓励，"双师型"教师占专职教师的比例就能达到50%、60%，甚至是70%吗？这一点值得商榷。

再退一步讲，即便学校领导都很有号召力，教师们通过努力成为"双师型"教师，那之后又怎么办，终极目标实现了吗？下一步怎么继续发展，前景又是什么？在此进入第四主题。

5. 成为一名"双师型"教师的职后发展

成为一名"双师型"教师之后又该怎么办呢？很多教师刚毕业参加工作就已经取得"双师型"教师的任职资格了，那之后几十年的教师生涯，仅靠这个"双师型"教师的称谓可以包吃天下吗？显然是行不通的。

（1）职称。早在2005年刘建湘老师的《职业院校双师型教师教育研究》一书中已经提道：湖南科技职业学院"双师型"教师校本培训方案中提出了"双师经历教师"（有1年以上社会职业工作经历）、"双师资格教师"（具有教师资格证或助教职称和初级技术职称）、"双师中级教师"（具有讲师及以上的教师职称证书和中级技术职称）、"双师高级教师"（具有教授或副教授职称证书和相关社会职业岗位高级技术职称）。深圳职业技术学院在其《深圳职业技术学院十年发展规划编制说明》中，提出"双师经历教师"（同上）、"双师资格教师"（同上）、"双师等级教师"

（分双师中级教师、双师高级教师）。还有学者提出了"双师专家教师""双师素质教师"。

但是这些学校制定的"双师型"教师分层标准，其实用性和可行性没有进一步的跟踪研究。在教学实际中，到底有多少差异，待遇上有多少区别，对于其具体实施效果也不得而知，其运用成果也没有广泛推广，大部分"双师型"教师对未来发展还是很模糊的。

（2）职后培训。"双师型"教师的职后培训相对于不是"双师型"的教师也没有获得特殊关照，两者所获外出培训和学习的机会几乎是一样的。而且也没有专门针对"双师型"教师的特别的职后培训，推动"双师型"教师的进一步发展。这样便很容易让教师产生"双师型"教师其实是个口号或想法，没有太多实际的成分。在教学实践中意义很大，作用也很大，就是还没有平台和机会充分展示出来。

通过对职业院校教师的访谈，发现"双师型"教师的研究已经走过了21个年头，而且是非常具有中国特色的，是在中国重理论、轻实践的大背景下提出的。研究的成果可以用汗牛充栋来形容，学者研究的热情可以用如火如荼来形容，但实际运用中仍有很多问题，没有出台实用的、强有力的解决措施。对职业教育发展中出现的很多问题，试图用"双师型"教师来达到药到病除的目的，显然是不切实际的。可以说"双师型"教师对于我们的职教事业来说，不是万能的，要想使其重要性进一步拓展，只有对其不断进行研究，使其在理论上丰裕起来，在实践中充分发挥实用性，才能真正展现"双师型"教师的作用。当然对于一个提出来只有28年的新事物，我们要给它足够的成长时间，相信在"摸着石头过河"的过程中，我们会迎来"双师型"教师蓬勃发展、日益壮大、理论成熟、研究体系清晰的一天。

四、工匠精神理念下适合的职业教育教师队伍

工匠精神是与职业教育的教育质量及师资教育品质高度相关的词汇。

追溯人类文明的进程，可以清晰地看到工匠精神在石器、青铜、铁器、工业、电气等不同时代的鲜明烙印。工匠精神是支持国家技术技能创新并保持领先地位的重要内驱力。我国正处在由制造大国向制造强国迈进的攻坚阶段，迫切需要职业教育培养大批具有工匠精神的师资来培养具备工匠精神和工匠品质的高素质劳动者和高技术技能型人才。

随着中国经济的转型升级，以及《中国制造2025》的颁布实施，工匠精神作为制造业精神传承的重要内容，引起社会的广泛关注，并进入学界的视野。工匠精神属于职业精神的范畴。

教育部2014年年会暨第四届全国职业教育"文化育人"高端论坛会议曾就"社会主义核心价值观与职业精神培养"等议题开展学术交流，就职业精神培养的重要性达成共识。全国教育科学规划办2014年度立项了2项与职业精神有关的课题，主持人分别是匡瑛和薛栋。而在中国知网以"职业精神"为关键词进行搜索，可以搜到学术论文1 522篇（截至2019.12.02），研究范畴涵盖职业精神的解读、职业精神教育的价值分析、职业精神的教育途径及方法等。

聚焦工匠精神的研究，在中国知网以"工匠精神"为关键词进行搜索，能搜到学术论文10 162篇（截至2019.12.02），研究主要集中在历史传承、内涵特征、价值意蕴等方面，如德国、日本等国工匠精神的解读及价值探讨，中国古代工匠精神的价值意蕴，中国现代工匠精神的缺失及重塑等。

《国家中长期教育改革和发展规划纲要（2010—2020年）》对师资职业精神的培养进行了强调，2016年"工匠精神"正式出现在《十二届全国人大四次会议政府工作报告》中。

加强培养职业院校师资的工匠精神，已成为共识，重要性得到一致认同，但工匠精神培养的理论体系与实践架构尚待探讨。本领域的研究还处在起步阶段，立足于职业院校师资工匠精神培养的校本实践与研究很少。一方面，我们需要聚焦"工匠精神培养"；另一方面，我们需要将培养师资的工匠精神落到实处，为培养中国未来的"大国工匠"做准备。

（一）工匠精神基本概念

随着 2016 年 3 月 5 日李克强总理的《政府工作报告》出台，"工匠精神"成为社会各界追捧的热词，"培育精益求精的工匠精神"已被看作后工业社会中企业差异化竞争的制胜点和关键力量。那么，什么是工匠精神？为什么要培育工匠精神？代表委员们在两会会场上从不同侧面对工匠精神进行了阐述，制造手机的雷军说"工匠精神就是看不到的地方也做精致"，演员张国立的理解是"踏踏实实做好一件事、做精一件事"，从生产摩托到生产汽车的李书福则视工匠精神为"把自己岗位的工作做得最细，打磨得更好"，工艺美术大师吴元全认为工匠精神就是"认真、敬业的精神"，曾经在德国学习和工作多年的科技部部长万钢则将工匠精神概括为敬业精神……表述虽各有不同，但是综合来看，工匠精神的根本在于"认真做事"。

工匠精神的概念，是指工匠对自己的产品精雕细琢、精益求精的精神理念。工匠精神的由来：工匠们喜欢不断雕琢自己的产品，不断改善自己的工艺，享受着产品在双手中升华的过程。工匠们对细节有很高要求，追求完美和极致，对精品有着执着的坚持和追求，把品质从 99% 提高到 99.99%，其利虽微，却长久造福于世。

1. 工匠精神的内涵

（1）精益求精。注重细节，追求完美和极致，不惜花费时间精力，孜孜不倦，反复改进产品。

（2）严谨，一丝不苟。不投机取巧，必须确保每个部件的质量，对产品采取严格的检测标准，不达要求绝不轻易交货。

（3）耐心、专注、坚持。不断提升产品和服务，因为真正的工匠在专业领域绝对不会停止追求进步，原料、设计、生产流程，都在不断完善。

（4）专业、敬业。工匠精神的目标是打造本行业最优质的、其他同行无法匹敌的卓越产品。

2. 工匠精神的代表人物

英国航海钟发明者约翰·哈里森（John Harrison，1693—1776）：哈里森费时 40 余年，先后造出了五台航海钟，其中以 1759 年完工的"哈氏 4 号"最为突出，航行了 64 天，只慢了 5 秒，远比法案规定的最小误差（2 分钟）少，完美解决了航海经度定位问题。"工匠精神"是瑞士手表上的每一个零件，是兰博基尼上的变速箱，是猛禽战机的隐身性能，是航空母舰上的蒸汽弹射器。

3. 工匠精神的现实意义

在当今企业管理中有着重要的学习价值。当今社会比较浮躁，许多企业和个人追求"短、平、快"（投资少、周期短、见效快）带来的即时利益，忽略了产品的品质灵魂。因此，企业更需要工匠精神，才能在长期的竞争中获得成功。当其他企业热衷于"圈钱—做死某款产品—再出新品—再圈钱"的循环时，坚持"工匠精神"的企业，依靠信念、信仰，看着产品不断改进、不断完善，最终通过高标准要求历练之后，成为众多用户的骄傲。无论成功与否，这个过程，在精神上是完完全全的享受，是脱俗的，也是正面积极的。

（二）职业院校师资的工匠精神

由古至今，工匠所从事的主要都是生产制造活动，即制造业领域是工匠的主要活动范围。鉴于此，从领域的视角出发，对于工匠精神的解读首先要从特定的制造业领域开始。在制造业领域中，我们可以找到关于工匠精神的"最初的规定性"，也就是它的逻辑起点。然而，工匠精神所涉足的领域并不局限于此，我们应该从更加多元的视角理解工匠精神的内涵。

实际上，不仅制造业领域需要工匠精神，其他领域也同样需要工匠精神，甚至整个中国社会都需要工匠精神。回顾改革开放以来的发展历程，中国社会似乎跑得太快了，以至于迷失了前进的方向，也丢掉了古已有之的工匠精神。在短短 30 多年中，我们从曾经的供应短缺到现在的产能过剩，从曾经的没有一家 500 强企业到现在有 100 多家，发展速度如此之快，以至于被称为"中国奇迹"。在速度为王的理念指导之下，整个社会的发展都显得过于浮躁。在很多领域，工匠精神已经缺失了很久，粗制滥造似乎成了一种时代病。在政界，"拍脑袋"者大有人在，各种不科学的决策、难落实的政策仍然很多；城市建设中"拉链路""短命建筑"层出不穷，从规划到建筑都缺少科学、眼光和胸怀；新闻传媒，许多消息真假不辨，"标题党"只求一时博取眼球……凡此种种，无一不是缺少那种对职业敬畏、对工作执着、对规则坚守、对产品负责、对创新热心的人才。如今，我国已经悄然步入"互联网+"时代，不少地区甚至兴起一股"机器换人"的浪潮，这并不意味着工匠精神已经不再重要。相反，在这个科技日新月异的时代，尽管很多工作岗位有可能为机器所替代，但是工匠身上所具有的追求极致、精益求精的精神品格却是无法替代的。

发达国家经济发展的成功证明，科技愈是发达，愈需要工匠精神。由于所处工作岗位的不同，不可能每个人都成为工匠，但是工匠所具有的精神品格却是值得我们每个人学习的，踏实做事、认真做人应该成为每个人的人生守则。官员如果有工匠精神，将会多做一些实事，少搞一些形象工程；医生如果有工匠精神，将会多减轻一些病痛，少带来一些纠纷；学者如果有工匠精神，将会多做一些真学问，少生产一些学术垃圾……也就是说，我们已经不能将工匠精神单一地理解为制造业领域所特有的，而应该从更加多元的角度去理解工匠精神。诚然，以工匠精神助力中国制造业的转型升级是我们的重要目的。然而，发挥工匠精神"普惠众生"的作用，以工匠精神推动整个中国社会的转型升级才是其最终目的。如果我们每个人都不只满足于90%甚至99%的"差不多"，而去追求99.99%的接近完美甚至100%的完美，整个社会的面貌都将焕然一新，中国人的生活品质才能得到根本提升。

随着中国经济的转型升级，以及《中国制造2025》的颁布实施，工匠精神作为制造业精神传承的重要内容，引起社会的广泛关注，并进入学界的视野。工匠精神是支持国家技术技能创新并保持领先地位的重要内驱力。工匠精神是与职业教育的教育质量及教师教育品质高度相关的词。当我们呼唤工匠精神的时候，我们应该花更多的心血培育工匠精神。工匠精神离不开历史的传承，离不开追求品质和创新的企业文化，离不开成熟的职业教育体系，更离不开社会对工匠价值的认可与尊重。职业院校的教师从教书育人、为人师表的角度出发，也要具有工匠精神。踏实做事，精益求精，在平凡的工作岗位上将工作做到极致；高度的工作责任心和从事职业及岗位的热心、耐心、恒心，甘于平凡、甘于寂寞、甘于奉献；通过不断学习与钻研，持之以恒，改进创新，成为某个领域的行家专家，只有具备这样的品质才算具备工匠精神。

（三）工匠精神访谈提纲及访谈内容

笔者设计了三版访谈提纲，分别为教师版、企业版、研究人员版。根据研究内容进行了访谈提纲的细化，对被访谈者的回答进行了整理，具体如下。

1. 教师版

（1）您觉得职业院校教师的工匠精神是什么？

① 总体概况工匠精神。认为工匠精神就是对自己的工作、专业、作品、产品，讲究精益求精、追求极致、精雕细琢、追求卓越、永不停息、踏实做事、探索学习、追求完美的精神。自己在某一领域能够坚持，在平凡的工作岗位上不断开拓创新。工匠精神表现为：认真严谨，主要是知识上的严谨，对教学、科研的认真；教材的选择、教案的备写以及课堂课下的言语追求；对更高层次的追求，比如对教学名师的追求；等等。工匠精神还表现为注重细节、一丝不苟、专注、坚持、敬业。具有工匠精神的人，大多仁爱、心胸开阔，他们心里装的更多的是他人。

② 认为工匠精神有两层意思。一是在专业领域有超越常人的精湛技能；二是对工作有突出的敬业精神和孜孜以求的进取态度。首先是工匠，其次才是精神。工匠精神首先必须是能工巧匠，专业技术高超。其次是具有职业操守，持之以恒、精益求精。工匠精神属于职业精神的范畴，是从

业人员的一种价值取向和行为表现，其核心是对品质的追求，是严谨待己、和谐处世的人文精神。

③ 结合实际的观点。不能脱离工匠，空谈认真负责之类的精神。经济学上的合算，是降低成本、提高效益，而不是泛泛而谈的精益求精、认真负责。

（2）您觉得职业院校教师如何才算具备工匠精神？应通过哪些途径的努力，取得哪些成果，达到哪种境界才算？具备工匠精神的职业院校教师具有哪些特点？

① 如何才算具备工匠精神。工匠精神是一种态度，需要不断努力才能达到。高度的工作责任心和对从事职业及岗位的热爱，努力专注做好一件事。工匠对自己的产品具备艺术化的理念，时刻要求自己对产品严格。通过不断的自我技术完善、理念更新、艺术追求，可以促使工匠精神的产生。通过对某一事物的热爱，对某一领域的深入研究，有了新思路、新方向，为了解决问题而去做研究。对教学、研究，转变不同方法，将其做到最好。途径有翻阅国内外文献，查找相关做法，在此基础上提出自己的想法，比别人做得好，做得优秀。只有具备了这样的品质，才算具备了工匠精神。

② 成果与境界。通过不断学习与钻研，持之以恒，改革创新，在平凡的岗位上不断做出成绩，成为某个领域的行家专家，最终达到的境界是将自己人生的价值融入所从事的事业及所生产的产品中。事业和产品的价值，就是工匠的人生价值。

工匠精神应该在自己所处的行业，对自己所做工作的内容进行深层次研究，反复琢磨，使自己的产品变得更好，甚至最好。在某个领域达到一定的高度，取得一定的成就，但并没有停止前进，持续精益求精。在专业技能上能够取得一定的成就，同时在人品上也能得到周围人的称赞。工作认真负责，技艺熟练到位；不断学习、不断努力、不断合作；在行业中得到认可，在社会上受到尊重。

③ 具备工匠精神的职业院校教师特点。作为教师，能够备好课、上好课，除此之外能够在专业上脚踏实地起到带头作用。比如在上课方面基本功扎实，在专业技能方面具有创新能力，在教学竞赛、技能比赛中都能灵活运用所掌握的知识，获得成就、得到认可。对自己要求严苛，平时必须以特定的行为准则来要求自己，在专业追求上永不懈怠。不管环境如何变化，均能十年如一日地高标准要求自己。

（3）您觉得中国的工匠精神与外国的工匠精神有什么不同？

① 认为外国的工匠精神好。中国盛行高考，西方提倡学徒制，公民成长方式不同，现状、历史渊源也不同。欧美工业革命，都是从小作坊一点点做出来的；中国传统便对技艺不太重视，认为都是雕虫小技，称作奇技淫巧，所以在中国工匠精神得不到认同。中国的工匠精神还比较粗放，没有形成各行业统一的评价体系，相对国外已经成熟的工匠精神较落后。

外国人是实实在在做的，是纯自然的。中国人对技术型人才关注不够，做好做坏都一样。中国的工匠精神，是兴趣爱好。国外对自己所做的工作感兴趣，更愿意全身心投入，把产品做得更好。国内是从利益出发，缺少敬业精神。

国外有培育工匠精神的人文环境，有完善的教育体系与公司企业有机融合，社会对工匠精神的尊重和支持，使得工匠精神结出丰硕的果实。国内的环境有些急功近利、浮躁浮夸，企业和社会对工匠精神忽视并瞧不起，使得工匠精神总是停留在口号和标语上，昙花一现，难成大器。工匠的身份、阶层低下，收入低，社会地位低，很容易被替代，而且福利制度跟不上，生活没有保障，总要找工作，导致中国的工匠生存空间狭小。

国外的工匠精神是专注于某个工作，精益求精，做到极致、做到最好；国内的工匠精神是有的，但这种精神要求工匠慢慢做，慢工出细活，在这个社会现状下也许普通老百姓感受不到。

② 认为中国的工匠精神好。外国的工匠精神更多是在工业、制造方面的精细化，中国的工匠精神有历史与文化的积淀，内涵更深入、外延更

广阔，用工匠精神解决问题的领域更多些。外国的工匠精神过于死板，中国的工匠精神比较灵活，中国的工匠精神更具有社会主义的色彩和特色。中国的工匠精神听起来更多了一份淡泊名利的感觉。

③ 认为国内外工匠精神相似，本质上是一致的。中外的工匠精神都是追求技能上的精益求精，中国的工匠精神更多地还包含处世的哲学。中国的工匠精神似乎是个大的概念，在宏观上用来激励人们不断奋进，外国的工匠精神可能是个小的概念，追求以小见大。中国目前已是制造大国，而非制造强国，大是规模，强是质量，要成为制造强国，必须培育工匠精神。工匠精神是制造的基础，制造是创造的基础。

（4）请问贵校在工匠精神建设、培养、推动、展现方面的现状如何，存在哪些问题？

① 建设、培养、推动、展现现状。学校很重视工匠精神的培养。一是重视实操技能的教学和实践，如有配备精良的实训教室，实训课的课程占比很高，学院重视一年一度的技能节，致力于培育学生的专业技能、职业素养。二是校企合作很多，厂中校、校中厂为培养工匠精神提供了良好平台，通过校企合作加强训练。三是设置校企合作办公室，由其对顶岗实习期的学生全程指导和跟踪，确保在实习期能沉得下去、学到本领。四是重视工匠精神的思想教育，如主题班会和"工匠精神月"，大力推进工匠精神的宣传，用工匠精神激励教师不断努力提升，激励学生奋发图强，努力学习，在精神层面得到认可。五是从学习态度、职业素养、老师各种能力着手，开展讲座活动。在技能大赛中，都是一个老教师带一个新教师，潜移默化地传授各种做法。

② 存在问题。第一，力度不够，不成体系。学校的工匠精神培养途径与方法，有点形式主义，没有真正探究，活动流于表面。在如何建设、培养等方面还没有进一步的计划。缺乏完整的工匠精神培养体系，更多地停留在喊口号、随大流状态，并没有特别的管理制度及配套政策来支撑其建设。一段时间内，新教师还不能进入学校工匠精神的培养通道。

第二，时间精力限制。学校给了教师，特别是新教师很多平台和机会，希望教师能参与到各种各样的教科研工作和比赛中。但在任务较多的情况下，培育学生、引导学生工作过多过重，有时会因为时间、精力有限，反而不能很好地完成。

第三，软硬件不足。目前校内教师中称得上工匠的人并不多，引领作用有限。硬件投入有欠缺，满足不了培养需求。

第四，风气不浓，政策落实不够。学风和重技之风不够浓厚，不利于工匠精神的培养。知识的掌握以及各项政策措施落实不是很到位。教师或者团队比较功利，看重利益，体现不出工匠精神。

（5）您觉得个人或团队如何在职业院校的具体工作中展现工匠精神？职业院校该如何利用教师或团队身上具备的工匠精神来为学校服务？

① 个人或团队。个人从以下几点展现工匠精神：一是不断提升专业技能，提高教书育人水平。二是学习学校中的师德模范等真正"工匠"，学习标杆，追赶标杆。三是提升道德修养，强调内在驱动力。

团队从以下几点展现工匠精神：一是老中青不同年龄段教师的帮带传承，切磋技能，共同提高。二是团队之间的经验交流，取长补短。三是注重团队和学生的沟通合作，可开展师生羽毛球赛等活动，拉近师生距离，提高师德修养。在团队中分工明确，像钟表一样，各个零件构建在一起，高效运转。将社会实践能力更多地渗入工作过程中去，可以更好地培养学生的工匠精神。

个人或者团队要在工作中戒骄戒躁，耐心、专注、坚持不懈地完成技术工作。为学校服务，具体可以通过在科研方面为社会服务而展现出来。可以在学生或教师中间进行工匠精神宣传，带动对工匠精神的学习和追求。个人或团队可从自己最擅长的专业知识入手，把自己最擅长的领域做精、做通，做到一流水准。将领导布置的任务不折不扣地完成，力求完美，个人或团队要具有责任心，更要有奉献精神。

作为教师，具体体现在备课、上课都能尽力做到最好，在专业学习上继续提升，只有充分掌握专业知识，才能很好地教授学生，才能具体运用到各类比赛中去。学校通过教师的工匠精神，不仅可以很好地将知识传播给学生，还可以让学生在与教师的交流中充分体会到精益求精、脚踏实地的态度。因此，要使每位教师都能有这样的意识。

在具体工作中需要专职、专心、专长。专职是培养工匠精神的基本要求，专职使从事该职业的人拥有责任心，产生使命感。专心是培育工匠精神的核心，是从追求精细工艺过程中获得快乐的初级阶段，要求全身心投入。专长是指从事某一职业已经达到较高水平，成为区别于他人的具有特别长处的特征。

② 学校怎么做。一是从制度上保证老中青教师的帮带传承；二是提升绩效工资水平，进一步提高教师的劳动积极性；三是形成良好的教书育人氛围，让团队、教师干一行爱一行，以培养更多的工匠型教师。

既然有要求，制定切实可行的实施细则可能更加容易深化，操作性也更强些。从日常教学、科研入手提高要求，制定合适的制度。高标准要求自己，不搞差不多，不搞马马虎虎。学校对师资工匠精神的利用，不应停留在口头上，必须拿出诚意，如在职称评定上的加分、奖励等。

③ 存在问题。学校很强调技能大赛，想利用高科技的加工设备、现代流行的手段来做一些产品，而不是认真探究最基本的专业知识的相关情况，忽略了最基本的专业知识。

电子厂从工程师到操作工都没有职称评定体系，严重影响了微电子行业工匠精神的培养与展现。现在制造业完全凭自己的质量管理体系以及精益生产理论保证产品质量，这在发展外延上有局限性。

学校和社会以及各个部门机关对教师缺乏尊重，仅从行政上对教师进行粗暴管制，难以培养工匠精神。学校可以树立典型，表彰优秀，挖掘真正具有工匠精神的教师，以点来带动面，激发教师的工作热情。

(6) 您所在的职业院校有这样的具备工匠精神的教师个人或教师团队案例吗？可否告知教师姓名或团队名称？

① 个人案例。常州轻工职业技术学院会计教研室主任洑建红老师，还有该学院的邓建军老师。无锡南洋职业技术学院的朱庆宏老师，是艺术系的，有个手工作坊是3D打印室，打印手机套、保护壳等，上面有精美图案。江苏城乡建设职业学院的袁建刚老师，是测量专家，常带学生参加大赛，是金牌带队老师。常州工程职业技术学院的教学名师史维琴教授。常州机电职业技术学院的苏宝莉老师。镇江高等专科学校的陆建平老师，是原镇江奥迪4S店技术总监，现受聘于镇江高专汽修专业，技术高超，对学生授课热情负责。

② 团队案例。常州工程职业技术学院焊接团队，常州机电职业技术学院的软件技术专业教学团队。

2. 企业版

（1）您觉得职业院校教师的工匠精神是什么？

教师工匠精神就是教好学。对专业知识很了解，教出好的学生，才算具备工匠精神。

（2）您觉得职业院校教师如何才算具备工匠精神？应通过哪些途径的努力，取得哪些成果，达到哪种境界才算？具备工匠精神的职业院校教师具有哪些特点？

教师要了解社会，有学术论文，教出的学生要合格。特点是敬业、专业。

（3）您觉得中国的工匠精神与外国的工匠精神有什么不同？

中国现有的工匠精神，与瑞士比就不行，瑞士的水平高，与欧美比也有差距。

（4）您觉得职业院校在工匠精神建设、培养、推动、展现方面的现状如何，存在哪些问题？

中国存在的问题是浮夸，有些人有点成绩就沾沾自喜，事情做完就行，没有精益求精，没有做到极致，推广方面也不行。

（5）您觉得个人或团队如何在职业院校的具体工作中展现工匠精神？

职业院校该如何利用教师或团队身上具备的工匠精神来为学校服务？

爱岗敬业，教出好学生，为学校服务。发扬教师身上优点，进行推广，让学生好好学，精益求精。

（6）请您对职业院校师资工匠精神的培养提点建议？

首先要大力推广，其次要理解工匠精神，精益求精，把事情做到极致，做到最好，向社会推广。

3. 研究人员版

（1）您觉得职业院校教师的工匠精神是什么？

工匠精神是指某人在某个专业具有娴熟的专业技能，而且具有良好的职业道德；又指工匠对自己的产品精雕细琢、精益求精，具有执着追求的理念。工匠精神的核心就在于专业、专注、严谨和一丝不苟，这种态度不是一时形成的，而是由经年的历练、世代的传承而获得的。

（2）您觉得职业院校教师如何才算具备工匠精神？应通过哪些途径的努力，取得哪些成果，达到哪种境界才算？具备工匠精神的职业院校教师具有哪些特点？

在专业上具有比较高超的技能水平，在一些职业精神方面具备示范作用的一类人，才算具备工匠精神。身上有一股韧劲和耐心，认准了一件事，不急不躁、不慌不忙，愿意在上面消磨时光和精力，追求完美。第一，必须在某专业或者某领域经过长时间的实践。不同专业有不同的时间要求，有的要几年，有的要十几年，有的甚至要几十年。第二，要向已经具备工匠精神的专业人员学习。第三，需要提供一些养成工匠精神的工作情景。

（3）您觉得中国职业院校教师的工匠精神与外国职业院校教师的工匠精神有什么不同？

中国和外国工匠精神实质上是一样的，就是对工作认真执着、对产品精益求精、对技术不断创新、为目标锲而不舍。

（4）请问职业院校在工匠精神建设、培养、推动、展现方面的现状如何，存在哪些问题？

当前，职业院校都在思想上意识到工匠精神的重要性，也在大力提倡。但是，由于工匠精神比较抽象，大多数人并不十分清楚，只有模糊印象，而且工匠精神不是一蹴而就的，需要长期培养，因此在具体举措阶段，也是摸着石头过河，走一步看一步。目前，我们还没有看到有哪个职业院校实施具体、系统、明确的举措。总体上来看是有欠缺的。首先，大部分专业老师本身就不是工匠，那怎么能培养出工匠学生来呢。其次，学校在实践教学上力量薄弱，实践机会少，不够深入，不能满足较长时间的实践体验。实践教学的课时安排存在不足，评价标准也没有很好地体现。

（5）您觉得个人或团队如何在职业院校的具体工作中展现工匠精神？职业院校该如何利用教师或团队身上具备的工匠精神来为学校服务？

首先，教师要具备工匠精神，不然无法展现。教师自身要培养工匠精神，也要进行长期的专业实践。在人才培养方案上，必须体现工匠精神这一培养目标要求。评价标准、教学内容、目标要求、方式方法要求、评价要求，均要体现出对工匠精神的培养。要培养学生的工匠精神，必须首先培养教师的工匠精神。然而教师本身不具备工匠精神，这是问题的本质所在。

个人或者团队要在职业院校具体工作中展现工匠精神，一是必须具备对教学科研工作精益求精的态度，二是在教育教学过程中体现独具匠心的创造力，三是对教育事业坚持不懈。对于职业院校来讲，要想培养学生的工匠精神，必须先培养激发教师的工匠精神，要依据教师成长的规律，对教师职业精神的发展予以引导与推动，对个别有潜力的教师的考核要适当，尽量创造比较宽松的环境。

（6）您知晓这样的具有工匠精神的教师个人或教师团队案例吗？可否告知教师姓名或团队名称？

大师、工作室、专业团队，与具有工匠精神的个人或团队相对吻合。

五、"一带一路"理念下适合的职业教育教师队伍

"一带一路"倡议提出以来，在沿线国家引起强烈共鸣。在互利共赢基础上推动"一带一路"沿线国家的工业化和现代化进程，关键在于高素质的人力资源。从现状来看，"一带一路"沿线国家的人力资源在劳动力数量、成本方面具有优势，在劳动力受教育程度、技能水平、生产率方面处于劣势。究其根源，主要在于大多数沿线国家教育与培训体系的落后，导致其人力资源开发水平与国家现代化的要求还有相当距离，这已经成为深化落实"一带一路"倡议的瓶颈。相关课题通过设计调查问卷与访谈提纲，对"一带一路"服务视角下高技能人才培养现状进行调研，找出了这一视角下高技能人才培养中存在的优势与劣势问题并分析其成因。

（一）"一带一路"沿线国家的人力资源现状

通过分析世界银行、国际劳工组织等机构的统计数据，可以发现"一带一路"沿线国家人力资源存在优劣参半的状况。

1. "一带一路"沿线国家的人力资源优势

（1）劳动力数量。凡事皆需人为。如果用一个词来概括，"一带一路"就是互联互通，即政策沟通、设施联通、贸易畅通、资金融通、民心相通。加强交通基础设施、通信基础设施、能源基础设施、贸易基础设施等方面的建设，尤其需要"一带一路"沿线国家的本地劳动力。截至 2015 年，"一带一路"沿线国家总人口高达 46 亿人，占到世界总人口的 62%。总体来看，东亚、南亚、东南亚等地区的人口相对较多，而中亚、西亚、中东欧等地区的人口相对较少。在 65 个国家中，中国、印度、印度尼西亚、巴基斯坦、孟加拉国、俄罗斯等六个国家拥有超过 1 亿的人口，占沿线国家总人口的 75%；而中国、印度两国的人口均超过 12 亿，占沿线国家总人口的 59%。从人口密度上来看，沿线国家中新加坡、巴林、马尔代夫、孟加拉国、巴勒斯坦、黎巴嫩、印度等 7 个国家超过 400 人/平方千米。此外，沿线国家中适龄劳动力人口（15—

64岁人口）有46个国家超过世界平均值65.48%，显示出其充足的劳动力优势。

（2）国际产能合作。在"一带一路"倡议推进之下，中国与沿线国家的国际产能合作也将进入一个新的发展阶段。在选择具体的产能合作项目时，劳动力成本就成为一个不得不考虑的因素。以劳动密集型产业国际产能合作为例，从20世纪90年代起，劳动密集型产业一直是我国的优势产业，其所依赖的重要优势就是我国低廉的劳动力成本。然而近年来，与东南亚、南亚等国家相比，我国的劳动力成本优势已逐渐丧失。从1996年到2012年间，中国、泰国、印度尼西亚、菲律宾、印度等"一带一路"沿线国家的月平均工资都在不断上升。但从2005年开始，中国的月平均工资的上升幅度开始明显加快，到2012年月平均工资水平已经达到600美元，明显高于泰国、印度尼西亚、菲律宾、印度等国家。

（3）劳动成本。从1996年到2012年间，中国、泰国、马来西亚、巴基斯坦、斯里兰卡等沿线国家的单位劳动成本总体呈上升趋势，到2012年中国的单位劳动力成本已经攀升到100美元，而泰国、马来西亚、巴基斯坦、斯里兰卡等国家的单位劳动力成本均在60美元以下。在此局面之下，为了节省用工成本，我国不少劳动密集型产业纷纷转移到东南亚、南亚等地区。由于本国就业机会相对有限、工资也相对较低，东南亚、南亚国家向西亚或中东、中东欧等地区的劳务输出也是不可忽视的一种现象。在国际劳务输出方面，尤以菲律宾、越南、印度尼西亚、巴基斯坦等发展中国家最为普遍。这意味着，在"一带一路"沿线国家国际产能合作中，东南亚、南亚国家的劳动力将扮演重要的角色，其低廉的劳动力成本为国际产能合作项目推进提供了极大便利。

2. "一带一路"沿线国家的人力资源劣势

（1）劳动力受教育程度。劳动力受教育程度是衡量一国人力资源质量的重要指标。受教育情况会对就业能力产生影响，良好的教育能够有效弥补工作经验的不足。研究发现，"一带一路"沿线国家劳动力的受教育程度普遍不高，且女性大多低于男性。2015年，世界各国劳动力的平均受教育年限女性是7.7年、男性是8.8年。

（2）劳动力技能水平。对一国的工业化发展而言，劳动力技能水平是重要的影响因素。"一带一路"沿线国家加强国际产能合作的困难，除了当地产业结构承接能力有限外，还有一个重要制约因素就是劳动力技能水平。有限的劳动力技能水平，导致很多当地的劳动力只能从事技术含量较低、技能水平要求不高的工作。

"一带一路"沿线国家劳动力在技能水平上存在较大的差异。截至2015年，在高技能、中技能、低技能三种不同技能水平工作中，世界平均就业百分比分别是18.4%、66.9%、14.7%，北美地区就业百分比分别是42.4%、45.5%、12.1%，西欧地区就业百分比分别是44.9%、46.4%、8.7%。相比之下，在"一带一路"沿线国家中，除了俄罗斯（高技能工作就业劳动力占44.3%）、中东欧国家（高技能工作就业劳动力占39.8%）、西亚或中东国家（高技能工作就业劳动力占24.2%）之外，中国、蒙古，以及东南亚、南亚等地区的高技能工作就业劳动力占比明显低于世界平均水平，而且东南亚、南亚等地区的低技能工作就业劳动力占比明显高于世界平均水平。实际上，在国际产能合作中，不少项目所提供的就业岗位对劳动力技能水平还是有一定要求的，当地劳动力过低的技能水平导致其无法适应岗位的工作需要，必然不利于落实"一带一路"倡议。

（3）劳动力生产率。劳动力生产率是劳动力在单位时间内生产提供某种产品和服务的数量。假设材料和技术是相同的，不同工人的生产效果是不同的，有些工人的产量会比其他人高，其根本原因就在于劳动力生产率的差异。从宏观的国家层面来看，不同国家总的来说拥有不同水平的生产率。假如自然资源和技术是可以相对移动的，劳动力生产率水平最终可以决定每个国家的财富。从微观的或者公司个体发展层面来看，生产率是获得利益和商业生存的关键所在。除非受到竞争保护，否则一个公司就必须在市场中竞争，而竞争依靠的是产品质量和价格。产品质量最高而价格最低(物美价廉)的公司可以主导市场,做到这一点需要公司的劳动力生产率处于或高于该商业领域的平均水平。

然而,以单位劳动力 GDP 贡献值为参照标准,"一带一路"沿线国家的劳动力生产率表现出较大的差异。2015 年世界劳动力生产率的平均水平是 33 076 美元,北美地区是 108 153 美元,西欧地区是 92 038 美元。相比之下,在"一带一路"沿线国家中,中国、蒙古,以及东南亚(新加坡、文莱除外)、南亚等国家和地区的劳动力生产率普遍低于世界平均水平,而中东欧、西亚或中东地区除个别国家之外,劳动力生产率普遍高于世界平均水平。无论是对当地企业发展,还是对参与国际产能合作的中国企业而言,过低的劳动力生产率都不利于企业的长远发展,也不利于企业在国际市场中保持足够的竞争力。

(二)常州市"一带一路"高技能人才培养现状

在政策推动下,江苏省的来华留学生数量不断攀升,增量主要来自"一带一路"沿线国家。2017 年,有超过 2.1 万名"一带一路"沿线国家留学生在江苏学习,与 2016 年相比增幅超过 50%,具体如表 2-3 所示。

表 2-3　2017 年全国及江苏省"一带一路"来华留学生情况

	2017 年年底来华留学生数量/万	2017 年比上一年增幅/%
全国	31.7	11.6
江苏	2.1	54.7

数据来源:全国数据来自 2018 年 5 月 1 日的《人民日报·海外版》,江苏省数据来自江苏省教育厅。

自 2013 年 10 月起,常州与泰国多所大学、中学互访交流,签署校际协议,开展合作。目前常州职业院校均有 200—500 人的"一带一路"国家留学生在校学习。

1. 常州市"一带一路"教育平台建设

常州市重视"一带一路"研究与教育机构的建设工作。2017 年,市商务局与市委党校等单位联合成立了常州市"一带一路"战略研究院，特聘 10 名常州市"走出去"重点企业负责人担任顾问，为政府"走出去"相关决策提供智力支撑，全力打造"一带一路"科研、教育和人才培养基地。

2018 年，市商务局又与江苏理工学院联合成立常州市商务发展研究院，开展"一带一路"相关问题研究。同时发挥常州大学史良法学院"一带一路"常州对外投资研究服务中心的涉外法律专业服务，为企业"走出去"提供东道国相关法律咨询和建议。

常州大学通过泰国研究中心、国侨办华文教育基地等一系列平台的搭建，在短短五年时间内实现了留学生成倍增长，从简单的互访往来，到定期交流再到深层次的科教合作，常州大学致力于成为"一带一路"科教合作的先行者。

常州工程职业技术学院与中缅友协、曼德勒缅中友协、市外办等联合成立"中缅文化交流中心"。并在缅甸建立曼德勒分校，这是该院与曼德勒缅中友好协会深入合作四年之后的丰硕成果，是该校全面推进与缅方在留学生培养、技能培训、校企合作以及人文交流等多领域合作的重要进展。

常州信息职业技术学院根据老挝经济社会发展需要设立东盟教育中心（老挝），为在老挝投资兴业的国内企业提供应用技术人才支持，同时也为具有汉语和中华文化学习需求的老挝人民提供便利平台，传播和弘扬中华传统文化。

2. 常州市"一带一路"高技能人才培养存在的问题

（1）目标游离。教育高技能战略定位不清。① 游离于根本目标。"一带一路"建设之前，教育高技能更多的是以西方标准、西方方式培养中国学生；"一带一路"建设之后，教育高技能更多地表现为接收来华留学生。这两种倾向都忽略了培养具有国际视野、国际能力的中国建设者这一根本目标。② 对重要性认识不足。各职业院校仅把高技能人才培养当作一般的教育项目，没有认识到这对常州市进一步实施外向型战略的重要性，没有认识到这是常州市职业教育乃至整个职业教育领域换档升级的良好契机。

（2）单兵作战。高技能教育资源整合不够。① 相关平台各自为战。据不完全统计，江苏省与"一带一路"建设相关的由各职业院校成立的教育资源平台已超过 200 个，各职业院校参与的国家平台也有几十个，常州市的许多职业院校也参与或建立了相关平台，但这些平台互不隶属、互不沟通，甚至互相不知道对方的存在。② 人才培养互不相干。各校都在开发相关项目、构建相关课程、招聘相关师资，但单个学校资源有限，效果无法彰显，且存在重复建设问题。

（3）严重脱节。高技能人才培养服务产业能力不足。① 未能高效服务"引进来"战略。常州市职业院校对在境内开设的以常州创新园、环普国际产业园等为代表的国际合作项目参与程度明显不足，高技能人才主要靠企业的岗位培养和从外部引进。② 未能对接"走出去"战略。常州市职业院校明显跟不上本市企业的"走出去"步伐，少数院校曾尝试伴随企业把人才培养链延伸到境外，但遇到许多国内外的法律、政策瓶颈，成功的不多。③ 培养质量无法满足产业高技能需求。常州市职业院校未能针对"一带一路"沿线国家特殊的政治、经济、科技发展水平和特定的宗教文化开展专业结构和课程教学体系优化，培养出的人才企业用不上、不好用。如"一带一路"国家有 53 种官方语言，常州市培养的外语人才主要集中在欧洲和东亚语言上，中亚国家的常用语种极为稀少。

（4）盲目扩张。来华留学生培养机制不健全。① 招生过程不可控。近一两年来常州市来华留学生数量爆炸式增长，但多数职业院校缺少相关人员和经验，无法直接境外招生，导致招生标准把控不严，生源质量有待提高。② 留学生管理有缺位。"一带一路"来华留学生有特殊的文化宗教背景，与我国的文化、生活和学习习惯存在较大差异，导致职业院校难以进行针对性管理，造成教学难、管理难，甚至造成了一些出入境管理难题和民族宗教管理难题。③ 教学标准不明晰。对于专业学习阶段是沿用我国标准，还是设立独立的标准，尚不明确。④ 留学生归国服务意愿不强。据了解，许多来华留学生明确表示毕业后会选择留在中国，留学教育成为他们试图移民的跳板，这与"一带一路"国际教育合作的初衷相违背。

（三）"一带一路"服务视角下常州市高技能人才培养提升路径

1. 确立"以'一带一路'建设统整常州市教育资源"的思路

职业教育一直是常州市的一张名片，要让名片更亮，需进一步整合全市职业教育资源，形成合力。"一带一路"建设恰好提出了全新的教育课题，是统整教育资源的有力抓手。

常州市职业教育曾因为大集聚、高质量、新模式而享誉全国，目前面临着以什么再铸辉煌的重大课题，也面临着怎样高水平服务全市发展战略的问题。"一带一路"背景下的高技能人才培养可以成为一个抓手。

① 统整中、高、本，实现本市职业院校专业结构调整、应用性技术研究等方面的协调发展，针对急需的高技能人才打造从职业院校到职业院校的一贯式的培养链条。② 统整产、教，形成与常州市经济发展战略相适应的产教融合局面。③ 统整城、教，从全国和全省情况来看，无论是企业"走出去"还是"引进来"，都遇到了不小的难题，法律环境、技术规划与技术标准、文化冲突、宗教习惯、人才服务等方面的差异造成了许多困惑。因此，"一带一路"不应只是国家和企业的事，而应成为全社会的共同事业。常州市如能在"一带一路"综合服务方面取得一定突破，将为全国"一带一路"建设做出表率，使常州市成为事实上的"一带一路"重点城市。

因此，建议常州市委、市政府从推动全市经济再升级的角度，顶层规划"一带一路"综合服务体系建设工作，争取把常州市建设成为"一带一路"综合服务实验区。

2. 建立全市"一带一路"产教融合联盟

目前教育系统还难以高水平服务"一带一路"建设，究其原因，主要是因为学校的人才培养与企业在"一带一路"的发展是两张皮，缺少必要的沟通与交流。

建议常州市政府牵头成立"一带一路"产教融合联盟，这个联盟应具备三方面特征。一是战略性，联盟应该成为常州市产业与教育融合发展的战略决策机制，定期商讨常州市"一带一路"建设和高技能人才培养的发展方向与实际难题。二是全覆盖，即为所有参与"一带一路"的企业、学校、园区提供统一的共享服务。三是平台化，联盟应努力打造一个数字化平台，实时发布企业需求信息、学校人才培养信息，为学生的跨国学习、跨国实习和企业的技术需求、培训需求、岗位需求等方面的信息发布提供便利。

3. 依托产业园建立若干个"一带一路"产教融合中心

常州市相当一部分产业园在国际、国内具有一定影响力，职业教育的资源相对较为丰富，职业教育发展水平在全省和全国处于高位，应该充分利用这些优势服务"一带一路"建设。

建议设立专项资金用于建立若干个"一带一路"产教融合中心。在产教融合中心的帮助下，可以建立"两国多方"的产业实体或教育投资实体，开展产业急需人才的中短期培训，组建学校师生与"一带一路"企业共同参与的联合项目小组，开展校企联合的国际人才培养，从而使产教融合中心成为"一带一路"建设的重要载体。

同时，常州市应在国内率先实施产教融合"一带一路"高技能人才培养专项，即一方面把留学生招录与特定国家的支柱产业相关联，为这些国家定向培养高级专门人才和技术技能人才；另一方面在常州职业院校中开设产教融合"一带一路"高技能教育特色班、实验班或实验项目，推动"一带一路"教育与专业教育的结合。

4. 探索"一带一路"高技能人才培养模式改革

"一带一路"沿线分布着东盟、西亚、南亚、中亚、独联体、中东欧等不同地区的国家类型，文化风格各异。而"一带一路"建设，根本上是多元文化的融通。常州市应根据不同类型国家特点组织开发相关的通识类课程，如不同文化、宗教、语言类课程等，形成内容丰富的"一带一路"通识课程体系，形成可供学生选择的"课程超市"。

根据沿线国家的发展水平，开展"一带一路"专业课程的模块化改造，形成资源丰富、数量庞大的与沿线国家工业发展水平相匹配的专业课程模块，使之成为专业课程的选修模块，从而使专业课程具有"一带一路"特色。

根据"一带一路"国家工业发展水平不高、技术创新和改造需求急迫的特点，积极引进企业的真实生产、研发、技改项目，开展面向我国学生和来华留学生的创新创造教育，鼓励、激发学生的创造性。研究"一带一路"高技能人才培养标准，探索"一带一路"高技能人才专门单项证书制度，确保"一带一路"高技能人才的培养质量。

5. 开展"一带一路"高层次师资轮训

"一带一路"应该成为未来常州市教育高技能的主要发展方向，应该像抓传统的师资高技能一样抓"一带一路"师资能力建设。可以采用开设"一带一路"师资培训班、外派驻企业研修、"一带一路"国家访学等多种方式来实现职业院校教师的"一带一路"教育能力轮训，全面提升教师的"一带一路"意识和相应的教育教学能力。

第三章 适合的职业教育教师队伍的培养方向

一、适合的职业教育教师队伍的信息化能力培养

(一) 慕课运用能力培养

1. 慕课的产生

2012年，Coursera是由斯坦福大学的计算机教授Andrew Ng和Daphne Koller联合创办的一个营利性公司，edX是由哈佛大学和麻省理工学院共同创立的一个独立运作的非营利性组织，Udacity是由斯坦福大学教授Sebastian Thrun、David Stavens、Mike Sokolsky联合创办的营利性在线教育公司，这三个公司或组织被称为MOOC的三大平台。《纽约时报》称2012年为慕课元年，而2013年则被诸多学者和专家称为中国的慕课元年。2013年10月10日，清华大学正式推出首个中文版慕课平台——"学堂在线"，属本土MOOC网站。2014年4月8日，上海交通大学也推出了"好大学在线"慕课平台；2014年5月12日，深圳大学联合一些地方职业院校推出了针对地方职业院校本科生的中文慕课平台——"优课"联盟（UOOC）。此外，北京大学、复旦大学、上海中医药大学、中国科技大学、浙江大学等国内名校，以及国内知名职业院校虽然没有搭建平台，但都针对自己的强势专业制作了自己的慕课课程。这在一定程度上说明中国慕课的发展几乎与世界同步。

多个国家都推出了大规模在线课程平台，如英国的Future Learn、德国的Iversity、日本的JMOOC和Schoo、法国的FUN、欧盟的OpenupED、荷兰的国家教育科研网SURFnet、西班牙的Crypt4you（2012）和Miriada

X（2013）、爱尔兰的 Alison、芬兰的 Eliademy（2013）、印度的 WizIQ、越南的 GiapSchool，以及美国硅谷的 The Minerva Project、谷歌的 Helpouts，还有美国的在线教育企业 Lynda 等，这些国家建立的课程平台均为应对来自 MOOC 的竞争和挑战。

全世界最顶尖的大学也都放下她们高贵的身姿争先恐后地加入进来，普林斯顿、加州理工、伯克利、耶鲁、哥伦比亚、宾夕法尼亚、圣荷西州立、佐治亚理工等一流大学都已加入 MOOC 平台。将众多的优秀大学汇集到一个免费的课程平台上，先免费学习，再收费考试、发电子的认证证书，拿文凭，找工作，已经汇聚了上百门课程和数百万的注册学习者。运用先进的美国式教育思维，学生可以跨专业甚至跨学校自主学习，以通识教育为主要内容，保护学生的兴趣、个性，培养学生的批判性精神、独立精神。三大 MOOC 平台均积极开发学分课程，与学院合作开发在线学位。全世界的学习者们都沉浸在 MOOC 的浪潮中，一场世界教育的革命悄然展开。

国内许多一流大学纷纷加盟三大平台，在国际在线教育平台发布课程。2013 年，北京大学、清华大学加盟 edX 平台，复旦大学、上海交通大学加盟 Coursera 平台。中国政府推出了中国大学视频公开课——"爱课程"。各大网络运营商也跟上了这股 MOOC 潮流，如网易推出了"全球名校视频公开课项目""网易云课堂"；新浪推出公开课频道，新浪微博推出"名师课堂"；淘宝推出"淘宝同学"；百度教育有百度百科、百度校园、学习者社区等；腾讯推出精品课。另外还有猿题库、学大教育、新东方、CC 视频、多玩 YY、91 外教、多贝网、极智批改网、剑桥 WoWo、金山词霸、好外教等网站。

慕课作为信息技术与教育技术融合的一个新事物已悄然兴起，其在教学形态、教学环境等方面的变革将对未来的教育产生深刻的影响。慕课是一种由信息技术催生的能够满足个性化需求的在线教育形式，具有网络化、公开化、社会化的功能。它系统地将大学课程、课堂教学、学习进程、师生互动、效果测试、成绩评估等在线实现，是一场教育革命，颠覆了传统的教育理念、教学目标及教育方法，实现教育从知识本位向综合素质本位的转化，推动教育公平，实现优质教育资源的共享。

与国外慕课的供应商类似，目前中国慕课的供应商主要分为两大类：一类是学校自行建设或由教育部门引领开展。前者以北京大学的"华文慕课"为代表，后者以"上海职业院校课程中心"平台为例，该平台是由上海市教委为实现上海各职业院校课程、专业、师生资源共享所建立的一个大型的在线教学服务平台。另一类则是商业机构，以中国大学MOOC、MOOC学院、MOOC中国、智慧树、超星慕课等平台为代表。

为了进一步加速慕课在国内的发展，2015年教育部在起草教育"十三五规划纲要"中明确提出加快推进教育信息化，加大优质数字教育资源开发和应用力度，探索在线开放课程应用带动机制，加强"慕课"的建设、使用和管理。提倡我国大规模在线开放课程建设，走上"职业院校主体、政府支持、社会参与"的积极、健康、创新、可持续的中国特色良性发展道路。在教育部的积极引导下，我国高水平大学率先开展大规模在线开放课程建设，众多职业院校积极参与探索和创新适合我国国情的多种类型在线开放课程应用，"爱课程网"的"中国大学MOOC"以及多个职业院校、互联网企业开发的各种类型大规模在线开放课程平台纷纷上线。另外，社会及职业院校积极响应政府号召，有关慕课的各类竞赛也风生水起，如超星集团于2015年6月15日—8月10日举行了首届全国"泛雅杯"教师慕课大赛。

2. 慕课对于提升教师教学能力的价值

中共中央 国务院印发的《关于全面深化新时代教师队伍建设改革的意见》中提出"教师主动适应信息化、人工智能等新技术变革，积极有效开展教育教学"，对师资队伍建设提出了使用信息技术的新要求。[①] 教育

---

① 中共中央 国务院.关于全面深化新时代教师队伍建设改革的意见[EB/OL]. http://www.gov.cn/xinwen/2018-01/31/content_5262659.htm.

部首次推出490门国家精品在线开放课程，我国职业院校与机构已自主建成国内慕课平台10余个，已有460余所职业院校的3 200多门慕课在线上授课，我国慕课从借鉴阶段进入实践建设阶段，数量居世界第一。慕课作为信息技术发展的新产物，对提升职业院校教师教学水平，提升职业院校内涵建设具有良好的促进作用。MOOC大规模兴起后，教师急需培养国际化思维，强化专业水准，学习慕课技术，提高教学能力。

职业院校教师教学能力是指在职业院校各类具体教学活动中表现出来的，以职业院校教师个人智力为基础发展起来的一般能力和某些特殊能力的完美结合。包括教育学方面的教学设计能力、教学组织能力、教学科研能力；心理学方面的教学认知能力、教学操作能力、教学监控能力；社会学角度的能否具有促进班集体参与自我课堂教学的能力，能否具有促使学生之间良性互动的能力，能否具有唤起学生兴趣让学生积极投入学习活动中的能力及信息化发展所带来的适应社会变化的能力等。课堂教学能力作为教师教学的核心能力，直接影响着课堂教学效果及学生个人能力的发展。教师课堂教学能力的提高能推动学生批判性、创新性、灵活性、深刻性等品质的发展。

慕课具有开放性、自主性、创造性和科学性等特点，对职业院校教师的职业意识、业务水平及心理素质等方面提出的要求比传统教育模式要高得多，教师只有在知识的学习、传授和创新方面下足功夫，在课前准备、课堂教学及课后反思三个环节做足文章，才能更好地面对慕课的挑战。

（1）课前准备。传统教学模式下教师是教学的主体，是知识的权威者，课前不备课也可以靠"吃老本"或者采用"照本宣科"的方式进行教学。慕课模式下，由于知识具有生成性和不确定性，这就对教师提出了很高的要求。首先在课前要对课程计划及衡量课程质量的指标（如课程设计、授课方式、授课效果等）有个准确的把控。其次要树立个性化理念，积极研究教学方法，梳理知识图谱，精心选择并细化教学内容，以科学高效的教育方式来满足不同学生的需要。还要对每一次课程进行预测和设想,学生在观看视频后会遇到什么样的难题,应该怎么去解答。再次要与技术员、传媒顾问及视觉专家进行商讨,思考如何制作一期合格的慕课课程。最后教师要积极创设良好的互动情景和评价方式,提高慕课教学的效益和质量。

(2) 课堂教学。慕课的课堂教学主要以学生提问和教师解惑为中心,以师生互动、共同探究为主题。这就要求教师首先要尊重学生、信任学生,以学生为主体,能关注到每一个学生的发展,挖掘每一个学生的潜能,发挥每一个学生的价值;其次要有把握课堂大局的能力,掌握处理各种突发事件的艺术,要能根据课堂气氛的变化随机应变,充分调动每一名学生的积极性,让学生在获得知识的同时,还可以获得成功体验,增强自信,培养健全人格。

(3) 课后反思。慕课的课后主要是学生在平台上完成作业或者小测验,教师通过大数据的指导,把握每一名同学的学习效果,有针对性地进行个性化指导,从而改进课堂教学效果。这就要求教师首先要真正树立以学生为中心的服务理念,潜心于教学方法的研究,不断提高业务水平和能力。另外,随着慕课的发展,喜闻乐见的教学模式将不再满足学生的需求,教师要提升个人的知识创新能力,就要多学、多做、多思。

3. 慕课视角下职业院校教学的机遇与挑战

(1) 慕课视角下职业院校教学的机遇。① 教学资源优质共享。第一,资源优质。慕课教学资源多为世界顶尖名校的顶尖团队打造的顶尖教育资源,或为名校的名师讲授的名课。第二,受众面广。慕课辐射所有网络能够触及的地区,人人可学,生生平等,且可匿名参加学习,获取知识的机会均等,没有任何制约条件。为所有需要的人提供更加实用的知识与培训,为在校生提供学习参考与知识拓展,为已走出校园的毕业生创造接受继续教育的机会。使那些只能由少数人享受的教学资源扩展为泛在教学与泛在学习,扩大了受众范围。第三,节约成本。慕课物美价廉,教学视频一次录制,供无数次反复播放。可实现多终端同步视频教学,节约了同一门课程反复讲授导致的人力与财力成本，节约了空间距离造成的交通成本。偏远的需要教师实地支教的地区，可考虑通过网络实现在线教学。教师同行之间互相观摩课程变得容易。第四，节约时间。充分利用学生课后与业余的碎片时间，观看围绕核心知识点编制的短视频。教师与学生不再局限于课堂，时间与空间均可拓展，更具灵活性。很多平时羞于开口的学生在慕课中思维更活跃、发言更积极。学生变为课堂的主动参与者、讨论者、创造者，学习效果与学习效率均得到提高。学习资源能实时更新，及时发送给学生，拓展了学生学习的外延。视频中可随时插入习题，促进学生思考，检查学习效果并巩固知识。

② 公平开放，提高兴趣。第一，公平开放。"慕课"对学习者的"低门槛"要求凸显了知识的公平性、开放性。慕课是平民教育、开放教育，让每个愿意学习的人都有机会接受一流学府的一流课程，对教育公平有促进作用。第二，提高兴趣。职业院校学生对文化知识的学习兴趣偏弱，利用慕课网络平台的工具性与学生建立实时联系，特别是手机作为移动终端之后，学生可在手机上实时开展学习，寓教于乐，增加了学习兴趣。借助互联网技术可虚拟职业教学情境，实时性更强。学生有了愉悦的学习体验，能形成更持久的学习行为。所谓学之者，不如好之者；好之者，不如乐之者，此为学习的初衷。

(2) 慕课视角下职业院校教学的挑战。① 来自观念的挑战。传统教学存在教学理念落后、教学内容陈旧、教学手段单一、师资力量不足的问题。慕课条件下，需要更新职业院校教学理念与教学目标，改革课程设置，创新教学模式，重视实践锻炼，重视教师素质提升。学校之间由于名师与课程导致差距明显，出现了校际的贫富差距。职业院校教师如何利用慕课来掌握专业技能的操作技巧以及提高自身的职业素养，并通过课堂提高学生的理论知识水平，是职业院校教师亟须解决的问题。

② 来自网络的挑战。第一，教学焦虑。面对慕课教学，职业院校教师时有压力。网络课程资源丰富，授课课件难以选择，备课时很难找到知

识的边界，授课时会出现授课内容边界不清，教师容易产生备课焦虑。过于依赖网络之后，网络上的海量信息会让教师陷入课海之中，导致教师认知过载，产生教学焦虑。教学中也会有偏倚情况出现，容易重技术、轻教学；重视频设计，轻教学设计；重前期投入，轻后续教学。第二，教学虚拟。慕课缺少人文交流，缺少面对面直接沟通，虚拟的教学环境有损教学效果。授课、作业、互动等很多教学环节均在网络上操作完成，囿于时空，缺少班级氛围，育人感受不足。慕课通常是大班额，动辄几百上千人，师生互动不足，班级中师生、同学相处氛围很难真实感受，关系陌生且疏远。大班额的慕课作业，评改困难，教师工作量大。

③ 来自慕课的挑战。慕课的高辍学率一直受人诟病，主要因为学生的学习体验不能持续提升，新鲜感过后便不再坚持学习。慕课课程制作需要大量的经费与技术团队支持，这些都与慕课的质量紧密相关。授课内容不接地气，课堂缺乏问题意识。慕课将加剧文化竞争，造成新的知识殖民主义。为了迎合学生，慕课有削弱课程地位的潜在风险。

④ 来自个人的挑战。第一，技术不足。有些职业院校教师没意识到新技术的重要性，信息化素养不高，对慕课不了解，教学中运用慕课较难。第二，教学不足。教学上与慕课名师有差距，同一门课程名师讲得效果好，教师急需学习优秀的教学方法。如果不能及时捕捉到行业专业的最新信息，授课中会有知识点传授不新的问题。慕课让学生开阔了眼界，如果学生提前通过网络慕课学习了同类课程或同门课程，那么当其在课堂学习时就会对任课教师与网上名师进行对比。那么教师在课堂就会由传统的知识权威转变为辅助教学，由中心地位转变为次要地位，由主动地位转变为被动地位。

4. 职业院校教师提升教学能力的路径

（1）政府顶层引领。政府是主导，负责顶层设计。在政府的政策推动下，职业院校进行慕课化教学改革。第一，全球化。借鉴国外教学中的慕课，借鉴并探索"慕课"网络模式的创新，转型升级为中国式"慕课"，塑造中国慕课的良好形象，开展产业运作。第二，内优化。职业院校抓住契机，加快跟进，挖掘校内名师与名课，整合好的精品课程资源进行建设。职业院校要早开发早运作，抢占网络慕课的运作高地，减少教育成本。第三，联盟化。在已有的精品课程基础上，利用AR与VR技术，打造有职教特点的慕课课程，推出优秀教师，开设课程超市，提升美誉度。发扬合作精神，打造校际联盟精品课，推进慕课的中国化与本土化。2017年中国职业院校外语慕课联盟成立，职业院校也可构建各种类别的慕课联盟。

（2）学校分层提升。第一，分类培养。针对基础教师、骨干教师、卓越教师、教育家型教师等不同类别的教师，采取不同的提升策略。由教育家型教师带动卓越教师，由卓越教师带动骨干教师，由骨干教师带动基础教师。针对基础教师，提升基本教学素养；针对骨干教师，提升教学设计能力；针对卓越教师，提升灵动教学能力；针对教育家型教师，提升教学统筹规划能力，努力将职业院校教师塑造成高素质、专业化、创新型的慕课教师。第二，分层培训。在教师教学能力培训班中全程使用慕课进行培训，让教师全程沉浸在慕课技术之中，课前、课堂、课后，培训前、培训中、培训后，身临其境感受慕课所有教学环节。在培训结束后的教学中，教师能够熟练使用慕课技术与教学环节，以确保慕课开展。

（3）教师个人变革。第一，提升教育理念。学习翻转课堂、微课、慕课等新的教学模式，缩小与名校名师之间的差距。课前让学生预习、查阅资料，课堂上开展头脑风暴式讨论，消化吸收、拓展巩固，更有利于提高学生的成绩与通过率，完善学生的知识体系。树立终身学习理念，教师根据网络资源及时补充知识，完善知识体系。靠先进的网络技术，把学生牢牢地吸引在课堂里，而不是借助点名或扣平时分等传统方法控制学生的注意力和听课效果。第二，提升信息素养。打破现有的教育体制，提高信息化技术水平，重视特色课程资源开发，利用课堂派、蓝墨云班课等教学APP，设计不同的课程开展形态，如链式课堂教学、混合式课堂教学。学习多媒体制作技术、微课制作技术、在线互动教学技术，认真编排慕课教学顺序，精心选择慕课教学内容，逻辑性地设计课堂教学环节。采用线上与线下相结合的方式，将技术知识、内容知识、教学知识合理组合[①]。教师使用短视频进行教学，利用论坛进行讨论，借助自动评分系统进行评价。第三，提升教学设计。创设问题逻辑，在教学单元设计中，编制问题、试题、答案等流程，让学生在解决问题的逻辑顺序下，学会知识点。课程安排系统化，设计简约的教学模式，结合学生的学习需求与学习习惯，针对核心知识点进行教学，使学生容易抓住核心内容。

（4）网络评价助力。在课程中嵌入随堂测试、平时作业、期末考试，并采用学生自评、同学互评、教学助手评价、辅导教师评价等，通过加权方式得出最终成绩。网络 APP 中可导出学生个人学习报告及全班学习报告的数据库，还有总评成绩、积分等，这样有助于加权成绩的获得。同学互评中，可彼此借鉴互学优点。全班整门课程的学习过程被全程如实记录，更能客观地反映学生的学习情况。

5. 职业院校教师提升教学能力的保障

（1）建设技术平台。各级慕课平台要采取同一建设标准，便于日后技术对接、平台融合。慕课的视频制作技术要有统一的教程，组织统一的培训，实现技术共享。要建立"政府扶持、职业院校主导、企业参与、开放竞争"的在线教育平台建设机制，维护慕课运行安全。加强学校同第三方运营商之间的相互合作，加大宣传推广力度，不断完善商业运作模式，建立慕课学习共同体。

（2）打造慕课团队。要打造一支专业的慕课团队，慕课课程开设期间，有专职的慕课团队全程跟踪，服务教学。专业的慕课团队辅助课前在线预习、课堂教学环节、课后互动答疑等，主要提供技术支持与在线的一

[①] 孙丹，付博杨. 慕课背景下精品资源共享课优化发展策略探究［J］. 成人教育，2018（03）：24.

对一辅导，及时批改作业并实时在线回答问题，保证课程效果。

（3）完善学分银行。第一，认可慕课学分。各级慕课平台的学分换算标准一致，便于日后不同层级学校间的学分转换。将全国已有的十几家慕课平台证书进行标准统一，课程完成证书由慕课平台均认可的某一部门统一制作或每个慕课平台均制作自己独特的证书，十几个平台相互承认。第二，创建学分银行。在职业院校层面建设学分银行，学生可将学分储存起来，升本科时用于学分兑换，本科院校认可职业院校学生在慕课平台取得的学分，为继续教育、终身教育开设通道。

6. 职业院校教师应对慕课发展的策略

（1）思想上正视慕课。吉恩斯曾说过：态度决定成败，无论情况好坏，都要抱着积极的态度，莫让沮丧取代热心。生命可以价值极高，也可以一无是处，一切归咎于你学习的态度。慕课作为一种全新的教育运行模式，虽然目前普及面还不是很广，但其独到的优势足以显露慕课模式是中国未来教育变革的一个必然趋势。在创建学习型社会及倡导终身学习理念的背景下，教师必须端正自己终身学习的态度，树立终身学习的理念和坚持自我发展的意识，从自身专业成长及职业生涯规划的角度出发，从养成良好的职业道德素养及实现自身价值观的角度出发，以积极的态度去认识慕课、迎接慕课、学习慕课、运用慕课。只有思想上认识到位，行动中才能有动力、有目标、有作为。

（2）技术上保障慕课。随着科技的发展和社会的进步，新生事物层出不穷，这对社会人终身学习能力提出了更高的要求，要做到与时俱进，就必须不断挖掘终身学习的能力。慕课作为信息化时代变革传统教育模式的一个新方式，集各种网络技术、信息技术、教育技术于一体，需要以各类技术来支撑。教师在慕课的学习、制作和运用过程中，要紧跟数字技术日新月异的步伐，熟练地掌握和运用网络技术、信息技术、虚拟现实技术、云信息及数据挖掘技术等现代信息技术，并能实现信息技术与教育技术的完美结合，如设计主题展，研究如何把声音、文字、图片等元素巧妙地结合在一起。只有解决了技术问题这个壁垒，优质的教学理念和教学设计才能得以呈现。

（3）理论上研究慕课。终身学习的本质就是不断探索、研究、创新、进步，尤其是不断研究和创新是终身学习的精髓所在。目前的慕课才具雏形，整个系统还不够成熟和完善，加之我们对慕课的认识和理解还比较含糊，所以先要从理论层面上对慕课进行研究。研究慕课自身的特点和独到优势，研究制约慕课发展的内力、外力及如何将其形成合力，研究如何在"慕课"中用很短的视频来呈现和叙述关键问题与知识点，研究职业教育的慕课课程设置和教学环节设计，研究职业教育的理论教学如何与专业实训相结合，研究慕课对传统的教育环境、教学模式、教学理念等提出的新要求和新挑战等，只有全方位、深层次地研究慕课，对慕课的认识和把握才能更透彻、更准确。

（4）实践中整合慕课。终身学习的资源非常广泛，在学习的过程中要不断整合资源，实现资源的最优化。高水准、高质量的慕课需要在人力资源、素材、技术等环节整合社会组织、行业及职业院校的优质资源。人力资源整合方面可以充分整合行业和学校的领军人才、行业带头人、教学骨干，充分体现团队合作的力量，通过不同背景、不同能力、不同学科教师之间的沟通和交流，集思广益。素材方面可以整合精品课程建设、各类优质示范课评比、各类信息化大赛、各类技能大赛等，这些平台可以为慕课提供优质的资源；技术方面可以整合数字化校园、高水平实训基地建设等便利资源，为慕课的制作提供保障。

（5）反思中创新慕课。终身学习的形式可分为网络教育、讲座培训、自学等多种方式，学习的形式决定了学习的效果，多样的学习形式可以产生与众不同的效果。慕课的内容比较广泛，但其形式却很单一。我们在运用慕课的过程中要根据自身的实际情况做到触类旁通、灵活运用，可以不拘泥于形式，不为慕课而慕课。诸如将慕课与"翻转课堂"很好地整合，将课堂跃升为师生间知识探究、思辨、互动与实践的场所，使以教师为中心、以知识灌输为主要形式的传统教学模式转变为以学生为中心、以能力提升为核心的个性化教学模式，实现线上教学和线下教学的完美结合。

（二）大数据运用能力培养

2013年，维克托·迈尔·舍恩伯格在《大数据时代》一书中提出了大数据概念。2016年3月5日，李克强总理在《政府工作报告》中指出，要落实"互联网+"行动计划。"互联网+教育"为大数据技术在教育领域的应用提供了政策导向。2017年2月，教育部部长陈宝生在《中国教育要研究解决"六大问题"》中指出，教育变革要应对大数据等带来的新挑战。可见大数据在教育领域的应用意义重大。如此大规模的教师教学模式改进对职业院校教学质量的提升来说意义非凡。智能手机作为移动终端职业院校学生已普遍使用，职业院校教学中大数据的运用已具备条件。

21世纪是瞬息万变的时代。随着互联网科技迅速发展，数据量急剧增加，数据成了一种新的生产资料，在人们的生产生活中产生着极大的影响，改变了生产生活的方式。根据马克思主义哲学的时代观，我们即将进入一个新的时代——大数据时代。学校作为传播信息知识的主阵地，要求承担教书育人使命的教师能够"与时俱进"，积极地去迎接、学习和运用大数据，职业学校教师的学习显得更为迫切和重要。著名职业教育家黄炎培先生曾经说过："教育之善良，存乎其人，不存乎其法。故增进教员智识，实为最要。"著名的哈佛大学校长科南特也说过："大学的荣誉，不在它的校舍和人数，而在于它一代又一代人的质量。一个学校要想站住脚，教师一定要有特色。"由此可见，培养和培训高素质、有特色的教师已成为大数据时代所有职业院校的重要任务之一。

大数据是以容量大、类型多、存取速度快、应用价值高为主要特征的数据集合，正快速发展为对数量巨大、来源分散、格式多样的数据进行采集、存储和关联分析，从中发现新知识、创造新价值、提升新能力的新一代信息技术和服务业态。① 大数据来势凶猛，对职业院校教师的成长又提出了特别的时代性要求。

最早提出"大数据"时代到来的是全球知名咨询公司麦肯锡。美国作者维克托·迈尔-舍恩伯格在《大数据时代》一书中指出，大数据时代已经来临，并将2013年作为大数据时代元年。大数据是指无法在一定时间内用常规软件工具对其内容进行抓取、管理和处理的数据集合，必须对有意义的数据进行专业化处理，通过深加工实现数据的增值。② 美国互联网数据中心将"大数据"定义为：通过高速捕捉、发现和分析，从大量数据中获取价值的一种新的技术架构。③

大数据时代职教师资培训具有数据化、多样性、个性化、挖掘化等特征。第一，师资培训数据多，包括系统报名、报到开班、集中培训、过程辅导、综合评价等各个环节，信息量大。第二，师资培训数据类型繁多，包括文本、图片、音频、视频等。第三，师资培训提倡个性化，包括指导个性化、作业个性化、服务个性化、评价个性化。第四，需要进行挖掘技术培训，因为数据量大，想找出数据中蕴含的有价值的规律和特征，就需要运用现代数据挖掘处理技术。这也有助于师资培训做出特色，实现精准培训。

1. 大数据背景下的职业院校教学模式

随着信息化技术在教学中的应用，慕课、微课、翻转课堂、泛在学习等教学模式层出不穷。① 慕课（MOOC，Massive Open Online Course），指大规模开放在线课程。② 微课，指课堂教学视频或课例片段。③ 翻转课堂（Flipped Class Model），指在课前选择性地使用优质教学资源，学生自

---

① 国务院. 国务院关于印发促进大数据发展行动纲要的通知（国发〔2015〕50号）[Z]. 2015-08-31.

② [英] 维克托·迈尔-舍恩伯格，肯尼思·库克耶. 大数据时代：生活、工作与思维的大变革 [M]. 盛杨燕，周涛，译. 浙江：浙江人民出版社，2013：08.

③ 黄邦瑜. 大数据挖掘才有价值 [J]. 中国经济和信息化，2014（17）：89.

行预习掌握基本知识点；课上针对学生理解有困难的知识点进行重点讲解，课堂剩余时间用于全班讨论或分组讨论，高效使用课堂时间；课后通过练习或复习巩固所学知识。④泛在学习（UL，Ubiquitous Learning），指任何人在任何地点或时间获取任何信息的学习方式。随着技术进步，传统课堂的纸质备课及学生被动灌输的模式得以改变，移动学习被引入泛在学习体系。移动学习（ML，Mobile Learning）是电子学习（EL，Electronic Learning）与数字学习（DL，Digital Learning）的延伸。笔者在职业院校教学调研中偶然接触到 LM 云班课（以下简称 LM），发现其在职业院校教学中的运用具有信息化、现代化、大数据特质，遂进行了跟踪调研，研究其在课前、课中、课后的运用。以下是具体调研结果分享。

2. 职业院校教师运用 LM 教学

LM 是一款免费互动教学在线平台，是集移动、即时、过程可见、使用便捷等优点于一身的信息化教学软件，是小规模限制性在线课程平台，即 SPOC（Small Private Online Course）平台，Small 指参课学生数为几十到几百，Private 指对参课学生设置一系列准入条件。LM 共有我的班课、任务中心、课程包、库管理、我的题库、教师中心六个菜单，用班课代码加入班课。LM 可同时在 Web 端和 APP 端运用，Web 端做电脑上方便完成的复杂功能（资源更新、创建活动等）。为操作便捷，学生用手机参与；教师用电脑发布资源，用手机管理资源。课前发布课程资源、考核办法，设计活动，督促前置学习；课中投屏互动，开展各项活动，机动发布有关信息；课后通过私聊窗口应答进行作业疑问反馈，批改作业，导出考核表。

（1）课前。①创建班课。在 Web 端搜索 LM，注册登录，手机下载 LM 的 APP，用社交软件（微信、QQ）授权一键登录。在 LM 的创建班课功能中进行创建。输入班级、课程、类型，设置封面后系统自动生成班课邀请码。

②成员。将班课邀请码告知全班学生，待学生全部加入后，在详情

中设置"禁止加入",班课成员固定。成员管理中可删除成员,可查看其经验值的构成。学员排列按经验值顺序或学号顺序显示。

③ 资源。第一,菜单。有图片、从 PC 上传、网页链接、资源库四个菜单。资源类型有课件、视频、素材、作业、案例、参考,可导学案、助学微课。第二,上传。教学资源上传途径有本地文件、网页链接、图文页面、从资源库导入、从课程包导入,多选功能可成批上传资源。课程按章节、周次或课时顺序列出,体现分组功能。可对每个资源进行删除、发布、转发、编辑、分享、预设发布时间。第三,计分。资源分视频资源与非视频资源,学习包含总个数、总时长(分)、实看时长(分)、观看超过95%的个数、资源总经验值、获得经验值。教学资源可自制,也可借鉴,一般遵循规范精简、宁缺毋滥、类型多样、适时发布、合理引用的原则。学生可根据自己的情况学习一遍或多遍,教师也可及时提醒。

④ 通知。有班课通知、班课消息。第一,可在班课通知中发布授课的具体要求,请学生准备;也可发布知识点,供学生参考;或是发布资讯,与学生分享。具体功能有资源更新、学习监控、发布作业、温馨祝福,大班教学,一对一化。第二,班课消息则显示班课成员的加入与移出详情。

⑤ 详情。有基本要求、云教材、学习要求、学习进度、考试安排、操作记录、加入权限(允许加入、禁止加入)、班课操作(复制班课,再开此门课,只要复制后进行编辑修改,省时省力;编辑班课;结束班课;删除班课)、课程包(发布的课程包可在课程圈内被引用)。

⑥ 经验值。设置经验值,是激励学生的好办法,学生通过看资源、做测试、参与头脑风暴等会得到经验值。但也要防止经验值的副作用,出现唯经验值论的现象。

(2)课中。① 签到。在成员菜单栏中,有一键签到与手势签到两种签到功能。可标记为缺勤、事假、病假、迟到、早退等。成员功能可实时查看课中活跃度与学习效度,可个群兼顾、即时激励、量化监控、针对辅导。

②课堂表现。第一，有举手、抢答、选人、小组评价四个菜单。举手功能发起后，有意举手的学生可点击后显示出来，教师根据举手情况随机选择。抢答功能可现场设定抢答人数，很有趣味性，能调动教室的互动气氛。选人功能，可随机选择（摇一摇功能），也可手动选择。小组评价在成员小组管理中添加方案后设置成员小组方案，再开展活动。第二，投屏模式实现一部电脑即可翻转课堂。投屏模式在活动列表每个活动标题的右侧，可同时在多个活动间同屏演示，相互切换。手机也可用无线同屏器直接和投影仪连接，实现手机无线同屏。

③活动。活动共有作业/小组任务、投票/问卷、头脑风暴、答疑/讨论、测试、活动库六个菜单。可课前交流、互助答疑、即时测试、投票问卷、课后作业，兼顾全程，快捷方便。可在此栏中创建活动，有全部、未开始、进行中、已结束四栏。

第一，作业/小组任务。用于当堂或课后的小组讨论或活动。分组，给予经验值，用图文格式设置任务详情。任务有不划分小组、随机划分小组、线下划分小组三类。评价方式有教师评价、指定学生评价、学生互评。

第二，投票/问卷。标题中设置投票或问卷内容，分组，给予经验值，选择投票后立即显示结果，设置结束时间（可在活动开始时设置）。结束后可很直观地看到投票数值与结果分析图。

第三，头脑风暴。回答后每个学生只能看到自己的答案，只有教师才能看到所有学生的答案，便于学生在不受别人影响的情况下自由表达自己的观点。教师还可用智能标签功能，将学生回答分类汇总。

第四，答疑/讨论。是最朴实的一种班课交流方式，由教师提出问题，学生自由发言，可由课堂延伸至课外。学生可用文字、图片、语音等发表观点，发言全班可见。教师、学生可相互提问，用文字、语音或图片等方式交流问题与看法。

第五，测试。A. 随机测试。是时间地点均自由的测试，可巩固已学知识，彰显在线学习的风采。题目可为无顺序或有顺序，可限时也可不限时。可设为允许重做，规定重做次数，也可设为不允许重做。查看答案时机，可设为测试活动设定时间到了便可查看，也可设为交卷后立即可查看。通过班课分析学生的答题情况，针对错误率较高的问题再重点强调。B. 建立测试活动需要题库支持。题目输入题库有两种方法：第一种是添加，逐条输入题库；第二种是导入，大批量试题同时导入。从系统中下载给定的 Excel 模板，将试题整理到模板中再上传导入。

第六，活动库。可从已有的活动中随机抽取后导入班课中，再根据具体活动内容进行编辑。可将班课中的学员设置为助教，辅助教师进行教学管理；也可聘请其他班课任课教师任助教，把其任教班课资源库中的适合资源拿过来分享。

（3）课后。① 课程包。有我的课程包、发布个数、可用个数三个菜单。进入班课后，活动中有从课程包导入的，选择要导入的课程包。有授权给我的个数，如当前没有授权给我的课程包，则不能导入。

② 课程圈。有全国教研圈、校本教研圈、学生学习圈，可分享资源、链接。有班课、发现、我的共享三个菜单。发现中可见课程圈，关注与所任教课程相关的课程圈。在课程圈中输入课程名词，相关的课程圈与教学资源便罗列出来，通过支付蓝豆方式引用需要的课程资源。

③ 库管理。有题库、资源库、活动库三个菜单。题库为测试题，资源库为课件（PPT、PDF）、视频、图文本等，活动库为作业/小组任务、投票问卷、头脑风暴、答疑讨论、测试活动等。教师创建的所有班课的全部资源均在库中，再次创建班课时可调取。

④ 数据导出。导出数据功能：教学周报、学习周报、学期成绩、多元评价，过程结果兼顾，科学优化提升。在 Web 端 LM 菜单栏中有导出/报告，含教学报告、班课数据两块。第一，班课教学报告。魅力值达到200 的教师才可查看自己开设班课的教学报告，内含资源报告、活动报

告、学情分析。第二，班课汇总/明细数据。导出的是一个 Excel 文件，为日常经验值汇总。LM 为全过程的学习行为采集数据，实现过程性激励和形成性评价，每门课都能导出所有数据。

⑤ 奖励。第一，选出优秀学员、进步之星、金榜三甲，在班课讨论群颁奖。第二，奖励蓝豆，将蓝豆存入豆包中，加上教师评语，直接发给表现优异的学生。第三，奖励证书。有私人订制的奖励证书，分别是开学贺卡、荣誉奖状、三好学生卡、教师节贺卡，增强学生的学习成就感。

⑥ 评价。评价方式有测试（含课端、课中、课后）评价、成果展示评价、课内评价、组内评价、组间互评、教师点评、小组投票、自我评价等。

3. 职业院校教师运用 LM 教学效果剖析

（1）激发学生互动。教师是引导，学生是主体。① LM 使手机进入课堂。使用 LM 后，手机是课堂的必需品。学生使用手机登录 LM，可阅读文章、参加测试、扫描二维码、观看视频、集体讨论、实时共享、实现检测、作业、协作、展示。以学生为主，教师适当点评解说、强调要点，内容丰富、节奏紧凑、氛围轻松。

② 引导学生参与互动。学生在线自主学习，师生实时教学互动，学习数据可视化、直观化，可随时进行学情分析，节约时间。选择优秀的学生为助教，起示范作用。重点、难点讲解时，边讲边练，头脑风暴，课中测试，加强对知识的掌握。分组后，组内讨论，组间取经，完善各组成果。资源展示区可上传学生作品，现场讨论，事半功倍。教师从灌输者变为引导者、支援者，学生成为课堂的主体，突出了以学生为中心的教学理念。

（2）提高教师专业化。① LM 提高教师数字素养。LM 教师备课时会考虑教学细节和每个学生的具体情况，准备教学素材，创新教学手段，预见教学意外（软件出错、停电等），做好后备方案，让课堂更有效率。上课时会分梯度实施，把每次课的大任务分成几个子任务，由易到难，由简到繁,循序渐进,增强学生的信心与兴趣。课后还要进一步研究课堂效果、学生情况、专业目标、课程标准,精心做好教学设计,磨好每一堂课,上好每一门课。

② LM 提供教师交流平台。加入同门课程的课程圈可与全国教授同门课程的教师一起分享、交流,有适合的资源或活动可直接引入自己的班课中。全国范围内使用 LM 的教师汇集在各学科班课这个平台上,就教学手段、方法、案例、比赛经验、直播课程等进行交流,收获圈子与良师益友,与最优秀的教育工作者一起成长。LM 的课程圈具有集体备课功能,在课程圈中创建私密课程圈,让课程组或教研组的教师加入,分享日志、资源和活动,集体讨论,分工备课后共享。

(3) 打造高效课堂。课堂更高效,教学有成效。① LM 教学模式新。LM 进行行动研究教学法的尝试,将翻转课堂、线上线下混合模式运用于教学中。LM 开启了移动信息化教学、情境教学、精准教学、现代化教学。课堂是学校育人工作的主阵地,LM 让学生分小组参与活动,改变传统满堂灌的教学形式,让学生动起来,互动学习。LM 基于移动互联环境,实现教师与学生之间的即时互动、资源推送和作业安排,激励与评价体系激发学生在移动设备上自主学习,而学生实时的学习行为记录,实现对学生学习的过程性考核,更能为教师提供高质量的教学研究大数据,还将实现基于人工智能技术的个性化智能助学和智能助教功能。

② LM 教学活动多。教学是一门艺术,要兼容计划性与灵活度,活动设计是艺术家的思想表达,不同的场景使用不同的活动设计,实现传统教学不可能或不好组织的教学设计。LM 的移动互联特征,实现了教学活动中师生的有效连接,达到了寓教于乐的教学效果,促进了课堂创新、提高了课堂教学质量。未来还可在 LM 中开发评课功能,组织诸如微课评比、优秀课例评比、教研论文评比、教研团队评比、数字化教材评比等教学比赛,让专家在 LM 中直接进行评审,方便快捷。

二、适合的职业教育教师队伍的教学能力培养

(一) 课程能力培养

近年,全国职教园区发展欣欣向荣,数量与质量均有提升。以园区的形式谋划将各职业院校在地理位置上聚集,多是考虑资源共享最大化和发展效率最优化。职教园区统一学分体系VPUCS(Vocational Park Unified Credits System)就是根据职教园区课程共享这一需要设计的,由职教园区统一开发自成体系的学分,园区内在校生均可选修相关课程,并获得相应的统一学分。园区实行VPUCS课程认证和VPUCS学分认证制度,对选修VPUCS课程的学生进行考核并颁发VPUCS学分证书。建立VPUCS学分与各学校原有学分系统的转换机制,对与VPUCS课程相近课程的转换学分作出明确规定,鼓励学生选修VPUCS课程。笔者近期为常州殷村职教园区设计课程共享方案,经过多次调研、访谈及开会讨论,设计、开发了VPUCS并投入运用,现对其进行总结。

1. 园区课程共享的提出

常州市政府在常州西筹建了殷村职教园,由江苏城乡建设职业学院(简称"城建学院")、常州市艺术职业学校(简称"艺术学校")、常州市交通技师学院(简称"交通学院")、常州市人民警察培训学校和江苏省常州未成年人社会实践基地等四校一基地组成。该园区是一个多元、开放、整合的教育、产业与文化综合体,资源共享就是这个综合体的黏合剂,课程资源共享就是这个黏合剂配方中最重要的成分。殷村职教园区提出并推动课程共享,主要出于两个理念,一是雪中送炭。城建学院、艺术学校和交通学院在文化基础课上有很多相似、相近之处,课程共享后,可节约办学软件和硬件成本,形成互补,这正是各学校急需的,即为雪中送炭。二是锦上添花。让各学校在已有教学基础上,互相观摩借鉴、取长补短,在课程设置上有所突破。互补性将是一个基本原则,互补即创造了新的课程需求,在各自不擅长的课程领域相互协调。

2. 园区课程共享

园区课程共享计划是殷村职教园为打造国内一流教育园区、创建独特教育园区发展模式而提出的一个长期的课程共享规划。梳理园区各学校课程体系,以公共基础课和选修课为切入点、以核心专业课为重点,构建共享课程体系,提出与课程共享相关的技术、组织保障和制度创新要求,做到资源共享、各司其职、互相协作、权责分明。

(1)和而不同。在开展课程资源共享时,园区坚持"和而不同"的基本原则,即园区与入驻教育机构共同确定课程共享理念与目标,统一谋划共享课程体系,统领开发共享型课程资源,统筹组织共享课程的教学与评价。共享课程资源的建设,不影响各入驻教育机构本身课程特色的创建与发展,各学校自有课程与园区共享课程共同形成殷村职教园区特有的课程体系。

(2)多面融合。在推进课程共享的过程中,园区管委会应积极牵手国内知名的职业教育研究机构与专业建设、教学科研、课程改革专家,为相关教育机构开发共享课程提供支援,使课程共享成为学校专业建设、课程改革的一个伴随过程,同时督促各入驻教育机构对共享课程的开发、实施进行课题化研究,为形成标志性研究成果进行数据积累。

(3)主副修制。在实施课程共享的过程中,尤其重视拓展类共享课程体系的建设,拓展类共享课程应依托各入驻教育机构的优势专业与课程。待条件成熟时,在园区内开发五年制职业院校的第二专业体系,并最终形成以主修、副修专业相结合的殷村职教园特色,即主副修制五年制职业教育。

(4)管委会制。园区管委会的主要职责在于提供制度、政策、决策咨询等方面的服务保障。如每学年开展课程共享宣传月,园区及各学校通过各种方式开展技能与才艺展示、体验与选课指导,鼓励并帮助学生进行课程选修;科学制定相关的课程开设标准、教学标准、评价标准等,并指导入驻教育机构落实相关标准;开展优秀共享课程的评比、表彰,协助优秀共享课程申报各类成果、奖励等。各入驻教育机构是课程开发、课程实施的主体，在园区管委会的指导下主动、积极地参与课程共享工作。

3. 园区课程共享的开展

（1）VPUCS 设计。① VPUCS 课程。建立基于学分制联结的园区统一的 VPUCS 课程体系。园区管委会要求各学校按照本校课程总数及专业大类课程数的相应比例提供经认证的或全新开发的 VPUCS 课程。

第一，三类课程。VPUCS 课程由各学校申报，统一学分管理办公室聘请专家进行审批。园区对各学校、各专业的 VPUCS 课程最低比例做出规定。VPUCS 课程分为证书考核类、特色专长类、第二专业类三大类。

证书考核类课程是指各学校将成熟的证书考试培训课程经包装、调整后向园区所有在校生开放的课程。根据证书获得的难易程度设置 VPUCS 学分，学生获得证书的同时也获得相应 VPUCS 学分，未能获得证书的学生也可根据上课表现获得一定的学分折算。

特色专长类课程是指能够体现学校特色、发挥学生专长的课程。此类课程的开设有赖于各学校提炼各自的专业与课程特色以及对学生学习兴趣的调研，采取微课程理念，可由一门或数门课程组成 VPUCS 证书，学习时间可长可短，一般以 0.5 个 VPUCS 学分为最小单位。

第二，专业类课程。指职教园根据五年制职业院校长学制教育的特点，为园区在校生中学有余力者开发的本专业以外的专业类课程。此类课程的建设标准同于一般的专业建设，学生获得相应 VPUCS 学分后可申请第二结业毕业资格。

第三，模块课程。学生并不直接选修课程，而是选择与 VPUCS 证书相关联的课程模块，以此保证学生通过选修 VPUCS 课程能够学习和获得相对完整的知识与能力。学校在开发 VPUCS 课程模块时应考虑模块与资格证书、专业能力要求和就业能力要求的配套，使每个课程模块都能够成为学生的学习或就业亮点。

第四，退出替换。在共享资源建设初期，允许学生通过一定程序退出选修课程，但在课程资源相对丰富后将要求学生通过替换学分重新选择课程。

② VPUCS 学分。对 VPUCS 学分实行分专业大类管理的机制，不同专业大类、不同课程类型赋予不同的学分分值。不同课程模块（即 VPUCS 证书）的学分要求形成倍数关系，以利不同证书之间的学分替换。在课程资源共享建设的成熟期，视情况考虑是否对学生的 VPUCS 学分提出硬性要求。

③ VPUCS 证书。在 VPUCS 课程和 VPUCS 学分的基础上园区统一开发自行颁发的 VPUCS 证书。学生按照课程模块或专业模块选修 VPUCS 课程，园区颁发 VPUCS 证书以证明学生完成了相应课程模块或专业模块的学习。为不同课程模块或专业模块建立由普通证书、优秀证书、杰出证书组成的证书体系，建立园区统一的 VPUCS 证书认证体系。

（2）VPUCS 管理。园区设立专门的统一学分管理办公室，宣传发布 VPUCS 课程信息，开展 VPUCS 课程的教学资源、师资、经费管理等，推进 VPUCS 课程体系建设。

① 宣传发布。每学年第一个月为园区 VPUCS 课程资源宣传月，园区及各学校通过各种方式开展技能与才艺展示、体验与选课指导，鼓励并帮助学生进行课程选修。

② 教学资源。园区在公共区域辟出专门空间用于部分 VPUCS 课程的教学，其余课程的教学在各学校进行。各校应提供场地、实训设备以及耗材保证相应教学工作的顺利开展。

③ 师资管理。园区实行 VPUCS 课程师资资格认证制度，遴选有能力、有条件参与 VPUCS 课程教学的教师参与日常教学与课程体系建设。园区与各学校人事部门协商将 VPUCS 课程师资资格作为职称评定、年度评优的优先条件，鼓励教师参与课程资源共享工作。

④ 学费收取。统一学分管理办公室按专业大类对 VPUCS 学分进行价格管理，确定不同专业大类的学分价格。办公室根据确定的学分价格向选修 VPUCS 课程的学生统一收取学习费用。

⑤ 学费支出。VPUCS 学费分别用于支出教师授课费、学校教学资源使用费及园区管理费。教师授课费为教师备课、授课、批发作业或学业辅导中的劳务支出，园区将确保教师利益得到保护。学校教学资源使用费包括教学中产生的场地、水电、耗材等费用。园区统一学分管理办公室仅留取少部分管理经费弥补人员经费、办公消耗等支出以及对学校和教师的奖励支出。具体经费支出分成比例由园区与各学校协商决定。

（3）VPUCS 实施。① 2 门课程已共享。已入驻园区的两校已开设 2 门面向园区全体学生的共享课程，正在入驻的学校暂不开设共享课程，但鼓励学生选修相关共享课程。目前已经在运转的是"绿房子——木结构房屋模型建造"（简称"木房子"）（城建学院是开发、授课及组织方），以及"合唱"（艺术学校是开发、授课及组织方）两门课程，在教务系统中完成学生互相选课，由城建学院主要负责教学场地及设备的配置，2016 年 2 月已正式开始上课。"木房子"采用理实一体化的教学方法，以 20% 技能证书 + 40% 课程观看 + 40% 实践操作为成绩考核方法，课程成绩（100%）= 在线学习成绩（20%）+ 理论测试成绩（40%）+ 实操阶段成绩（40%），完成该课程可获得 2 学分及加拿大木业协会颁发的课程结业证书。"合唱"要求学生组成的小合唱队能在园区或学校的文艺汇演中表演合唱节目，能在课程教学基础上组建城建学院合唱队，参加校级或以上级别的合唱比赛并获得名次。

② 建立各种资源库。构建教师资源库及教学资源库，为参与共享课程开发与教学的教师提供良好的工作条件，鼓励教师在原有课程的基础上开发整合式共享课程，建立具有殷村职教园特色的共享课程体系。

③ 形成各共享机制。园区共享课程相关的共享机制有选课机制、教师交流机制、课程成本结算机制、共享课程管理机制，要形成基本配套的相关制度与政策。

4. 园区课程共享的展望

（1）共享优势专业。有些园区在课程共享时要求各学校把自己最有特色的课程贡献出来,但许多所谓的有特色课程,往往个人依赖程度太高,擅长这些课程教学的老师时间有限、学校所能提供的资源也有限。殷村职教园的课程共享从一开始就要求与各学校的优势专业挂钩,把共享课程建立在优势专业的发展之上。优势专业往往师资、教学资源都较为丰富,可以保证课程共享工作的长期、有序发展,即"专业发展引导课程共享、课程共享促进专业发展"。

(2) 开设活的课程。职业教育急需一大批活的课程,能够启发学生,提升学生的职业能力。首批共享的"木房子"就是这样的活的课程。把书本上的木结构知识用立体的实物表达出来,把枯燥的理论融入动手实践中,把非常专业的术语变成了学生能够理解的指示,学生通过实践能够掌握足够的木结构知识。这些知识对于建筑专业的学生来说可能只是入门知识,但对于设计专业的学生来说却是非常有益的专业知识。这类课程是未来共享课程的方向,同时也是各学校自身课程改革的方向。这类课程在学术上最大的意义在于理论知识的情境化,学生通过情境不是在学习知识,而是在学习知识的应用,这就是职业教育课程的最大价值所在。

(3) 挖掘意义价值。课程共享的工作刚起步,还有许多意义与价值有待挖掘,建议园区内的学校都进行课题立项,把共享课程体系建设作为未来申报国家教学成果奖的培育点,在三年到五年后,大家集体申报或单独申报,向全国推广具体做法。

(4) 转向需求推动。在未来,课程共享工作要从行政推动走向需求推动,这就要求园区建立起一个关于课程共享的公共服务平台,在这个平台上把供需双方的需求都表达出来,并为满足双方的需求提供帮助。当学生和老师的需求被激发出来之后,许多问题也就成为发展中的问题了。

(5) 开设第二专业。如果要开设职业教育领域的第二专业,不能按照传统的专业理念,而应采用更贴近学生实际的专业构成方式,即专业是一组关联度较高的课程,我们向学生提供一个课程篮子,而不是把课程规定死。在目前,要操作第二专业还存在制度上的障碍,但却十分有意义,因为中国的学生大多没经过足够的职业探索期即进入专业学习，许多学生在学业结束时也没培养起对专业的热爱。如果有第二专业，并且选择过程足够自主，可以在一定程度上解决个人兴趣与学习动机之间的落差。建议可暂时先不采用第二专业的概念，而是在园区层面着力建设"以高认可度证书为核心的课程集群"，引进在产业界认可度较高的证书。如微软、Intel、联想等大公司开发的证书在业内就很有影响力，园区可以与这些颁证机构协商，成为它们认可的培训承包商，同时根据学习者是未成年人的特点，加上一些通识性更强的园区自有课程，这样既可以体现园区共享课程的教育特性，也可以解决共享课程的职业性、课程标准、课程评价、课程收费等问题。

结合专业建设进行课程改革和教材建设。按照专业建设的要求，建立新的课程体系和与之相配套的教材系列。课程和教材门类繁多，更新要求快，改革和建设必须调动和充分发挥中央和地方、行业和企业以及学校各方面的积极性。国家要研究制定课程改革和教材建设规划，各地方、各部门和各行业应根据专业建设分工，组织专家，下大力气努力做好相应的课程改革和教材建设工作。

（二）教学能力培养

1. 教师能力

职业院校教师的能力素质也就是其要成为优秀教师所必备的基本能力。一般来说主要有以下几种能力：行业职业道德能力、语言表达能力、教学组织能力、行业与职业能力、管理和组织协调能力、适应和创新能力及实践能力等。

（1）行业职业道德能力。行业职业道德是指在某一行业中长时间形成的，行业内所有从业人员必须遵守的法则规范，教师是要引领学生进入行业、职业领域的，所以他自己首先要具备良好的行业职业道德以及传递这种道德的能力。

（2）语言表达能力。"师者，所以传道、授业、解惑也。"教师的教学活动都是通过语言来实现的。教师语言表达能力的好坏直接影响着教育效果，教师语言的感染力对学生性格、情操陶冶的作用是非常大的。

（3）教学组织能力。一个好教师必须能够根据教学目标合理地安排教学内容，设计能调动学生积极性的教学方法，使学生易于理解和接受知识。要处理好教与学的双边活动，科学地分配知识的密度、广度、深度，重点突出，讲练得当，要适时激励学生，使学生保持参与欲和求知欲。

（4）行业与职业能力。教师既要能从事职业院校正常的教育教学活动，又要能带领学生参加企业行业的实践活动。因此，教师必须具备宽厚的行业、职业基本理论、基础知识和实践能力，具备把行业、职业知识及实践能力融入教育教学过程的能力。

（5）管理和组织协调能力。教师，既要具备良好的班级管理、教学管理能力，具备企业、行业管理能力，具备指导学生参与企业、行业管理的能力；又要具备与企业、行业从业人员交流沟通的能力；还要具备组织学生开展社会调查、社会实践，指导学生参与各种社会活动、实习等的能力。

（6）适应和创新能力。现代社会的特点之一便在于知识更新换代的速度快，教师要适应新知识、新技术、新工艺、新方法快速变化的时代要求，具备良好的创新精神，拥有善于组织和指导学生开展创造性活动的能力。在市场经济条件下各种经济情况千差万别，自然不可能有一统天下的具体方法，光靠输血是不够的，还应该具备造血的功能。

（7）实践能力。在当前社会需求量比较大，市场竞争强的情况下，应注重对理论的思考，提高分析和解决问题的能力。这些已经十分明确地显示出社会衡量人才的标准已经发生了变化，它将社会活动能力置于一个重要的位置。这种能力直接关系到其工作成果的好坏，直接影响到其生存发展的机会和可能。教师必须具有娴熟的职业技能，即很强的实践动手能力和工艺能力，最好有一定的企业一线工作经验。很多职业院校都会利用寒暑假安排专业教师到企业实践，这就是培训教师实践动手能力的很好的做法。

2. 教学理念

（1）教学价值理念。在不同社会阶段的每个不同的教育发展时期，都会形成一些具有时代性、社会性的新的教学模式，而这些带有时代烙印或社会烙印的教学模式之所以产生，是与人们的价值观念的变化相关联的，也就是说，教学模式是特定教学价值观的产物。所谓教学价值观，是指人们对组成教学的基本因素以及它们之间相互影响表现出来的功能的看法。如受凯洛夫教学价值观的影响，产生了重视知识传授的教学模式；而随着科技的快速发展，信息社会的来临，则产生了以能力为本的教学模式；当今，人们在强调教育的经济功能的同时，又十分重视以人为本的教学模式的探索。

（2）教学理论基础。教学模式是理论联系实际的中介和纽带，它来源于实践，同时，任何一种教学模式又必然有相应的理论来支撑。如"程序教学模式"是以新行为主义的学习理论为依据的；"非指导性教学模式"是以罗杰斯倡导的教育的社会主义、人道主义和个性民主化为理论基础的。

（3）教学目标体系。即是按照某种教学模式运作能实现怎样的教学目标，包括总目标和具体的分目标。如分层教学模式希望实现的总目标是通过不同层次的教学内容、教学组织、教学方法等使学生获得各自最优的发展，潜能得以开发；那些通过体现人本主义教学思想的教学模式，促进学生个性的展现，使教育真正能为人的发展服务。

（4）模式实现条件。任何一种教学模式的实现均需要相应的条件做保障，或者说必须在特定的或相应的环境中才能正常运作。这种模式的运作条件具体体现为目标的实现条件，包括教学设施、教学方法与手段、教学组织形式及教学时空条件等。如我们认为教学方法不等于教学模式，但任何一种教学模式的运作、教学目标体系的实现都必须有相应的方法体系作支撑。如合作教育模式，强调师生间、生生间的合作与交流，要求更多地发扬教学民主,因而,需要有讨论法等教学方法提供支持。

(5)具体操作规范。每种模式都有自己的"个性",各模式的运作机理不一样,都有自己特殊的操作程序和要求。如"非指导性教学模式"的基本程序是:① 创设情境——建立有利于学生接受的气氛或问题情境。② 开放式探索——让学生不受任何束缚,自由地发表自己的任何观点。③ 个人或小组鉴别——主要是对探索过程和结果的反思和讨论。

(6)教学评价标准。根据某种模式建立的宗旨、目标体系及功能等,建立相应的教学评价标准体系,使之既作为教学模式实现的目标要求起指导作用,又成为检测教学目标是否达成的依据。

3. 职业教育的教学"六化"

(1)教学环境企业化。学校通过教学环境企业化的布置,营造企业氛围,激发学生自觉树立作为一名企业员工热爱集体的主人翁意识以及保持积极向上的工作情感,促使学生向技术工人迈进。如学校很多建筑都以企业名称命名,像以"大众"命名的实训大楼、以"佳能"命名的现代教育技术中心、以"海尔"命名的机电大楼、以"银河"命名的信息大楼、以"汇丰"命名的经管大楼等。以这些名字命名的建筑大楼,在无形之中给学生营造了一种企业氛围。学校还在其周围布置以相关企业家、竞赛获奖学生为主题的宣传画廊。在实训车间,学校布置了与企业相关的内容,如企业格言、企业精神、企业规程等,使学生尽快适应企业环境和要求,为其以后进入真正的企业打下基础。

(2)教学内容项目化。即改变原来的课程实施形式,把以学科为中心的课程体系改变为以项目为核心的课程体系。这样就彻底打破了原来的学科界限,教学不再是围绕学科展开,而是围绕项目将所需各学科知识进行有机整合,一个项目的实施过程就是各学科知识的综合应用过程。有些学校自编了多本项目教材,课堂上通过完成以工作任务为载体的典型项目,让学生在"实践—理论—再实践"的学习过程中,掌握本专业的核心技术和技能,同时了解与专业相关的技术和技能。

(3) 教学方法综合化。即改变以往课程以学科为中心、与学生需要相脱节的现象，通过在学科教学中渗透多种教学方法对学生进行综合教育。对于专业课程要求构建"以能力为本位、以职业实践为主线、以项目课程为主体"的模块化专业课程体系，并通过学科资源的整合与开发来切实改变专业课内容空洞、偏难、学生厌学等现象。教师还应该积极进行教学方法的改革和创新，综合应用启发式教学、情景教学、媒体教学、开放式教学等方式，以突出学生主体、教师主导、能力主线，这样使培养出来的学生既具有丰富的专业知识和技能，又具有一定的人文、信息等素养，使其真正成为高素质的技术工人。

(4) 教学策略案例化。教师在教学过程中，注重收集生活中的典型案例，渗透到学科教学中。在专业课教学中教师对某一内容中的重要知识点进行分解，形成一个个精彩的教学片段，让学生印象深刻。如在财会专业信贷教学中采用模拟银行、分组做账，在数控专业教学中采用把优秀学生的操作拍成录像并对其加以剖析等案例方法，以产生良好的教学效果。

(5) 教学关系师徒化。通过理实一体化课程改革，在实训场所积极进行项目课程的教学，使学生深切感受到实训车间中浓郁的企业氛围，明白现在这里的教师与学生之间的师生关系就是将来自己到企业中师傅与自己之间的师徒关系，这种教学关系的转化有助于在校学生更好地进行车间学习及适应现代技术工人的成长要求。

(6) 教学评价多元化。学校尝试构建科学规范、体现职教特色的教学评价新模式。首先，评价目标重"三维"，即从"知识与技能"维度、"过程与方法"维度、"情感、态度、价值观"维度去全面地审视学生。其次，评价方式讲"四性"，即通过"激发活力，张扬个性；留足空间，富有弹性；面对差异，充满理性；形式多样，追求共性"来评价学生。再次，教学评价求多元，就是指在对待学生考核上力求多元。一是评价内容的多元，即通过建立学生的量化考核细则，从学习态度、活动参与、实践技能、考试成绩、创新精神等方面加以评价考核；二是评价方式的多元，有学生参评、同学互评、教师测评、家长考评、企业人员点评等的综合评价。

4. 教学模式

（1）岗位项目训练教学模式。岗位项目训练教学模式以全仿真教学带动国际商务专业所有课程的教学，使理论更贴近实践，让学生愈加走近社会实际，极大地提高了国际商务专业学生对工作环境的适应性。通过全仿真教学，学生能够"身临其境"地学习与训练，突出重点技能的培养，可以极大地提高其工作的适应能力。在理论教学中，以"必需、够用"为度，以讲清概念，强化应用为重点，围绕培养能力来开展，配合技能训练来进行。岗位项目训练教学模式除了国际商务单证制作课程外，其他专业课如商务英语函电、商务法律与案例、基础商务英语等课程，也应根据其自身的特点和规律采用不同的仿真教学方法。只有运用全仿真教学模式，才能真正发挥其优势，培养社会所需要的国际商务职业人才。

（2）递进式尝试角色扮演教学模式。递进式尝试角色扮演教学模式实质上创造出教与学和师生互动的社会交往的仿真情境，把教与学的过程视为一种社会的交往情境，在这种情境中，他们扮演角色，通过自我尝试，递进式练习，形成自然的、符合现实经济活动要求的行为方式、智力活动方式和职业行为能力，即在专业能力、方法能力、社会能力和个性方面得到发展。所有需要学生解决的实际问题，由学生共同参与、讨论，在讨论中承担不同的角色，在相互合作的过程中，使实际问题最终获得解决。解决问题的过程，既是学生们学会学习的过程，也是学生们获得经验的过程。从信息的收集、计划的制订、方案的选择、目标的实施、信息的反馈到成果的评价，学生参与实际问题解决的整个过程。这样学生既了解总体，又清楚每一具体环节。这种强烈的学习愿望，源于积极的参与。一方面是内在的，好奇、求知欲、兴趣的提高；另一方面是外在的，教师的鼓励、学生的配合、取得成果之后的喜悦等。

（3）开放式体验教学模式。开放式体验教学模式采用了"质疑—研讨—解决—质疑"的学习过程,在侧重培养学生发现问题的能力的基础上,培养学生的创造能力。由质疑,再回到质疑,这个过程是开放的、循环的,学生在这个过程中不断发现问题,不断解决问题,能力就会不断得到提高。以人为本的教育,必须从学生的实际需要出发,确立适合学生学习、适合学生发展、适合学生创造的教学体制,这个体制的每一个环节都是针对学生的,都是为了培养、整合学生素质,使学生均衡发展的。开放式教学模式必须处理好"开放"与"集中"的关系,把握住"开放"的度是每位教师应认真思索的问题。必须要有一定的规则对教学过程进行约束,制定必要的制度,规范学生的行为,以进一步加强教学管理,确保教学质量。

5. 校企合作、工学结合教学

校企合作、工学结合是提升学生技能水平最有效的途径,学校采取校企互动共建的形式,共建"目标"、共建"计划"、共建"课程"、共建"课堂"、共建"师资",实现学校与企业的零距离。学校还与江苏宏宝集团、江苏维达机械集团、江苏骏马集团等多家企业签订了订单培养协议。订单培养模式增加了学生的学习动力,实现了招生与招工同步、教学与生产同步、实习与就业同步。校企合作为教学模式的改革拓宽了视野,"半工半读""工学交替""顶岗实习"等专业教学模式激发了专业教学的新活力。

(1) 引导探究型教学模式。改革后的教学模式以学生为中心,以社会需求为动因,以实际问题为基础,进行发现式、探究性的学习。在教学过程中,教师的作用不单是传授知识,更重要的是教会学生如何思考,重视对学生学习方法的指导,为学生提供参与的机会,让他们多动手、多动口、多动脑,参与观察、思考、讨论、实践,培养学生的创新能力及探究性学习能力。

首先,教师和课代表一起,按成绩、能力等因素合理搭配进行分组。每组推选一名能力强的学生任组长。

其次，同一学科的教师集体备课，不仅要备教案更要备学案，设计课前准备的内容和要求，并对课堂教学进行设计，充分考虑学生自学过程中可能出现的问题，多设计几种方案。一般备课超前2周左右。课前准备的材料提前两天提供给学生。学生采用自学、组内讨论、合作学习的方式，记下预习中遇到的困难和问题，并且查阅相关资料。

课堂上，每组派一名代表上台交流，像小老师那样运用各种方法讲述各知识点及一些存在的问题。师生对各组出现的问题进行整理、分析、点拨、引导、讲解。

最后，教师进行总结，对各组进行评价和充分肯定，增强学生的自信心。

课后，教师及时反思总结，修改或补充学生课前准备材料和教学设计。学生整理本课所学知识以及未搞懂的问题，记录在笔记本上，交任课教师批阅或组内检查。另外，再通过一定练习强化巩固。

引导探究型教学模式的实践意义：特征让学生发现、规律让学生观察、实验让学生操作、原理让学生讲述、思路让学生探索、方法让学生得出，让学生真正参与每节课的学习全过程。学生通过积极参与，能深刻地体验，从而真正提高教学效果，培养和提高他们的探究能力、自学能力和创新能力，为以后的终身学习和就业奠定基础。

（2）模块化教学模式。模块化教学模式突出知识、技能、方法的教学目标，充分体现了"全面发展"的教学理念。

首先按岗位或专项能力来划分模块，将每一模块知识、技能、工作要求按顺序排列，经过教学分析形成明确的学习目标，以专项能力模块为学习单元，融技能、知识、职业标准为一体，有完整的学习内容、学习活动，有优化的教学方法和确定的考核标准。

其次是确定工作任务，即根据模块内容和专项能力设计的典型产品或服务。教学过程中，模块教学应先呈现工作任务，理论知识、操作知识的学习和工作态度的形成是建立在工作任务完成的基础上的。师生应在不断探索和实践的基础上开发模块课程课件和学习指导等资源。

在教学中,教师是学习过程的指导者和组织者,根据工作任务提供学习资源。学生边做边学,按学习指导的要求完成学习后,先按考核标准进行自评或互评,教师再通过反馈指导和考核评定的方式使学生知识和专项能力得到不断完善和提高。

模块化教学比较直观明确,而且可通过所获得的"结果"来增强学生的成就感和提高学生的综合能力。模块化教学模式应用比较广泛,适用于各种专业理论基础课、专业实训课。

(3)任务驱动项目教学模式。项目教学法是将传统的学科体系中的知识内容转化为若干个教学项目,围绕项目组织和开展教学,使学生直接参与项目全过程的一种教学方法。这种以学生为中心的教学模式,与模块化教学模式相结合,在技能训练课程方面更加实用有效。

① 项目任务的确定。可由理论与实训教师、基础课与专业课教师以及企业技术人员进行讨论,根据所学知识、技能及学生实际情况确定项目任务,编写校本教材、实习指导书、项目教学任务书等。项目任务不仅是对已学知识和技能的检验,又要遵循循序渐进的原则,设计一些学生未遇到过的实际问题,也可为企业中的实际工作任务。

② 学生在教师的组织下以小组合作的形式完成项目。为学生设定独立工作的机会,在一定时间内组织安排学习和实践,处理在完成项目任务过程中出现的问题。大班与小班交替进行,大班套小班(组),或按不同的工种来分组。这样有利于教师演示和指导教学,真正体现以学生为中心,充分发挥教师的协助作用。

③ 项目后期,要求学生完成具体的书面计划,呈现思路、进展过程和问题的解决方法,并进行成果展示。

④ 师生共同评价项目工作成果,总结项目教学的经验和方法。

(4)教学做合一、产教结合的教学模式。①"教"。英国哲学家洛克主张,在教学中教师要指导学生掌握方法,教师在教学中的工作"不是把世上可以知道的东西全部教给学生，而在于使学生采用正当的方法去求知，去改进自己"。所以在课尾阶段通过多种形式为学生提供应用知识，为学生提供改变自己的机会。比如学生对教师施教的"换位教学"，学生把教师讲出来、讲明白的东西，真正变为自己的东西，并可能进一步进行知识的有效利用，继而提高学生的创新能力和实践能力。

②"学"。以提高学生学习兴趣，培养学生主动学习的行为习惯为目的，让学生从生活实际中、企业需求中发现问题、思考问题，谓之"学"。教师要鼓励学生对所学知识独立观察、验证、思考、归纳，使学生善于探索知识的来源。所以在课前或课首，教师应将每一个课题、每一个章节甚至每一个小知识与生活中的实际、企业生产中的需求相联系，让学生从实践中寻求发现知识，激发学生主动学习的动机。比如，在PLC课程学习之前，让学生去了解或调查应用PLC程序进行控制的实际应用；在指令使用编程之前，让学生去实地了解程序要实现的工作任务；在学习电动机之前，让学生去了解生活中、企业中使用电动机的场合和用途；在学习电动机原理之前，让学生对电动机装配结构有所了解；在学习电动机的机械特性之前，让学生了解、讨论不同负载下电动机的启动、运转情况；在用电动机进行控制之前，让学生去实地了解电动机的控制要求等。

③"做"。随着项目教学的推进，进一步推动了校企合作办学模式、教学做合一学习模式和产教结合教学模式的改革。这些模式突出学生在教学中的主体地位，突出"做"在教学中的重要作用，突出知识、技能、态度三维度的教学目标。

专业教学设施设备是培养技术应用型人才的重要条件。学校一方面加大投入建设校内专业特色鲜明，集"教、做、学、演示"等多种功能为一体，能真实或仿真训练的生产场所。专业组根据学生实际情况和当前社会需求，编写校本教材、实习指导书、项目教学任务书等。在理实一体化的教学过程中，真正落实"三性六化六合一"的教学模式，"三性"即主体性、情感性、实践性;"六化"即教学环境企业化、教学内容项目化、教学方法综合化、教学策略案例化、教学关系师徒化、教学评价多元化;"六合一"即车间与教室合一、学生与学徒合一、教师与师傅合一、作品与产品合一、育人与创收合一、教学与科研合一。另一方面通过与企业联合办学,借助订单培养这一工学结合的实施载体,顶岗实习的"分段与分层、选岗与定岗、校内与校外"相结合的运行机制。顶岗按时间段可分为:业余顶岗(校内外)、假期顶岗(校内外)、定期顶岗(校内外);按内容可分为:勤工俭学岗、任务训练岗、大赛训练岗等。

充分发挥企业资源优势,把一些与生产现场联系紧密的模块或项目放到企业进行教学,为学生职业素质培养提供有效的支撑。学生修完基础课程后,进入企业定向实习,根据企业岗位需要,校企共同制订教学计划。学生在企业实习期间接受校企双重管理,按照企业的标准管理学生,强化对实习表现的考评。这种在企业现场的实训,使学生在学习技能的同时,对企业文化、工作范围及岗位技能有了全面了解,有利于学生职业道德和责任感的培养,为学生毕业即能上岗、上岗即能工作打下坚实基础。

④ 教学六合一。第一,车间与教室合一,就是指上专业理论课时在教室,上实习课时在车间。第二,学生与学徒合一,就是指学生在生产实习时,既是一个专业技能学习者又是一个生产者,集学生和学徒两个角色于一身。第三,教师与师傅合一,就是指在生产实习课上,教师既是先生又是实训指导教师,既上理论课又上实习课。第四,作品与产品合一,就是把学生在生产实习中按产品质量要求完成的作品推向市场,直接接受市场的检测。第五,育人与创收合一,就是指学生生产实习的过程既是培养动手能力、提高专业技能的过程,也是创造价值的过程,逐步实现学生生产实习由"消耗型"向"盈利型"转变,达到在育人中创收、在创收中育人。第六,教学与科研合一,就是产学研结合,开展新产品研发、新技术升级等活动。

三、适合的职业教育教师队伍的科研能力培养

教师要有科研成果才能有更好的专业发展平台,加之职称评审形势越来越严峻,对教师的课题研究需求与日俱增。如何把职业院校师资的课题管理工作做好,提升其科研能力,值得政府课题管理部门和职业院校科研管理部门思考。

《现代汉语词典》(第7版)中将"课题"解释为:研究或讨论的主要问题或亟待解决的重大事项。课题指为解决一个相对独立、单一的问题而确定的最基本的研究单元。课题研究是职教教师教育科学研究最常见、最基本的方式。课题不仅体现研究问题的名称或题目,还体现研究问题的目的、任务、对象、内容及范围。"课题"与"项目"是常用的两个概念,两者既有联系又有区别。课题是科学研究最基本的单元,具有单一又独立的特征;项目是由若干个彼此有联系的课题所组成的一个较为复杂的、带有综合性的科研问题。

(一)江苏省职教学会课题概况

江苏省职业技术教育学会(以下简称"省职教学会")成立于1992年,是江苏省职业技术教育的学术性社会团体,为非营利性社会组织,受江苏省教育厅、江苏省民政厅的业务指导和监督管理。最初下设秘书处(江苏省教育厅)、中等职业教育分会(张家港中等专业学校)、职业教育(五年制)分会(江苏联合职业技术学院)、技工教育分会、学术工作委员会(江苏理工学院职业教育学部)、德育工作委员会、教学管理工作委员会(溧阳中等专业学校)、就业与创业工作委员会(江苏省盐城职业教育园区盐城机电职业技术学校)、技工分会和江苏职业教育培训中心(实体机构)。省职教学会主办了《江苏职教》《职业教育(五年制)》《德育工作简报》等交流刊物。后又陆续增设了发展战略研究工作委员会、农村与农业职业教育专业委员会、信息发展专业委员会等。课题的日常管理工作设在学术工作委员会,包括课题申报、中期检查、结题鉴定等。自2010

年开设，两年一届，已持续五届，每届的两年中均以时间为节点，按部就班地安排每个管理环节的工作。

1. 江苏省职教学会五届立项课题概况

表3-1　江苏省职教学会五届立项课题概况

届	申报/项	立项/项	立项率/%	首次中期检查过关/项	首次结项过关/项	入选优秀汇编/项
2010—2011	730	166	22.74	147	114	18
2013—2014	848	264	31.13	255	190	18
2015—2016	747	295	39.49	284	226	20
2017—2018	801	336	41.95	321	285	18
2019—2020	701	197	28.1	194	—	—
合计/项	3827	1258	32.87	1201	815	74

从表3-1可见，五届课题立项率平均为32.87%，且总体呈逐届上升趋势。首次中期检查过关率为95.47%，首次结项率为64.79%。每届优秀课题大约为30项，但囿于篇幅，一般只能汇编18—20项优秀课题刊出。

2. 江苏省职教学会五届立项课题分类

表3-2　江苏省职教学会五届立项课题分类

届	教学/项	德育/项	就业与创业/项	职业院校/项	中职/项	学术/项	产教融合/项	发展/项	合计/项
2010—2011	21	35	8	35	27	40			166
2013—2014	67	47	51	47	52				264
2015—2016	69	66	13	30	56	61			295
2017—2018	138	57	141	—	—	—			336
2019—2020	55	44	0	11	12	50	13	12	197
合计/项	350	249	213	123	147	151	13	12	1258

注：表中"教学"代表教学管理工作委员会，"德育"代表德育工作委员会，"就业与创业"代表就业与创业工作委员会，"职业院校"代表职业教育（五年制）分会，"中职"代表中等职业教育分会，"学术"代表学术工作委员会，"产教"代表"产教融合工作委员会"，"发展"代表"发展战略研究工作委员会"。

从表 3-2 可见,不同分会的课题立项数量由多到少,依次为教学、德育、就业与创业、学术、中职、职业院校(课题申报时便以题目相近为原则,向各个分会对应申报)。一线教师对教学接触最多、感触最深,课题立项也最多。

3. 江苏省职教学会五届课题中常州市职业院校立项概况

表 3-3 江苏省职教学会五届课题中常州市职业院校立项概况

序号	常州市职业院校	2010—2011	2013—2014	2015—2016	2017—2018	2019—2020	合计/项
1	常州建设职业技术学校(高)/项	—	1	—	—	—	1
2	常州市武进区鸣凰中学(中)/项	—	—	1	—	—	1
3	常州市武进区女子中等专业学校(中)/项	1	—	—	—	—	1
4	常州铁道职业技术学校(五)/项	—	—	—	1	—	1
5	常州纺织服装职业技术学院(高)/项	1	1	1	—	—	3
6	常州机电职业技术学院(高)/项	—	3	—	—	—	3
7	常州幼儿师范学校(中)/项	—	—	3	—	2	5
8	常州卫生职业技术学校(五)/项	—	—	3	3	2	8
9	常州旅游商贸职业技术学校(五)/项	3	4	6	5	2	20
10	常州刘国钧职业技术学校(五)/项	—	7	6	8	4	25
11	溧阳市职业技术学校(中)/项	3	6	6	7	—	22
12	武进中等专业学校(中)/项	1	9	5	8	—	23
	合计/项	9	31	31	32	10	113

注:常州市职业院校中,"高"代表三年制高等职业院校,"中"代表中等职业学校,"五"代表五年制职业院校。

从表 3-3 可见，常州市有 3 所三年制高等职业院校、4 所五年制职业院校、5 所中等职业学校，申报的课题获批 113 项，占所有获批课题总数 1 258 项的 8.98%，对常州市中等职业学校的科研起到了一定的推动作用。经统计，五届课题共有 217 所学校立项，常州市立项学校占全省立项学校数的 5.53%。五届课题评选立项最多的学校有 23 个课题，立项 1 个课题数的学校最多，为 62 所。江苏省职教学会的课题工作对全省职教师资课题研究甚至是教科研均起到了一定的推动作用。

（二）江苏省职教学会课题视角下江苏职教教师课题研究问题及对策

课题设计了访谈提纲，从五届课题主持人中按苏南（其中常州市抽取课题主持人 12 人，12 所立项学校各抽取 1 名课题负责人）、苏中、苏北的区域分布各抽取 30 人，共计 90 人，对其进行访谈。汇总访谈录后，分别从职教学会视角、职业院校视角、教师个人视角三方面对江苏职教师资课题进行研究，特别是对常州市职业院校教师课题研究中存在的问题进行分析，并提出了具有针对性的改进对策。

1. 职教学会视角

（1）课题选题。第一，访谈题目：请问您是如何选择课题研究题目的？第二，问题分析：很多教师仍然不知道如何选题，不知职教教师应该研究什么，能够研究什么。课题题目选择不够科学，不能结合时代发展实际，不能反映学术前沿，不能针对江苏职教中的现实问题展开研究。第三，解决对策：职业院校教师题目选择通常要小，研究内容和范围也要从小处着眼，尽量"小题大做"，切忌"贪大求洋"。坚持从校本研究入手，本着"问题"即"课题"的思路去发现自身教学中存在的问题，富有教师内心性、情境性、过程性的描述，表现为实践的创新性和经验的先进性，具有教师自己的"话语系统"。如果教育理论掌握得不够深入，则要多阅读，系统学习，选择课题研究的最新学术方向及动态，先进行校级或市级层面的课题研究，再申报高一级的课题进行深层次的研究。

（2）课题数量。第一，访谈题目：请问您觉得每届课题的立项数量多少比较适合？您有什么建议？第二，问题分析：由于江苏省职教学会是社会组织，为活跃民间科研氛围，课题立项数约占申报数的三分之一，有些偏高，但课题立项率仍达不到职业院校教师的科研要求。江苏省职教学会课题与江苏省教学改革课题在申报及研究的期限上重叠，申报是同一年份，第二年为课题申报的空档期，研究期限又均为两年，立项与结题均重复。第三，解决对策：课题立项数既要考虑到申报课题的质量及职教师资的实际需要量，又要考虑到课题立项及管理的科学性。建议每年都能滚动发布一些省级课题，研究期限可为一年或两年，让职业院校教师能有更多的申报机会。可将江苏省职教学会课题与江苏省教学改革课题申报年份交叉，以便每年都有课题可报。

（3）研究过程。第一，访谈题目：请问您在课题的整个研究过程如何发挥作用？第二，问题分析：课题研究的时间有些短，不知如何开展研究，课题研究的科学性与严密性不够。第三，解决对策：课题研究的过程包括制订课题研究方案、研究课题开题、实施课题研究和课题鉴定结题，是教育科学研究最常见、最基本的方式。课题不仅是研究问题的名称或题目，还体现研究的对象、内容、范围、目的和任务。

（4）研究方法。第一，访谈题目：请问您在课题研究过程中使用了哪些科研方法？有什么问题吗？如何解决的？第二，问题分析：不知道有哪些科研方法，不清楚科研方法之间的具体区别，对科研方法把握不准，使用起来也不能得心应手。第三，解决对策：课题研究方法通常有观察法、文献法、调查法、统计法、历史研究法、比较法、实验法、叙事研究法、行动研究法和个案研究法等。可以借阅一些专业的有关科研方法的书籍进行学习，将所得运用于课题研究中。可参与学术团队，在团队负责人的具体指导下学习科研方法的运用。

（5）课题管理。第一，访谈题目：请问您对江苏省职教学会课题政策或管理有什么建议？第二，问题分析：课题管理还可以更加规范化、标准化。协会各分支机构在课题管理过程中宽严不一。第三，解决对策：规范、严格的课题管理既有利于确保课题研究成果的质量,也能体现公平原则。A. 课题分类。江苏省职教学会可将课题分为重点课题、重大课题、一般课题和青年课题等不同种类,并配套一定的科研经费,采用招标形式确定课题中标人。B. 分层管理。课题设开题、中检、结题,分列于两年中。课程研究不能满足于立项,增加研究过程与研究成果的比重。C. 鉴定管理。为结题画一条红线,设置优秀、良好、合格、不合格等不同鉴定等次,立项的不能全部结题,设置通过率,不合格的课题可申请延期并可组织多次鉴定。对课题的评估力求规范,所请的评审专家要接地气。D. 指定专门的负责人员。工作量大,请专职人员进行课题的日常管理。专职管理人员待人要热情、细心、周到,能不厌其烦地耐心解答问题。遇到开题、中期检查、结题等大型会议活动时,还要抽调人手。

(6) 成果应用。第一,访谈题目:请问您的课题成果是如何运用推广的?第二,问题分析:职业院校教师在核心期刊发表课题研究成果较难。课题研究侧重于理论,许多教育教学理论在实践中落实困难。第三,解决对策:A. 应用于实践。将课题研究与职业院校的现实问题相结合,筛选以前积累的大量素材,将理论研究与实践研究、实验研究、行动研究相结合。课题组选择有教育管理和多种专业学科一线教学工作丰富经验的教师,把研究内容与其实际工作结合起来。B. 成果整编成书。将优秀课题整编成书,用于推广。C. 宣传优秀课题。结题鉴定和评比中列出优秀课题,上报地方教育行政部门,大力宣传。

(7) 课题指导。第一,访谈题目:请问您的课题研究最想获得哪方面的帮助?第二,问题分析:没有专业教师指导,申报书写不好,课题不能获批。缺乏专家引领,更专业的资料难以获得,也没有精深的解读。第三,解决对策:A. 专业培训。请职教专家或课题管理人员给以指导,开展或加强研究培训与学术引领,指导更多的青年教师参与课题研究,快速提升其课题研究能力。泛泛而谈的报告或讲座解决不了实际问题,应多开设专业的课题辅导讲座,最好能就具体案例进行有针对性的解读。B. 系列培训。对职业院校教科研管理人员进行培训，提升其管理的专业化水平。以提高教师研究能力为目标，使课题的设计、申报、研究，更加科学化、合理化、规范化。C. 交流平台。要给广大教师在课题研究方面提供更多平台。利用微信、QQ等平台，供日常学术交流。D. 释疑解惑。对申报未获批的课题，希望能有专家指点，分析未获批原因并指导如何改。E. 全程指导。课题申报时，获得课题选题方面的指导；课题开题时，获得课题开题报告如何规范准备方面的帮助，也就是如何进行课题研究方案的设计；课题研究过程中，通过中期检查方式，获得专家们提出的修正课题研究路径等的建议，让后续研究更顺利开展。给予课题主持人，特别是年轻的课题主持人持续不断的指导。

（8）常州市职业院校课题负责人。第一，访谈题目：作为常州职业院校的一名职教教师，您觉得江苏省职教学会课题研究对您有什么帮助？研究过程中存在哪些问题？您对课题管理有什么建议？第二，问题分析：常州市113项课题的日常管理与全省同步，没有特别的学术指导和政策支持，科研辅助力度不够。第三，解决对策：A. 培训。江苏省职业院校教师省级培训项目"职业教育科研方法与项目申报"每年暑期在江苏理工学院举办，可利用此培训项目就近召集常州市课题主持人参加；或特别邀请江苏省职教学会课题负责人进行学术培训指导，可向省职教学会申请培训经费，也可通过收取会费、自愿参加的形式举行。B. 平台。创建常州市课题负责人QQ群或微信群，让每届新立项的课题主持人均加入其中，便于已结题的或在研的课题主持人切磋学术问题，询问讨论课题日常管理问题。

2. 职业院校视角

（1）重视程度。第一，访谈题目：请问贵校对课题研究重视吗？第二，问题分析：课题研究在很多职业院校属于鸡肋，说起来重要忙起来不要，在学校没有地位，很少被重视。如今许多职业院校把技能大赛、对口高考、创新大赛作为主要抓手，精心打造、全力投入。在此导向下，教师真正重视科研的极少，奖励受限制。第三，解决对策：扩大参与面，让更多的教师参与到日常科研中来。学校可设立由校长任组长，其他校级领导任副组长，各科室主任、相关教研组长等为成员的课题领导小组，为课题的开展提供组织保证。课题研究只有落实到日常的教育教学中，与日常教育教学融合在一起才有真正的价值。对认识不足的问题可通过一把手工程强化，在教师考核机制上强化落实。教师所在岗位或部门的主动性和实质性支持也很重要，研究不应是教师的副业，也不应是教师个人的事。

（2）经费支持。第一，访谈题目：请问贵校的课题经费政策如何？第二，问题分析：经费得不到保证。行政职务给课题研究提供了一定的便利条件。第三，解决对策：学校为课题成功实施提供人员、时间、资金、资料、设备等必要的科研保障。成果发表的版面费、专利费、出版费等在财务报销时有支出制度和渠道或有相应的学术奖励。具体执行政策上，能对有行政职务的教师与普通一线教师一视同仁。

（3）学术培训。第一，访谈题目：请问贵校如何开展课题研究的专业培训？第二，问题分析：专业培训开展得不多，专家不容易请到，大部分靠主持人及团队自己摸索。第三，解决对策：职业院校基层教师研究经验和能力不足，期望学校能组织相关培训及优秀课题的交流，每年尽量组织专家到学校做讲座，提升职业院校教师的研究能力。学校应该结合省、市级培养政策为全体教师做订单式梯度培养计划。

（4）配套制度。第一，访谈题目：请问贵校为课题研究确立了哪些激励性的校本制度？第二，问题分析：没有系统的制度来推进课题研究。第三，解决对策：A. 对教育行政部门及学校的主要领导要加强课题研究重要性的教育，作为任职考核的一项指标，适度加大课题研究在评估中的权重。B. 中等职业学校每年要提交质量报告，必须包含每所学校的科研情况，促使学校把课题研究作为学校、教师及学生发展的关键举措来抓。C. 应形成长效的激励机制，针对不同级别的课题设置相应的激励措施。

(5) 常州市职业院校课题负责人。第一，访谈题目：请问贵校对课题研究给予了哪些支持？还有哪些不足？第二，问题分析：课题负责人自己的科研时间得不到充分保证。但学校对课题研究给予了大力支持，如每立项一个课题，就下拨 2 000—4 000 元不等的配套经费，开题、结题均由校科技处统一组织，邀请职教专家统一鉴定并提出修改意见，节约了人力与财力。第三，解决对策：日常工作分配时，对于课题主持人可给予时间倾斜，特别是遇到课题开题、中检、结题时。学校尽可能推荐课题论文到学术期刊优先发表，特别是在学校作为杂志的理事单位时，能考虑到一些课题成果发表的需要。

3. 教师个人视角

(1) 兴趣志向。第一，访谈题目：通过江苏省职教学会课题研究，请问您有什么感想？给您印象深刻的是什么？第二，问题分析：教师不会做科研，且积极性主动性不够。教师对课题研究的认识不足导致教师仅为了职称而从事课题研究。第三，解决对策：通过江苏省职教学会的课题研究，积累了一定的课题研究经验，掌握了课题研究的许多技能，如撰写课题申报书、结题报告等。兴趣是研究的动力，研究过程中不断激发教师探索的兴趣，通过发表研究成果、送评论文等激励教师持续深入研究。管理机构认真负责的作风，有利于教师养成一丝不苟的学术态度，从而促进教师科研工作更加科学化、专业化。

(2) 时间分配。第一，访谈题目：请问您花在课题研究上的时间多吗？与日常教学及工作有冲突吗？第二，问题分析：职业学校教师经常面临着日常教学与课题研究在时间上相冲突的矛盾，一方面教学任务比较繁重，另一方面课题研究工作又非常重要，因此，在时间分配上往往捉襟见肘。第三，解决对策：需要正确认识和处理"教学"与"科研"的关系，教学是教师的本职工作，但也是教师开展科研的灵感来源。至于时间上的矛盾，可以通过"挤海绵"的方式来解决，要充分利用业余时间，甚至于牺牲双休日、节假日等休息时间从事课题研究工作。

（3）专业提升。第一，访谈题目：请问您在科研上通常通过哪些途径获得专业学术指导？第二，问题分析：个人提升太慢，没有专业指导，摸不着门道。第三，解决对策：找一位职业教育的科研大家，从选题到开题到研究到结题，给予一对一的指导，使理论到实践的过程能在更高的台阶和水平上展开。从事专业性很强的研究，如微型游戏项目教学研究方面，希望能得到专业的、有针对性的指导。

（4）青年教师。第一，访谈题目：请问贵校对青年教师开展课题研究有哪些支持措施？第二，问题分析：在职业学校里，年轻教师参与课题研究的积极性很高，但其独立申报课题并能立项的很少。第三，解决对策：让青年教师参与到课题研究中来，多给其提供研究机会，让其了解课题研究所要经历的步骤以及要付出的时间与精力，逐步懂得课题研究的规范性和严谨性。

（5）科研团队。第一，访谈题目：请问贵校课题研究的团队通常是如何运行的？第二，问题分析：职校教师缺乏课题研究意识、专业发展意愿低，集体教研活动欠缺。第三，解决对策：成立教师专业发展团队，把教师融入学术团队或课题组中，形成抱团发展的模式。对课题组成员分工路径进行精细化管理。通过定期开展的课题研究活动，使课题组成员不断加强课题研究理论方面的学习。通过大家的努力，加深对课题研究的理解，学会多方面、多途径地寻找与课题相关的资料，如从网上下载、从杂志上寻找、到图书馆收集、分享、交流等，进一步加深对课题研究的理解和认识。课题组理应定期召开会议，组织理论学习，经常性阅读各类教育教学杂志，充分利用网络拓展理论视野，学习他人好的经验，促进每名成员的成长。

（6）常州市职业院校课题负责人。第一，访谈题目：请问您在课题研究中还有什么困难？第二，问题分析：教师日常教学工作量与管理琐事太多，真正用来做课题研究的时间很少。而且即使做了课题研究，对学术规范也鲜有了解。对于职业院校普通教师，提出如此高的学术要求是否适合？全民皆学术确有必要吗？会不会与 20 世纪 50 年代的"全民炼钢"一样跑偏了？第三，解决对策：课题开题、中期检查及结题均邀请职教专家进行现场指导，加强学术规范的训练。让有能力与志向的教师尽量潜心于学术研究，在政策制度上给予支持，进行专门的针对性培养，为职业院校课题研究整体水平的提高积蓄力量。省里、市里或学校，也可考虑把教师分为专职科研岗与专职教学岗，让专职科研岗的教师专门从事课题研究，让专职教学岗的教师专门从事教学研究，术业有专攻，更有利于出成果。

综上所述，课题研究一是要有专家的指导和引领；二是要靠团队的力量；三是研究者要时时刻刻用心；四是研究要有物质保证；五是研究要得到鼓励；六是研究要关注社会热点，为社会服务。职业院校的教师用职教课题研究职教、引领职教、服务职教。结合十九大提出的"建设知识型、技能型、创新型劳动者大军，弘扬劳模精神和工匠精神，营造劳动光荣的社会风尚和精益求精的敬业风气"，让职业院校教师课题研究工作更加扎实，为职教应用型人才的培养发挥智库与智囊作用。

四、适合的职业教育教师队伍的实践能力培养

（一）常州智能制造实践能力培养

1. 常州智能制造

常州市是我国近代工业发祥地之一，工业基础雄厚，轨道交通、农机、工程机械等装备制造享誉全国，近年来机器人、石墨烯等高端制造正快速壮大，产业创新能力也在逐步提高，常州市工业正由传统制造向高端、智能制造华丽蝶变。在经济发展新常态下，常州市重振工业雄风，为加快常州"智慧城市"建设步伐，探索以智能制造为特色、以产用互动为路径的建设新模式，常州市政府向国家工信部申请将常州列为国家智慧城市试点。经材料审查和实地考察，国家工信部复函，同意将常州市列为"智慧城市"试点，武进区同步开展"智慧城区"试点工作，将常州建设

成为"智能制造"城市。

　　1988年有关智能制造的第一本专著《智能制造》出版。机械化、电气化、自动化、智能化四次跃迁完成，德国提出工业4.0，智能制造强势进入中国视野。① 我国智能制造以新型传感器、智能控制系统、工业机器人、自动化生产线为代表的装备产业体系初步形成。智能制造是《中国制造2025》确定的主攻方向，也是推动制造业转型升级的关键所在。2025年中国要迈入制造强国行列，制造强国有四个主要特征，即雄厚的产业规模、优化的产业结构、良好的质量效益及可持续发展的能力，特别是创新发展能力。智能制造是制造业的唯一出路。《新华（常州）中国智能制造发展指数报告（2017年1—3季度）》从智能制造应用角度，构建行业渗透率、应用指数和竞争力指数三大模块，从指标覆盖市值、营业收入、利润、每股收益、营业周期、科技论文和创新专利等多个维度，全面追踪主要行业智能制造应用态势，为业内提供信息工具与决策参考。

　　国家提出了"中国制造2025"试点示范苏南城市群，常州市提出建设"强富美高"新常州的同时，利用已有的常州智造、工业重镇等品牌特色和工业明星城市称号，提出了打造中国一流智能制造名城的口号。智能制造助力常州制造业向高质量发展。常州代表性的高端产业有中国高铁终极核心部件（齿轮传动系统）、机器人、石墨烯、新能源、新材料、软件信息、生物医药、太阳能光伏、轨道交通、生命健康、新能源汽车、新一代信息电子、装备制造等，超100个产品达世界领先水平，拥有200多家国内外行业隐形冠军，优势明显，特色鲜明，质量一流。如东风农机、星宇车灯、千红生化、万邦充电、天正工业、瑞声科技、恒立液压、固高智能、安费诺连接、光宝科技等一系列规模企业。

　　2018年10月8日，国家智能制造发展水平评价体系发布会在常州市

---

① 蔡秀玲，高文群．中国智能制造对农业转移劳动力就业的影响［J］．福建师范大学学报（哲学社会科学版），2017（01）：11．

钟楼区举行，中国智能制造发展联盟正式揭牌。钟楼区政府与北京机械工业自动化研究所签订了智能物流装备合作项目，并举行了智能示范工厂投产仪式。国家智能制造发展水平评价体系由国家发展改革委员会指导编写，国家信息中心、北京机械工业自动化研究所有限公司、江苏长江智能制造研究院有限责任公司、青岛蓝鲸科技有限公司等单位参加编写，既是国家对智能制造相关项目评价考核的加强，也是完善行业管理体系的实际需求，又是推动智能制造在各行业领域发展和应用的必然要求。本评价体系以国内外智能制造发展水平评价研究现状为基础，旨在通过对企业智能制造发展水平进行评价，使企业通过评价发现自身智能制造的差距和薄弱环节，明确智能制造发展方向和着力点，有针对性地提升自身智能制造水平。同时，各级政府也可通过本评价体系掌握行业、区域智能制造的发展现状和发展水平。

2. 常州智能制造的内涵与价值

（1）内涵。① 智能制造：制造智能化，指制造过程的自动化、最优化，包括制造过程链、制造产品链、制造供应链、制造服务链的智能化。[1]

② 智能制造名城：指依靠科技创新、降低能源消耗、减少环境污染、增加就业、提高经济效益、提升竞争能力、实现可持续发展的制造业城市。[2] 具有产业集群（如智能车间、智能装备）、地标企业、智能产业及智能制造服务配套。[3]

③ 高技能人才：高技能人才包括应用型人才与技术技能型人才。中共中央办公厅、国务院办公厅印发了《关于提高技术工人待遇的意见》，提出提高应用型和技术技能型人才的培养培训能力，建设创新型、技能

---

[1] 蔡秀玲，高文群. 中国智能制造对农业转移劳动力就业的影响 [J]. 福建师范大学学报（哲学社会科学版），2017（01）：11.

[2] 李廉水，袁克珠. 长三角制造业区域一体化研究——基于制造业强省的比较分析 [J]. 江海学刊，2007（01）：81-87.

[3] 梁一波. 常州将加快智能制造名城建设 [EB/OL]. http://js.qq.com/a/20171208/020016.htm.

型、知识型的具有工匠精神和企业家精神的领军人才、高精尖缺高技能人才队伍。① 从中国"知识型产业工人"代表邓建军,到"技能奥林匹克"夺冠者宋彪,常州成为孕育"大国工匠"的摇篮。截至 2017 年年底,常州市高技能人才总量达 29.65 万人,每万名劳动者中高技能人才数达 1 053 人,连续 4 年居江苏省首位。常州制造向常州智造转变的关键在于高技能人才,2018 年起常州将实施"技能龙城"建设计划,到 2020 年常州市计划技能人才总量达 120 万人,高技能人才达 35 万人,实现每万名劳动者中高技能人才达 1 200 人。如何培养出大量高技能人才,满足智能制造产业发展的需要,是亟须解决的问题。"工业 4.0"扑面而来,智能制造应运而生。随着制造业产业格局的持续提升,高技能人才需求量急剧增加,同时也暴露出高技能人才培养发展愈发滞后的缺点,因此增加高技能人才的数量与提升其质量成为当务之急。

（2）价值。① 有利于降低成本。第一,个性多样。传统企业智能模式不具备个性化,滞后于新兴产业的发展,技术革新、技术转化能力不强。创新改造传统产业,对工业结构、生产设备、关键工序、产品本身进行智能化改造,创建数字化车间（精密齿轮生产车间）、智能化工厂,有利于制造业转型升级。使企业产量提高、成本降低、用工减少,实现降本增效。降低定制化、个性化、小批量生产的成本,先有需求,再定生产,实现数据驱动、以销定产。结合供应链创新,实现零库存,不浪费单品。品类供应多样化,带来形式多样的生产解决方案。实现了生产效率、制造效率、商业效率、商业价值的提升,实现了制造过程的智能化与绿色化,有助于企业降本增效。第二,示范企业。从示范企业来看,智能化改造可显著降低企业成本,提高产品质量,提升生产效率。以光伏企业为例,江苏赛拉弗光伏公司对光伏组件车间智能化改造后,日均产量提高了 1.3

---

① 中共中央办公厅国务院办公厅. 关于提高技术工人待遇的意见[Z]. http://www.mohrss.gov.cn/SYrlzyhshbzb/dongtaixinwen/buneiyaowen/201803/t20180322_290280.html.

倍，产品合格率提升至 99.8%，而用工减少 28%。第三，机器换人。将大批人工解放出来，有效降低成本，提高劳动生产率和产品质量，正是当下常州现代产业发展的写照。这一切，得益于常州制造业对于"创新发展"理念的深刻理解，以及推动智能化的积极实践。

② 有利于产业升级。第一，抢占工业 4.0 产业中高端，有助于产业区域格局重组与细分，有利于形成自己的产业品牌。开发智能医疗、智能出行（无人驾驶、智能穿戴）、虚拟现实、基因测序等热点技术，提高智能装备产业比重。通过新型行业大数据 3D 打印（增材制造）、机器视觉（人工智能）、物联网、工业云等，实现工业一体化、工业智能化、工业互联网化，实现产业互联网化，为企业智能制造项目的谋划及实施提供技术支持。以大数据、互联网为基础的工业智能化被视为新一轮工业革命，推进智能制造有助于常州市改变工业大而不强的局面。另外，也可带动智能设计、研发、大数据等相关制造服务业发展。第二，柔性化生产是核心竞争力。友好的用户界面，强大的开放性和兼容性，能形成高精度、易操作和无人管理的制造系统。提升机器设备的生产能力，增强供应链的敏捷度和精准反应能力，建立人、机器、资源互联互通的网络化工业生态，实现自动化升级、数据化决策、信息化改造及柔性化制造。第三，提升城市产业分工及格局。建设智能制造城市，通过传统优势产业智能化改造，培育一批新的智能制造产业，打响常州智能产业品牌，有助于在长三角区域中形成自己的特色产业品牌，在区域竞争中形成有利的产业分工格局。

③ 有利于促进就业。由于智能制造的来临，创造了新的工作岗位，生产线、物流化及信息化三大技术系统均需高技能人才操作监控，可促进就业。有利于从摩擦性失业、结构性失业与劳动力总量供给不足三方面分析就业岗位问题。可提供平台建设、成果转化、项目策划等服务咨询，实现与就业服务平台精准对接、零距离洽谈、线上线下联动招聘、精准发力，提升就业服务效能，实现高质量就业。

3. 智能制造背景下高技能人才的困境及原因

（1）困境。第一，高技能人才数量不足。智能制造产业发展快，提升产业发展层次，与打造智能制造名城的需求不匹配，满足不了其发展需求。职业院校对高技能人才的培养不足，学生毕业后未达到高技能人才需要的技能水平；进入工作岗位后，在行业企业中的提升及历练不足，未达到高技能人才的要求。第二，高技能人才培养滞后。高技能人才培养要做到培养数量充足，培养渠道通畅，培养模式科学，培养内容先进。现实是后续培训乏力，没有形成系统的、可持续的培训，如中高端模具人才、热处理人才等。对青年技术工人的培养不足，没有结对帮扶机制，成长缓慢。第三，高技能人才使用不畅。高技能人才的供给侧与需求侧信息资源不匹配，导致用人不畅。政府未能有效搭建用工平台，没有设立由政府主导的专业技术培训机构，不能及时为企业输送紧缺的高技能人才。

（2）原因。第一，工资收入较低。相较于别的工作，技能人才从事的技术工作收入偏低，工龄、工资与工作付出不太相符。受劳心者治人，劳力者治于人的传统观念影响，技能人才受重视程度偏低，社会地位低。技术水准及技能等级低，技能等级与贡献不符，技术与酬劳未挂钩，用人效果差。第二，激励制度不足。晋升空间有限，工作环境艰苦，导致不能安心工作。不愿让子女从事同一工作，子承父业难。第三，发展前景不明。智能制造企业注重科技研发投入和智能化技术应用，对创新专利方面的投入力度较大，但"缺心（芯片）少魂（软件）"，缺少核心技术，高技能人才努力目标不明确。

4. 常州智能制造的现状

智能制造主要包括设计智能化、制造智能化、产品智能化以及服务智能化。常州智能制造相关产业有机器人技术、工业通信网络技术、机械制造工艺技术、数控技术与数字化制造、智能信息处理技术等，涵盖了研发智能制造技术和系统的行业，又涵盖了应用智能制造技术和系统进行生产的行业。一般而言涉及八大行业，分别为电气设备、生物化工、金属冶炼、新一代信息技术、新能源、汽车制造、机械设备、新材料。对常州市智能制造行业产业及企业进行了走访调研、发放问卷调研、访谈调研后，对其现状勾勒如下。

（1）行业产业。转型升级，离不开时代的印记。在智能化的大时代下，常州市也在智能化的浪潮中继续扮演着时代的"弄潮儿"角色，形成了一批在国内外极具影响力的产业群。

① 智慧云。常州移动积极发挥自身技术、网络及客户优势，以"智慧云""智能管""专业端"融合的新型信息服务架构，为政府、企业提供一揽子整体信息化解决方案，助力打造"智能制造"名城。常州移动承建的江苏省创意云中心是江苏省经信委规划的 18 朵云中唯一一朵落地常州的"智慧云"，具有海量信息存储、处理功能。

② 光伏行业。常州市的光伏行业，形成了拉晶、电池、组件及系统工程等较为完整的产业链，尤其在电池和专用设备的智能制造方面，更是在世界遥遥领先，并涌现出天合光能、亿晶光电、亚玛顿、顺风光电等一批在业内有影响的龙头企业。天合光能自主研发的光伏组件刷新世界纪录，全球市场占有率第一。赛拉弗等 8 家光伏企业的车间被认定为首批江苏省智能制造示范车间，在全省乃至全国光伏行业名列前茅。

③ 经编机市场。聚焦 30 年来有限的经编机市场，在细分市场中，其双针床经编机的市场占用率已居全球前 3 位；高效织造智能经编生产线打破国外垄断，成为全球"单打冠军"。江苏五洋纺机有限公司获得国家工信部首批颁发的"制造业单项冠军示范企业"称号。

④ 装备制造业。常州装备制造业占全部制造业的比重超过 40%，先进碳材料产量居全国第一。随着产业转型升级进程的推进，世界变压器制造之都、国内重要轨道交通装备基地、国内最大的光伏产业基地、东方碳谷、重要纺机基地、国内重要的农机和工程机械集中地等标签，逐渐成为常州这座工业名城的代名词。首台（套）重大装备、关键部件的企业产品数位居全省前列，自主知识产权已成为核心竞争力。

⑤ 制造产业。越来越多的常州制造企业将研发、设计等微笑曲线两端的产业价值链环节握在手中，在世界经济舞台展示着"常州智造"的魅力。作为常州经济发展的主心骨，常州制造产业特色鲜明，累积了殷实的"家底"。市场、设备、技术、研发国际化，已达到世界先进或领先水平的工业产品超过 100 个，工业的整体水平不断提升。第一，常州荣列中国乃至世界变压器制造之都，变压器产量占全国变压器产量的 12% 左右，市场占有率居国内之首。第二，城市轨道交通牵引传动控制系统占全国同类产品总量的 45%，车辆内装系统市场占有率达 60% 以上，车载电控产品市场占有率全国第一；大中吨位挖掘机销量全国第一、平地机销量全国第三、装载机和压路机的销量在全国名列前茅。第三，农业机械产品约占全国销量的六分之一，其中单缸柴油机国内市场占有率排名第一，25—40 马力轮式拖拉机国内市场占有率排名第二，各类粮食饲料加工设备市场占有率稳居前三；冶金成套设备产量位列全国第三，大中型龙门加工中心产量位列全国第五。

（2）智能企业。智能化让常州实体经济拥有了核心竞争力；依靠精细化、信息化管理，常州市的企业管理水准走向了高端。在常州制造业龙头企业背后，彰显出的是科技创新的支撑作用。以机器人为代表的智能制造模式延伸应用到常州工业经济生产的诸多领域，省示范智能车间带动了智能制造的发展水准，演绎出不同精彩。①

① 江苏赛拉弗光伏系统有限公司 & 太阳能光伏组件智能车间。第一，看点：整个太阳能组件从生产到出货，均可追溯，实时监控原材料的使用情况；实现机器焊接及传输、裁切 EVA、对电池片进行排版、自动修边、自动绝缘耐压测试、自动装框等。广泛采用条形码、电子标签、扫码枪等自动化识别设施。第二，成效：产品合格率 99.8%，日平均产量从 1 200

---

① 梁一波. 常州将加快智能制造名城建设［EB/OL］. http：// js. qq. com/a/20171208/020016. htm.

片/天提升至 2 800 片/天，人员减少 28%，单位产品碳排放量降低 21%。

② 盛利维尔（中国）新材料技术有限公司 & 金刚线智能车间。第一，看点：实时监控生产过程中的相关重要参数，车间物料在物流的各个环节都可自动识别。成品准确定位，自动挑选，配送至指定地点；车间环境可自动检测温度、湿度情况并全自动控制等。第二，成效：生产效率提升65%，节约人力成本 23%，节省设备维护费用 20%，减少安全事故处理费用 70%，减少管理费用 25%。

③ 江苏金坛汽车工业有限公司 & 汽车冲焊智能车间。第一，看点：实现从拆垛、清洗、上料、传输、下料全过程自动化；焊装车间大量采用机器人焊接等车身制造技术；整车产品采用数字化设计，并实现了数据源的唯一性，提高了产品的开发速度与质量。第二，成效：冲压车间生产效率提升 150%，制造成本降低 8%，产品一次交检合格率提升 10%—15%等。

④ 江苏雷利电机股份有限公司 & 微电机智能车间。第一，看点：车间工序全部采用自动化单元模块进行生产作业和关键工序质量检验，日常生产数据及过程维护情况实时记录反馈；整机车间采用了自动的数据采集和馈送系统，形成的全自动装配线进一步提高产品的装配智能化水平。第二，成效：产出水平从原来的 2 083 元/人·天提高到 18 747 元/人·天，提升 8 倍；生产效率由建设前的 1 020 标准产能提高到 2 000 标准产能，提升 96%；产品质量从原来的 99.6%提高到 99.85%，提升 0.25%；综合能源利用效率由原来的 0.026 吨标煤/万元提升到 0.021 吨标煤/万元，提升 19%。

⑤ 上上电缆集团。在线缆行业权威评比中，跻身全国第一、全球第十。"不求规模最大，但求企业综合素质最佳"，企业建立了"精、专、特、外"的产品发展目标，开展特种电缆用高分子材料配方技术、特种电缆制造工艺和工装技术、特种电缆可靠性技术三大技术的研究，实现了我国重点领域用特种电缆的国产化和产业化。为了成为中国电缆行业引领

者，上上电缆依托国家级企业技术中心、国家博士后科研工作站等高层次研发平台，以自主创新为主、产学研为辅的创新模式，持续加大研发投入和技术改造，满足我国重点领域用特种电缆的国产化和产业化需求。而今，在上上电缆的客户名单里，就有了中国第一艘航母"辽宁号"、中南海改造、田湾核电站、鸟巢、水立方这些耀眼的名字。其自主研发的第三代核电 AP1000 壳内电缆正式发运，填补了世界核工业的空白。

⑥ 常州龙腾光热有限公司。常州龙腾光热有限公司前身是一家纺织企业。2008 年全球金融危机袭来，龙腾光热开始转型，进入光热发电领域，也是国内最早进入光热领域的行业开拓者之一。8 年来，龙腾光热依托研发、生产、检测、示范一体化的完整科研体系，在光热发电领域取得了 40 余项自主知识产权的核心专利，在光热核心部件领域实现了国产高温真空集热管首次应用于海外商业化电站的重大突破，并具备了在全球大规模部署光集热系统的能力。

⑦ 常州宏大科技集团。常州宏大科技集团是国内最具规模、最具实力、专业从事印染自动化控制技术产品研究与制造的科研型公司，集团由四个独立全资公司组成，即常州市宏大电气有限公司、南京鹰纳视机器人有限公司、常州宏大智能装备产业发展研究院、江苏霍克智能科技有限公司。四个公司既各有侧重，又有资源和优势共享。常州宏大科技集团运用自己信息数字自动化技术的强大优势，全面整合染整装备，不断用先进技术武装传统企业，着力在印染机械在线监控装置以及设备的信息化、自动化控制系统上下功夫，有效提升了我国印染装备的水平，提高了我国印染纺织品参与国际市场的竞争力，为我国纺织工业的发展做出了巨大贡献。纺织制造业正面临着一次重要的转型机遇期，实现可持续发展、实现最大限度节能减排的唯一途径就是发展智能制造。常州宏大不仅为印染企业提供专业的智能制造技术咨询服务，提供真正满足企业智能制造需求的成熟解决方案，而且，还一直对纺织行业全产业链布局进行深度研究。常州宏大正在逐渐发展成为国内少有的国际领先的技术研发企业的典范。

⑧ 新誉集团。从轨道交通零部件到攻克牵引控制系统，从两条铁轨飞向万米高空，新誉集团创立近 15 年来，实现了自己的"高铁梦""蓝天梦"。一次次铁路大提速，上海地铁 7 号线、9 号线和 12 号线，北京地铁 4 号线，伊朗德黑兰地铁项目 1&2 号线，新誉集团始终相伴。

⑨ 今创制造。无论是高速动车组、地铁，还是普通列车内，目力所及的内饰装备和电气装备，都打上了"今创制造"的字样，20 多个系列、2 000 余种产品阵容，使之成为目前全球最大的轨道交通内装企业。

⑩ 瑞声科技。创立于 1993 年，已成长为全球最大的声学元器件制造商之一，也是全球领先的通信及消费类电子产品的微型元器件及整体方案提供商。放眼全球市场，每三只正牌手机中，就有一只手机的受话器、扬声器、马达等来自瑞声科技。25 年来，瑞声科技的产品已从微型声学、光学、无线射频上扩展到了生命科学、新材料及新能源等领域。产品应用范围涵盖移动通信、数码产品、新能源、医疗器械等。在全球移动终端的声学配件市场占有率超过 35%，成为行业内的冠军企业。

5. 常州智能制造细分产业和自身特色问题

（1）三个考核指数。① 行业渗透率。各行业都处于智能制造概念渗透期。金属冶炼、机械设备制造、汽车制造三个行业渗透率相对较高。信息技术、生物化工行业渗透率较低。

② 行业发展指数。总体上，稳中有升，呈现上升趋势。电气设备行业优于行业平均水平，生物化工行业低于行业平均水平，金属冶炼行业优于行业平均水平，新一代信息技术行业与新能源行业优于行业平均水平，汽车行业低于行业平均水平，机械设备行业优于行业平均水平，新材料行业高于行业平均水平。

③ 行业竞争力指数。总体上，智能制造企业优于同等市值规模的传统制造企业。其中电气设备、金属冶炼、新一代信息技术行业，优于传统制造企业。生物化工、新能源行业，接近或优于传统制造企业。汽车行业

低于传统制造企业。①

（2）智能关键技术。① 关键技术。智能制造关键技术，包含传感技术、控制系统设计技术、系统协同技术、故障诊断与维护技术、实时通信技术、特种工艺与精密制造技术、建模与识别技术、数据挖掘技术、人工智能等关键共性技术。核心产品和关键技术仍在一定程度上依赖国外，重要基础技术与核心制造技术自给率低。关键技术、核心部件对外依存度高，缺乏核心竞争力。硬件软件发展不均衡，关注硬件，忽视软件。

② 智能化。在创新能力、产品质量和品牌、产业结构、信息化水平等方面与世界先进水平仍存在较大差距。数字化向智能化转变不够，人机一体化智能系统不够，还不能将智能活动融合到生产制造全过程，生产标准与产品质量还没有大幅度提高。自主创新能力不足、信息化水平不高、工业基础薄弱。基础设施（基础零部件、基础制造工艺、基础材料）不足，产业基础技术及应用水平低，企业利用信息技术改造生产方式和流程的意愿不足。

6. 常州智能制造细分产业和自身特色的改进措施

（1）常州市政府主导制定政策。① 市政府给予政策扶持。第一，实体引进智能制造研发机构。设立或引进、收购或兼并海外研发资源，如实验室。常州市政府发放创新券，降低创新成本，利用创客、创新部落、创新联盟、创新平台、创新企业、创意工作室，培育创新链。以一个拳头企业带动一个产业品牌，延伸产业链，增强行业话语权。在各级产业园区开设智能制造实验室，培养智能制造孵化器，建立智能制造共生群落，共建智能制造幕后配套产业。第二，借鉴吸收国外前瞻政策。关注、了解德国"工业4.0"计划、欧盟"2020增长战略"、美国"再工业化"、英国"先进制造业产业链倡议"、日本"再兴战略"，参考其高技能人才的培养模式。常州提升高技能人才在制造业生产经营过程中精准控制，显著提升产

---

① 中国经济信息社.2017新华（常州）中国智能制造发展指数报告［Z］.2018：05.

品生产标准和产品质量，将智能活动融合到生产制造全过程，降低资源能源消耗，减少成本，实现最优决策。将智能交通、智能物流、智能产品、智能网络等相互连接，实现经济社会智能化。在现有市、辖市（区）财政每年安排6亿元智能化改造资金的基础上，继续追加企业转型升级资金池，重点支持工业企业智能设备购置、智能车间改造。

②市政府内培外引双管齐下。第一，常州市政府内部培养高技能人才。常州市政府在市域范围内，开展常州市产业教授选聘工作，统一培养，逐行选拔、聘请企业中具有高尚职业道德、丰富实践经历和管理经验的企业家、技术专家和高技能人才，每年分批聘任产业教授，整合常州市地方产业和技术优势资源。产业教授的聘任推动所在企业与职业院校共建人才培养实践基地、工程技术研究中心及重点实验室等科技创新和人才培养载体。聘期内，产业教授通过开展课程教学（实践指导）和学术报告，参与职业院校学科团队建设。在科教城，根据劳动密集、技术密集、资本密集的特点，加快实现智能产业化、规范化，实现传感技术、设计技术、协同技术、故障诊断与维护技术、实时通信技术、特种工艺与精密制造技术、建模与识别技术、数据挖掘技术、人工智能技术等关键共性技术建成较为完善的技术创新体系，达到国际先进水平。围绕工业企业产品研发、生产控制与优化、经营管理、节能减排等关键环节，提供专业定制、购买租赁、咨询服务等多层次的云应用信息化服务体系，解决企业投入不足、数据资源利用不高、高端人力资源匮乏、个性服务满足度低等行业共性问题。第二，常州市政府外部引进高技能人才。劳动力成本上升、土地资源和环境要素约束加剧等因素迫使全省制造业必须加快向"创新驱动"转型，重构生产模式变革和组织方式，向数字化、网络化、智能化、服务化升级，生产智能化和生活智慧化创造发展新需求，由"制造"转向"智造"，由"生产型制造"向"服务型制造"转变，促进产业链、创新链、资金链、服务链等全面协同发展，实现产品定制化、过程个性化、服务一体化。促进产业向智能化方向发展，建成全国范围内的常州智能制造发展

示范引领区和具有国际竞争力的智能制造产业集聚区。要以产引研、以研引产、产研同引的发展模式，对高层次人才实施激励政策，培养能工巧匠。

③ 政府具体措施。第一，抓引导。结合本地产业基础制定相关政策，出台《深化"三位一体"发展战略 落实"中国制造2025"常州行动纲要》《常州市"互联网+工业"专项行动计划》《关于进一步加强技术改造 引领制造业中高端发展的实施意见》，深入研究智能制造发展态势，从规划上明确常州智能制造发展目标，彰显出常州市委、市政府推动转型升级，推进"智能制造"的坚定决心和执行力。截至2016年年底，常州市南车戚墅堰机车车辆工艺研究所获国家智能制造专项支持；天合光能等37家企业车间被认定为省级"示范智能车间"；乐士雷利等66家企业和车间获得了市级智能车间（工厂）认定；五洋纺织数字化车间等6个项目列为省智能车间创建项目；97个自动化、智能化改造项目被评为"机器换人"示范项目，拉动智能装备的资金投入超100亿元。"2016年12月，全市固定资产增值税抵扣以8.3亿元再刷单月历史新高。"作为反映全市工业投入的一项重要指标，其为为期三年的"三位一体"工业转型发展战略扶持政策画上一个完美的阶段性句号。

第二，抓服务。充分发挥政府联络协调的作用，举办各类讲座，让先进的、成功的企业为同行业企业传授经验。在市经信委的倡议下，常州智能制造推广联盟成立，这个由机械总院江苏分院、北自所（常州）公司、西门子（常州）联合发起的联盟，通过资源整合、技术协同创新，着力提升常州智能制造发展水平，加快推进生产过程智能应用，发展智能装备和智能产品，全面提升企业研发、生产、管理、销售和售后全流程智能化管理水平，壮大发展智能制造服务体系。

第三，抓扶持。创新资金使用方式，加大对企业智能制造的扶持。从2013年起，常州市委、市政府全面实施工业"三位一体"发展战略，通过增加工业有效投入，加快十大传统产业链建设、优势产业转型升级和培育创新型企业，推动了工业经济发展转型升级。常州市出台的《关于实施"三位一体"发展战略 促进工业企业转型升级专项资金管理办法》这一文件，明确从 2014 年起连续三年，市、辖市（区）财政每年安排 6 亿元，鼓励企业加大生产性设备投入。支持企业开展自动化、智能化改造，奖励企业实施首台（套）开发。该政策也得到了工信部和江苏省经信委的充分认可。政策实施两年来，常州市区两级财政共下达补助资金 12.98 亿元，其中支持设备购置补助项目 1 204 个，补助 11.33 亿元，支持"机器换人"示范项目 97 个，补助 1.3 亿元，支持首台（套）重大装备及关键部件项目 173 个，奖励 0.35 亿元。据测算，"三位一体"政策出台三年间，全市工业企业设备的投资累计达 730 亿元，夯实了常州工业的发展后劲。同时"进一步探讨新形势下工业转型资金扶持方向，继续鼓励企业加大技改投入，指导企业加快智能制造，引导产业向中高端发展，进一步坚定企业投资信心，持续降低企业成本，坚决打好工业经济转型升级的攻坚战"。

（2）常州市职业院校实施培养。① 校园信息配套建设。第一，培养信息化的高技能人才。常州职业院校推动智能制造进校园，发展教育科技。科技信息素养是信息时代最基本的生存能力，科技信息素养已上升到国家层面，以技能为重点，用明天的知识教诲今天的学生。英国、美国、澳大利亚等国家都针对信息化技术制定了相应的课程标准，积极探索科技教育课程资源的共享形式。学校帮助教师更新教学观念，积极搭建信息交流平台，提升教师科技教育水平；共建信息实验室，将实验室的资源搬到线上，供更多学校使用，为缺少课程资源和科技教育资源的学校提供普惠性服务。第二，培养工具化的高技能人才。信息技术界对未来教育充满了憧憬，常州职业院校将信息技术引进课堂，利用智能数媒产品进行教学，通过教育训练学生过滤信息和独立判断的能力。教师要科学、合理地设计教学，通过学习情境的创设支持学生的学习活动，促进学生自主学习与作业。围绕产业升级开设重点专业，开展科技教育，将技术应用于增强专业的工具范围内。第三，培养个性化的高技能人才。课堂教学原本是千变万化的，没有固定的教学模式可生搬硬套，教育科研能帮助教师反思教学问题，突破惯有的思维定式，探索构建趣味性、直观性、启发性为一体的教学方法。互联网技术与教育联系更为紧密，让优质的科技教育充分发挥作用，有效解决教育公平和质量兼顾的问题。常州职业院校注重个性化人才的培养，让人才能根据课程及科研需要进行个性化设计与创造；教师促进学生个体发展，帮助学生形成自主判断和自主行为能力。

② 调整人才培养方案。第一，加强团队建设，培养高技能人才。常州职业院校教师学会通过诊断学生的学习条件与学习过程，为学生及家长提供咨询。教师能主动参与学校教学计划的制订，参与教学项目的实施。教师要不断提高学习力，认识到教师职业的终身学习性。如今，制造业与服务业的界限正变得模糊，人才培养更加注重柔和技能技巧的培养，因此教师要有"主动预见，解决问题，创造价值"的新理念。学校应组建优秀的教学团队，到高新技术服务业聚集区进行企业实践，鼓励教师与学生积极参与技能大赛练兵，以赛促教、以赛促建、以赛促学。第二，加强细分建设，培养高技能人才。常州市职业院校帮助学生接触智能制造装备行业及细分行业的投资环境、商业机会，寻找行业市场的空白点、机会点、增长点、盈利点，抓住新兴市场机遇，确定发展重点和具体目标。由此助力企业定制配套的业务模式，调整产品组合，占领市场竞争高地。第三，加强文化建设，培养高技能人才。常州市职业院校以文化为抓手，提高制造业的文化内涵和品牌价值，在文化、智能与制造业的融合中使制造业走向高端先进、富有文化内涵之路。

③ 加强实训教学建设。第一，搭建实训基地，培养高技能人才。常州市职业院校搭建多层次实践教学平台，即专业基本技能训练平台、专业综合技能训练平台、工程综合技能训练平台，分别培养学生的实践动手能力、技术应用能力和工程应用能力。职业院校建立实训基地，采用校中厂、厂中校等合作模式，采取订单培养、工学交替、顶岗实习等培养模式，开展技能实训。建立名师工作室、技能大师工作室等实训载体，为教

师与学生精进技术提供场所与环境。第二，紧扣一万小时定律，培养高技能人才。为应对智能制造对高技能人才的要求，常州市职业院校师资要具有更加熟练的技术技能。在教学中，一方面要让学生勤学苦练，练习次数与时长达到一定要求，才能融会贯通，熟练掌握；另一方面也要注重学生特殊能力、核心能力的培养，用智慧创造财富，在体验中实现价值。第三，塑造工匠精神，培养高技能人才。常州市职业院校要培养具有"工匠精神"的学生，首先要有具备"工匠精神"的教师，教师能形成从理论到实践能力不断自我优化的文化自觉，才能培养出具有工匠精神的现代技工。

④ 培养创新思维。第一，利用创新品质，培养创新思维。人们的消费需求更多地向体验新颖、符合审美、品位独特等精神层面的软需求转变。要提升产品品质，应在创新、设计、研发、推广、营销等环节有所侧重，如手机更注重研发、推广等软性投入，汽车更多考虑移动居所、移动办公等附加值。这就需要常州市职业院校教师在上课时，多用头脑风暴等教学方法，让学生充分开动思维，产生智慧。需要教师与学生不断地探索与思考，谋求解决问题的方法与策略。让学生更加考究产品品质、注重生产细节，提升企业软价值创造能力、提高产品附加值，把越来越多拥有核心技术与自主知识产权的产品推向市场。第二，利用创新理论，培养创新创造思维。提供差异化的应用系统研发服务，为智能装备企业培养创新工程师，孵化生态链微创企业。陶行知先生认为"真正的教育必须造就能思考、能创新的人"。具备创新素质的教师，才能培养出具有创新能力的学生，成为企业的技术研发人员。结果表明，技术创新、国家政策、新一代信息技术、人才建设、集成互联、数字化转型等因素正向影响智能制造发展。从技术创新、政策制定、信息技术等方面提出常州提高智能制造能力的建议，为促进制造业智能化转型提供理论参考，加快形成创新成果产业化高地。第三，利用创业技术，培养创新创造思维。常州市政府积极引导智能制造行业集聚形成合力，打造区域品牌，推动一批重点骨干企业开展

工业企业品牌培育试点。打造完整的工业机器人制造产业链，突破服务机器人安全性、可靠性关键技术，推动智能服务机器人第三方质量，加快服务机器人产业发展。摆脱传统思维方式，充分发挥创新企业家精神，重塑企业的价值创造过程。实现常州制造向常州创造、常州速度向常州质量、制造大市向制造强市的转变。

⑤ 打造智能教师队伍。第一，参照国家文件，打造智能教师队伍。教育部等五部门联合发布了《教师教育振兴计划（2018—2022年）》，指出用5年左右时间建设一支高素质、专业化、创新型的教师队伍。目前常州市的智能制造类相关课程不多，且课程难度不高，缺少能够胜任智能制造类课程的教师。智能制造背景下教师的专业发展成为关注点，教什么与怎么教对教师队伍建设提出了新挑战。智能化教育给学生带来了改变，教师作为课程设计者和直接施教者，随之调整势在必行。第二，加强智能教师队伍建设。未来将迎接人机共教新时代，以知识传授为主题的传统课题将发生转变。未来教师要娴熟地运用智能机器人，获取教育资源；运用数据处理技术，分析教学案例。可从师范类院校着手，尽快培养出一支能胜任智能制造类相关课程的教师队伍。让教师学会合作，聘用教师工作团队和专业团队，提高教师地位，有助于吸引有才华、有上进心的优秀青年从事教育工作，建设一支数量充足、结构合理、师德高尚的师资队伍。实行教师智能研修计划，将常州现有职业院校师资分批全部培训一遍，开展海外卓越教师培养、教师研修培训、教师教育研究等，造就一批具有国际视野的教育家型教师。为教师在智能制造领域设立职业生涯规划，使教师职业与专业的质量向高处发展。第三，控制智能教师队伍规模。智能制造对于高技能人才发展来说是不可多得的机遇，但千万不能一窝蜂"大干快上"。避免每个学校都培养智能专业教师，常州市需有计划、有试点、有布局，分地区、分侧重、分步骤地建设。

（3）常州市行业企业技术支持。① 引进科技研发机构，帮助高技能人才搭建沟通交流圈。常州市优先建设重点实验室，以创新园区带动实室，引进顶尖研发机构与团队，以产学研联盟、实力企业带动实验室，注重实验室软件环境的建设。开设鲁班学院、鲁班工坊、鲁班实习所，以先进技术提升产品品质。促进科技研发与产业企业对接，促进科技成果与资本对接，促进科技产品与市场对接。建立研发中心，提升核心技术，打造专精新特的企业优势，增加市域、省域等不同区域的技术创新力。专业与产业对接，课程标准与职业标准对接，教学过程与生产过程对接。建设一批具有国际水准的国家级重点实验室、工程实验室和工程技术开发中心，着力在产业技术创新中心建设上取得重点突破。科技创新是产业转型升级的不竭动能。进入21世纪以来，常州市的科技创新走在了全省全国前列，创造了产学研合作"常州模式"。"十三五"期间，要建设长三角特色鲜明的产业技术创新中心，定位在产业，服务于产业，成果转化靠产业，必须与项目紧密结合，通过实施一系列的重大创新项目，激活创新驱动主引擎，跑出转型发展加速度。

② 打造多层次平台为高技能人才提供技能提升场地。第一，打造创新创业平台。常州要更好地打造创新创业"大平台"，探讨设立"互联网＋"的智能制造检验检测类技术平台，共同研发成果交易平台，供学生练习。通过政府对话、联盟对接、企业合作等形式，促进工业互联网全球协同发展。企业生产方式通过构建虚拟赛博空间（Cyberspace）与实体操作相融合。我国现已批准设立的国家级新材料产业基地有129个（7个高技术产业基地、32个新型工业化示范基地和90个高新技术产业化基地），呈现集群化分布特征。[①] 应充分发挥公共检测服务平台的检验检测和计量测试、研发中试、标准修订、检测技术和方法研究、高端人才吸聚以及专业技术人员培训等六大作用，坚持"前瞻布局、重点突出、创新跨越、引领产业"的发展思路。常州市正围绕"中国制造2025"加速推动制造业向智能化、绿色化、高端化发展，建设产业新城、科技新城，最终实现拟

---

① 中国经济信息社. 2017新华（常州）中国智能制造发展指数报告 [Z]. 2018：05.

人化智能制造。第二，开放科技平台。城南科教城职业院校园区通过工业互联平台，开启家电定制化规模生产；建立了工业机器人产业基地。科技平台建设要有大资源的概念，常州市需打通平台的底层数据并开放平台，供有偿使用优质教育资源，实现"平台集聚⇔企业集聚⇔产业集群"的良性循环。

③ 建设特色职教小镇，厚植高技能人才培养土壤。智能汽车小镇、职教特色小镇（城西殷村职教园）、省级示范特色小镇均能实现任务共担、资源共享、经费共投、教学共抓、文化共融和责任共负。殷村职教特色小镇是全省首批 25 个特色小镇之一，是在全省获批立项的信息云平台建设试点项目，助力打造国际先进技术殷村转移中心、国家级职业教育改革试验区及大国工匠培养摇篮。常州市正积极争创全国产教融合示范区，围绕产教融合育能工巧匠。

④ 推出各式人才计划，为高技能人才培养建立蓄水池。手工艺人对传统和工艺标准的坚守，引发了消费者对品质的关注，对产品中情感、文化等附加值的重视。培养数量足够、素质一流、精准匹配产业发展的现代工匠，全力打造企业家队伍和龙城工匠队伍，制定高技能人才计划终身职业技能培训制度。全市"重大项目增效年"动员大会明确，常州将以更大力度推进人才引育。盯准站在学术前沿、掌握关键技术的领军型人才，重视练就精湛技艺、有操作经验的技能型人才，同时关注在新业态、新模式等领域崭露头角的新锐型人才。建立高技能人才的能力评价、绩效激励和流动机制，如学徒制试点、企业新型学徒制、发放带徒津贴，用利益政策引导技工创业。通过引进来和联合研究等，吸收国际先进技术和经验，补足短板；通过走出去，促进技术、产品、服务的国际推广。

⑤ 进行智能化改造。第一，推进产品智能化改造。鼓励企业运用"互联网＋"改造传统产品，赋予产品智能化特性，重点支持智能数控机床、工程智能装备、智能电网等产品的生产改造，常州五洋纺机公司就是凭借把生产传统纺机改造成智能经编纺机的方法，成为全球"单打冠军"。

第二，推进工业结构智能化改造。目前，常州装备制造业占制造业产值比重40%，可考虑依托现有装备产业基础，改造提升生产智能装备，同时积极培育智能穿戴设备、智能医疗设备、智能出行工具、无人机、机器人、3D打印等新兴智能产业，力争将智能装备产业比重提升到50%以上。

⑥ 引导智能产业成链。第一，培育智造产业链。"十二五"时期常州已按照"建链、补链、强链"的思想提出了建设"通用航空、智能电网、智能数控和机器人"等十大产业链。"十三五"期间，在抢占新产业发展先机中，再视情加入新培育的智能产业链，引导智能产业的上下游企业集聚发展。在前期培育的十大产业链基础上，把握人工智能、虚拟现实等新兴智能产业发展机遇，形成"10+X"智能产业链。第二，抢占价值链高端。智能产业不应再沿袭过去的关键部件进口、本地贴牌组装的粗放型发展方式，应同时大力建设智能产业实验室、发展智能产业售后服务、智能产业解决方案服务、系统集成服务、品牌运营服务等相关服务产业，抢占智能产业价值链的高端位置。第三，培育智造创新链。按照创新链思想，建设各环节载体，建成智能制造实验室、智能科技孵化器、智能产业加速器、智能制造产业园等相关配套硬件，形成一个个完整的智能产业创新链。第四，培育智造共生群落。积极发展服务智能制造的相关产业，如智能制造综合方案服务、智造软件、云计算、大数据等智造后台产业。第五，培育城市创新链。A. 创新载体方面，继续加强科技产业园区、众创空间基地、科技街区、创新社区、工业创新云等载体建设。B. 创新主体方面，支持各种新型创新组织发展，如创新联盟、创新企业、创客、创新部落等。C. 创新路径方面，可以通过产学研合作引进国内著名科研院所、建设国际创新园区引进国外研发机构、建立国外研发中心、收购兼并国外研发资源等多种路径，争取创建成更多的国家级重点实验室、工程技术中心及区域性专业性研发中心（如江南石墨烯研究院）。D. 创新氛围方面，可以通过发放政府创新券降低创新成本，设立创新基金提供创新融资，建立先进制造业技术成果展示平台、技术产权交易所等对接创新需求，支持

产业龙头结对专业性众创空间，形成"龙头公司＋众创空间"的合作模式，创建国家知识产权示范市，进一步保护创新专利，培育敢于探索、宽容的城市创新文化。E. 创新模式方面，培育创新参与主体链，形成创客、创新组织、创新公共平台、支持创新的风险投资公司、支持创新的政策等多因素参与的"产学研政资介"一体链，培育创新环节链，建设形成创意工作室、研发实验室、制模成形平台、小试孵化器、中试加速器、成熟量产园区等创新硬件链，培育创新功能链，形成激发创意、完成创新、变现创业、产品创牌的配套服务链，发展支持创新的生产性服务业体系。

⑦ 智能项目建设。第一，瞄准"制造＋智能"抓项目。围绕激发优势产业生命力，以新一代信息技术与制造业深度融合为切入点，以推进智能制造为主攻方向，引进高端环节、终端产品、关键零部件等领域项目，加快工业机器人、增材制造等先进制造技术在重点行业和企业中的应用，着力建设一批智慧工厂和智慧企业，提升制造业智能化水平，使制造业既长"骨头"又长"肌肉"。第二，紧贴"制造＋网络"上项目。围绕凝聚两化融合爆发力，把制造业实体融入"互联网＋"的发展大势，加快百度大数据产业园、中兴能源云计算华东基地等项目建设进程，争取有更多的互联网旗舰企业落户常州，加快形成以云计算、大数据、移动互联网为重点的信息服务体系，加快构建以数字化制造、内容服务、平台经济为代表的互联网制造模式，为常州制造业腾飞插上网络的翅膀。第三，善用"制造＋服务"优化项目。围绕增强新兴业态扩张力，顺应制造服务化的时代潮流，重点引进金融服务、现代物流、科技服务、软件信息、商务服务等生产性服务业项目，推动制造与文化、创意等产业相互渗透、跨界融合，实现业态创新、模式创新，打响"常州服务"新品牌。

（二）"智能＋"运用能力培养

国务院 2017 年印发了《新一代人工智能发展规划》，标志着人工智能作为产业变革的核心驱动力和引领未来的战略技术，已上升为国家战略，提出要加快培养人工智能高端人才的发展政策。《2018—2019 年中国人工智能产业创新创投研究报告》指出，2019年应重点关注基于深度神经网络的应用型智能。① 2019年产业创新创投论坛指出，2019年中国人工智能核心产业规模预计将达到960亿元。李克强总理在2019年全国两会的政府工作报告中提出了"智能+"，标志着人工智能下一步会有更广泛的应用。

人工智能有三类，分别为弱人工智能、强人工智能、超人工智能，目前处于行业发展的初期，属于弱人工智能阶段，尽管全球已经开始集中研究比人工智能更高级的"类脑"智能。人工智能是引领新一轮教育革命和技术变革的重要驱动力，正深刻改变着教师的学习与教学方式，计算智能、感知智能、认知智能技术迅速发展。"人工智能+教育"是对"互联网+教育"的深化。人工智能为推动"智能+"建设起着技术支撑作用；"智能+教育"为人工智能在教育领域的应用提供了政策导向。在职业教育领域，则会出现多种组合，如"智能+职业教育""智能+职教师资""智能+职教师资培养"等。通过人工智能的技术赋能，提升职教师资的创新精神和实践能力，培养大量人工智能型高端职教教师。"智能+"将改变人类的行为方式、学习范式、教学方式及思维方式。有了大数据作为始发基础，教师收集数据、分析数据、解读数据的能力持续增强，促进了机器学习、深度学习、分析学习的发展。随着大数据、物联网、区块链等技术的发展，图像与语音识别系统、自然语言处理技术的成熟，以此来促进教育与信息技术的结合，让职教教师成为助学者、合作者、研究者。

1. "智能+"背景下职教师资培养概念及价值

（1）概念。① 人工智能：Artificial Intelligence，通常缩写为AI，是研究或开发用于模拟、延伸和扩展人的智能的理论、方法、技术及应用系统的一门新的技术科学。

---

① 我国人工智能产业将达960亿元［N］. 经济参考报，2019-03-29.

②"智能+"是一种增能、赋能、使能的技术，融合或辅助各类教学管理、学习评测等系统，使学生由知识的消费者转变为知识的创造者，把职教师资从繁重的教学事务中解放出来，更加关注学生的个人需要与个体成长，是培养职教师资转型升级的重要方法。①

（2）价值。① 变革学习方式，促进学习多样。第一，跨学科学习。人类学习有情绪、意愿和背景，机器学习则不受此束缚。使用人工智能大数据、VR 技术、混合学习模式，可分析每个学生的学习特质，制订个性化的跨学科学习方案，辅助跨学科学习。第二，深度学习。不断学习，不停刷题，跨学科学习，利用自媒体、融媒体技术特点，实现文字、图片、声音、视频同步学习，提高学习效果。第三，增强学习。在学习中建立交互模式，实现教师之间、师生之间无障碍交互，帮助学生扎实掌握学习细节，深度理解学习过程。第四，终身学习。职教师资需要终身学习，构建学习型社会。在学习中实现举一反三、融会贯通，让学习效果高效展现，起到事半功倍的作用。

② 变革教学方式，促进教育公平。第一，"智能+"促进教学方式变革。联合国教科文组织的移动学习周，就是技术在教学中进行广泛推广应用的一个信号，有利于缓解"工学矛盾"问题。第二，"智能+"促进教育公平。资源公平共享，每个人都有接受教育和享有信息技术、人工智能的权利。人工智能成为赋能教育教学、助推教师高质量发展的新动能，有利于增强职教师资的核心竞争力。人工智能在解决我国边远地区缺师少教方面具有广阔的应用前景，实现薄弱地区和名校优质教育资源的零距离对接，产生代际传动，影响深远。如云南省"墨韵智能·书法进校园助力项目"在昆明市盘龙小学正式启动，运用"人工智能+书法教育"模式，为书法教育增添科技含量，在云南省千余所中小学普及。②

---

① 陈卫东，褚乐阳，杨丽，等.4D 打印技术及其教育应用展望——兼论与"人工智能+教育"的融合 [J]. 远程教育杂志，2018（01）：35.

② 人工智能助力书法教育 [N]. 科技日报，2019 – 04 – 11.

③ 变革教学模式，促进地位提升。第一，"智能+"减少教师劳动，为教师新型信息技术能力的培养提供了更多选择。如小型的智能化管理软件，可减少工作量，甚至可由机器人帮忙管理，或用机器人代替教师上课。第二，"智能+"提升教师地位。教师更加关注学生挑战现状、解决问题和个性体验的能力，较少关注参照统一标准参加考试的成绩，教师成为缺点转化师、综合评价师、实践动议师、心灵按摩师、智能协作师。

（3）问题分析。①"智能+"给教师学习带来的问题。第一，教师自身学习。教师必须改造自己的学习，使自己的学习适应学生学习的需要。未来教师知识权力者的角色一定会被互联网与人工智能所取代，先建立教师的职业信心，再谈学习可能，是教师学习上的一个新思路。"智能+"的发展一定会进一步改造教师的学习，教师转变为学习过程的设计者、学习活动的导引者、学习问题的解决者；教师变为学生学习的陪伴者、督促者，培养学生的核心素养和关键能力，关注学生的灵魂与精神成长。教师的教育价值定位在育人，教师的思想、人格、文化和艺术方面的修养对学生的影响是机器不能替代的。第二，入职教师学习。入职教师很重要的学习就是反思，在实践中反思，在理性的层面上反思。学习个体知识、背景知识、教学知识、社会知识。教师学习是为了影响学生的发展，因此要通过学习改善教师自身表现，发展基于知识、研究和社会技能的教师学习。培养人机结合的思维方式，教师先行发展，关注教育环境，树立文化自觉，培养学生素养。第三，学习伦理问题。需要设立专门委员会或专家组，开展人工智能伦理道德规范研究，为政府提供决策咨询。欧盟委员会2019年4月8日发布人工智能伦理准则，目的是为了提升人们对人工智能产业的信任。①

② 职教师资培养中现存的问题。需求分析手段过于传统，方案设置针对性不强。培养模式单一，对象性思维严重，偏重教学技能，教师多样

---

① 欧盟发布人工智能伦理准则［N］. 人民日报，2019-04-11.

化、个性化发展难以满足。学员只关注个人的学习进度与成果，忽视相互之间的参照作用。信息化管理相对孤立，不利于教师教育的一体化建设，不注重个性品质、能力培养、知识传授等。项目评估模式简单，忽视教师培养的内涵式发展，深层学习与基础学习相混淆。项目分配趋于"中心化"，不利于教师培养的协同与特色发展。

2. "智能+"背景下职教师资培养策略

通过认知创新、理念创新、格局创新、体系创新、实践创新、路径创新、生态创新，促进职教师资培养平等收益。教育应主动适应新时代要求，提前筹谋、抓紧行动，做好应对人工智能带来的对师资队伍建设的强烈冲击，做好"智能+"模式下的职教师资培养的建、用、管。

（1）建：构建"智能+"职教师资创新体系。① 理念创新培养。第一，教育行政主管部门应适时转变培养理念、完善培养制度，实施科教兴国、人才强国战略。推动教学方式、管理模式创新，完善以学习者为中心的智能化教学环境，实现规模化教育和个性化培养的有机结合。第二，培养职教师资的智能人格。智能人格是指教师在教学中表现出的整体综合能力，是必备本领。教师自身应努力提高信息化素养，增强培养智能人格的积极性。第三，未来人工智能不会取代教师，但是会使用人工智能的教师会取代不会使用人工智能的教师。教师应当掌握评估方式，具有独特的智慧和特质，向专家型教师转型。追踪学生的成长发展，形成相关知识，找到正确的实践方式，人工智能便会让职教教师在未来的教学中拥有更多的机会。

② 技术创新培养。第一，大数据体系助力创新。数据日益成为一种新的资本，数据将成为未来教育最重要的资产。构建基于大数据分析的O2O教师培养模式，充分了解学员需求，打破传统培养模式的单一性，搭建网络学习共同体，更具针对性地进行培养。基于大数据的教师移动培养课程设计模式，挖掘隐形培养需求，助力教师全面培养。构建以大数据为支撑的培养评价指标体系，搭建与大数据相适应的采集平台，提供与大数

据相适应的保障与支持。在大数据的推动下,师资培养可通过互联网来搭建一个权威性的数字化培养认证平台。通过教师行为数据分析发现教师在专业发展上的隐形需求,通过教师面临的问题数据分析教师在专业发展上的显性需求,通过对问题与解决方案的数据进行精准分析,来满足教师需求,移动终端将成为连接教师专业发展需求与培养课程的重要载体。第二,信息资源体系助力创新。信息技术与教育教学深度融合,创新教育模式和教育方法,注重教师信息技术素养的提升,形成教学特色和教学风格。提升信息素养,构建人工智能教育生态圈。推广智能学伴、虚拟教师,智能语音识别和读屏软件助力听障、视障学生。以学习者为中心实现个性化学习,构建智能化校园,全面提升学习服务水平。

③ 培训创新培养。第一,在教师队伍培养的选拔中,要遴选政治素质过硬、业务素质精湛、育人水平高超、组织协调能力强的优秀教师,充分发挥示范引领作用。设立首席教师岗位,开设生涯讲座,分享职业经验和人生感悟。第二,专家教师可以与被培训教师通过多种方式进行无障碍沟通。共同学习生涯教育的相关知识,不断改进生涯教育方面的技能,使每位被培训教师都能成为具有生涯教育意识和能力的新型教师,取得多类职业技能等级证书。推动实现中职院校贯通、普职融通,扎实落实职业院校扩招 100 万的政策。第三,研究职业院校师资培养的成长规律、实践环境及逻辑路径等,分析并提取职业院校师资培养体系的核心要素,架构相应的理论框架。如,信息层:教师信息与阶段性生成信息的收集;知识层:教师培养内容的聚类与主体匹配;策略层:项目实施方案的确定与任务分配;行为层:教师需求问题的解决与体验反馈。

(2) 用:构建"智能+"职教师资实践体系。① 教研室实践培养。第一,基于"培养项目为培育职业院校师资提供了实践环境"这一基本假设,设计职业院校师资培养的实践模型。依托培养项目既有的实践模型,与校企合作实训企业深度合作,成立职业院校师资培养教研室。引导职业技能标准,规范技能鉴定评价,开展职业技能竞赛。从学习知识到培养能力，课堂教学要注重培养学生的兴趣和好奇心，营造创造力和创新力，注重个体差异，用已有的知识解决未知的问题。第二，人工智能工程技术人员产生了15个新职业，分别为：人工智能工程技术人员、物联网工程技术人员、大数据工程技术人员、云计算工程技术人员、建筑信息模型技术员、电子竞技运营师、电子竞技员、无人机驾驶员、数字化管理师、农业经理人、工业机器人系统维护员、物联网安装调试员、城市轨道交通线路工、城市轨道交通列车检修工等。① 针对这15个新职业，在师资培养时有所倾斜。第三，有些学校则成立了人工智能学院、大数据与人工智能学院。学校有师资与技术储备，有人工智能交互平台、人工智能创新实验室，为教学、科研及实验室建设提供了强有力的支撑。课程紧贴产业实际，很接地气。教师均为"双师型"教师，有企业工作经验，了解行业最新动态和企业最新需求。可以培养学生的职业素养与工程能力，实现产教融合。搭建企业真实项目的开发场景，透过浸入式企业环境，在校期间就可以培养学生的职业素养和工程能力。实现人才培养、科技创新、社会服务三位一体的协同育人。

② 技术实践培养。第一，进行学情监测和教学干预，提升教学精准度，提供个性化教学服务，实现因材施教。可使用目标嵌入、功能嵌入、流程嵌入、系统嵌入、时空嵌入、能力嵌入、情感嵌入以及协同嵌入等各种技术手段。语音识别技术，使教育管理者可以从大数据中获得全方位的信息；人脸识别技术，将学生们的校园活动、课堂表现录入数据系统，人工智能给教育带来了新的可能。第二，从"以教定学"发展为"以学定教"，从知识本位发展为素养本位（创造性思维、批判性思维、信息处理能力、沟通交流能力）。通过构建职业院校师资培养体系的质量控制机制，使职业院校成为师资培养的主体，通过政府部门提供政策便利，行业协会提供实训信息和渠道，企业提供实训、实习岗位，促进"智能+"时代教

---

① 人工智能工程技术人员等15个新职业拟发布［N］.工人日报，2019-01-27.

师教育创新。第三,"智能+"技术为促进教育公平、提高教育质量带来了新的可能。教学机器人,直接应用于教学,代替教师辅导,被培养教师用以提升其学习绩效。推出了辅助语言学习,如音频、视频学习材料,APP 小程序等。辅助特殊残障群体,通过应用技术来弥补人的某些能力缺陷。我国利用技术治疗职教师资的自闭症、抑郁症的方法,已出现了成功案例,为推动改善民生、减少不平等、促进公平和包容等提供了保障。

③ 工匠实践培养。第一,工匠精神的培育。从社会视角、企业视角、院校视角、学生视角、文化视角等对"如何培育工匠师资"进行思考,多维度推进师资培养实践。从"现代学徒制下教师培养方案修订""现代学徒制课程体系构建""实境育人环境创设"等方面,进行工匠型职业院校师资的创新实践。多层次提炼培育文化,从"教学文化""科研文化""品德文化"等多层面弘扬师资培育文化。第二,提升教育教学治理体系和治理能力的现代化水平。建设现代化的智能教室,提升智能环境下教师教学诊断和精准教研的能力,开展人工智能与教育融合创新发展的实践探索,引领智能时代教育变革。实现学生综合素质的精准评价,建立智慧教室,为师生构建在线学习和社交空间,形成"校校用平台,班班用资源,人人用空间"的良好局面。

④ 培训实践培养。纵向建构的自上而下的职教师资培养,通常包括国家级培养、省级培养、市区级培养、校级培养等。培养模式有校本培养模式、集体培养模式、网络培养模式等。职教师资培养支持系统,包括政府与职业院校的资金保障系统、培养承办单位的师资培养系统及科学管理团队系统、社会的后勤保障系统。应打造人工智能时代的人才矩阵,形成基础能力人才、源头创新人才、产业研发人才、应用开发人才、实用技能人才,实现人才与产业链的无缝接轨。采用企业工作模式管理,实训环节采用项目管理机制。教育需要培养同理心、创造性思维和人类合作意识,才能凝聚共识、深化合作、扩大共享。

(3) 管:构建"智能+"职教师资管理体系。① 平台赋能管理培养。

第一，工业互联网平台。结合教师自评与专家复评的工业互联网平台，使"智能+"效用评估工作形成常态化、标准化的工作机制，创建网上投诉机制，防止人工非智能的出现。针对新技术带来的新问题，尽快完善法律法规，做到有法可依，提升执法效率。采取成本补偿，辅之以宣传、表彰和奖励等措施，给教师摸得着的政策红利，增加教师岗位吸引力。第二，软件平台。在职教师资培养中，使用问卷星、蓝墨云班课、课堂派、雨课堂、微信、QQ等软件时，收集要授权，使用需分级，存储应保护，追责当有力，需要不断加强网络信息的安全，防止智能犯罪。精准化全面收集培养数据，掌握培养动态，直观了解培养效果，努力实现个性化方案制订、扁平化信息互动、多元化活动评价、跨界式融合创新。教育改革创新将注入人机协同、共创分享的新动力，教育科学研究将进入交叉融合、集智创新的新阶段，教育发展目标将聚焦更加公平、更有质量的新标准，教育治理体系将面临社会伦理、数据安全的新挑战。

②教学反馈管理培养。第一，优化能力评价方式，教师岗位能力评价要常规化。教育属于关怀型专业，课程、教法、评价、管理要一起改革并逐步推向深入。教师学习更加投入，由非情境性转为情境性，由学院式转入现场式，更加强调情境对于学习的作用。把教师的学习转化到教学实践中去，使其真正促进学生的学习质量提升，形成培养教师实践与创新能力的长效机制。面授更适合离培养地点较近且时间充裕的学员，网授更适合离培养地点较远或只有零散时间的学员，网面结合更适合离培养地点较近但时间紧张的学员。第二，建立完善有效的激励机制。让引进来的职教师资进得来、留得下、用得好，超前识变、积极应变、主动求变，培养职教师资的高尚灵魂，培养职教师资的职业理念、职业价值观、人文素质。第三，完善职业教育制度体系，积极鼓励企业和社会力量兴办职业教育。进行理论创新与实践探索，分析发展经验和创新成果，以此来实现全纳、公平、可持续的优质教育，实现全人类的共同利益。任何技术革命都会带来可预见的、新的不平等，因此特别提醒人们，人工智能时代的数据使用应该更加谨慎。

第四章 适合的职业教育教师队伍的培养途径

一、适合的职业教育教师队伍的培训途径

不可否认,近年来教师培训已成为一个社会共识,并取得了显著的成效。然而,审视目前我国职业院校教师培训的现状,问题丛生。吕倩娜(2010)指出,职业院校教师培训体系中存在的问题主要为:培训前,缺乏科学完善的培训计划;培训中,培训内容、培训形式、培训师资、培训方法的选择忽视职业教育特性;培训后,对培训结果的测定和反馈不甚科学,对培训效果的转化不重视。① 向燕子(2007)认为,职业院校教师培训体系存在的问题主要为培训需求分析有误区,培训目标定位不明确,培训内容、培训方式与手段落后于教师知识更新,培训效果评估流于形式,培训激励与约束机制尚未形成等。②

当然,很多学者也针对目前职业院校师资培训存在的问题提出了自己的看法。向燕子(2007)提出树立"职业院校自主组织培训,政府宏观调控"的理念,通过改善资源配置,拓宽培训渠道,开展"产学研"相结合的师资培训,完善培训效果评估机制,以及以校本培训为重点,构建多种形式的培训费用运行机制等途径来改善教师培训体系。周明星、焦燕灵(2003)在对职业院校教师校本培训现状反思的基础上,提出职业院校

---

① 吕倩娜. 高职院校教师培训状况的调查——以北京市为例 [J]. 中国成人教育, 2010 (09): 98-100.
② 向燕子. 高职院校师资培训问题研究 [J]. 长沙铁道学院学报(社会科学版), 2007 (04): 216-217.

教师校本教育立足于本校、教师本人、本专业的"三本"教师教育模式，教学内容注重以教师为本、以能力为本、以发展为本，教育管理上要形成支持性环境，注重过程性评价。①

自 2010 年《国家中长期教育改革和发展规划纲要（2010—2020 年）》中提出，提升职业教育的吸引力关键在于高水平的师资队伍建设后，职业院校都将重视教师培训，增强培训效果，将教师培训管理的规范性、系统性作为学校可持续发展的重要途径。

（一）教师培训的有效性

"十三五"以来职业院校教师培训受到了高度重视并取得了长足发展，教师培训已经成为职业院校教师专业成长的"助推器""加油站"，但在培训前的准备、培训中的实施和培训后的评估等各个阶段、各个方面，也暴露出一些问题和不足，从不同程度上降低了职业院校教师培训的有效性。

1. 职业院校教师培训的问题及原因

（1）培训前的论证缺乏科学性。① 需求调研形式化。职业院校教师培训在规划设计过程中，教育行政管理部门和培训基地往往仅从自身出发，忽略了职业院校教师的特点与需求，制订的培训计划不能够满足职业院校和教师的现实需要，不能够深入专业教学的要求，漠视职业教育改革发展不同阶段以及一线教师所面临的各种困惑，培训的针对性不强。近年来，虽然一些培训基地也提出了开展培训需求调研，但并没有真正准确识别职业院校和教师的培训需求，没有把需求分析与课程设计有机结合起来，"需求归需求，计划归计划"，需求分析没有成为培训计划生成的基础环节。②

---

① 周明星，焦燕灵. 高职院校教师培训反思与校本教育构建［J］. 职业技术教育，2003（19）：47-49.

② 叶绪江，桑学成. 增强干部教育培训的统筹性、针对性、实效性［J］. 江苏行政学院学报，2011（11）：88.

② 课程设计僵硬化。我国长期以来推行自上而下的培训体制，职业院校教师培训的内容、方式都是统一划定的，培训基地的任务就是落实、完成这些培训计划。这种模式在学历补偿教育向终身教育转型的特定历史时期发挥了重要作用，体现了培训的权威性，扩大了培训的影响力，但这种模式过于以自我为中心，设计开发的课程大多按照教育行政管理部门的要求，包含了职业教育理论与教学方法、专业知识与技能训练、企业实践活动等固定模块的标准化课程体系，这些课程内容不能适应地方区域经济发展和职业院校教师的现状，不能激发职业院校教师主动要求培训的意识。

（2）培训中的管理效能低。① 主体参与意识不强。教师培训受功利化影响，部分职业院校教师不是为了提高教学水平和实践技能去参加培训，而是迫于职称评审、职务晋升的需要；培训内容偏离教师实际，脱离职业院校教师的专业环境与教学实践；培训者把培训看成是培训者向受训者传授知识的单向活动，培训者和受训者之间缺乏心灵上真诚、有效的沟通和互动。教师参与培训的内在动力不强，培训学习的积极性、主动性不高。

② 内容动态生成不足。职业院校教师培训大多采用的是计划预设、内容固定、方式单一的模式，旨在培训"有效能的教师"。[①] 在培训过程中，培训者缺乏依靠行业指导、企业参与的课程开发意识，缺乏根据受训者的经历和需求动态调整培训内容的能力；未能对教学过程中动态形成的课程内容加以发掘和利用，未能对受训者瞬间形成的问题、质疑和困惑进行唤醒与引导。这种期望通过固定不变的预设内容进行理论学习和技能训练，提高受训者的知识、能力和态度来变革职业教育实践的目的，是不现实的。

（3）培训后的评价不全面。科学的评价对于职业院校教师培训工作和

---

① 曲中林. 教师培训中的"过度"与"不足"[J]. 教育理论与实践，2010（11）：08.

教师的专业发展具有极为重要的促进与导向作用,但目前职业院校教师培训评价还存在诸多问题。

① 绩效评估不全。职业院校教师培训偏重于对受训者个体的评价而忽视对培训工作本身的评价。对受训者的评价主要包括出勤率、教案、论文、企业实践报告、实训作品等基本内容;而对教师培训工作本身的评价主要通过调查问卷或网上反馈等形式,让受训者就培训内容、师资水平、后勤服务等方面内容进行满意度反馈,缺乏专业评估机构对职业院校教师培训工作各个环节的评价。

② 跟踪支持不够。教师专业发展是一个长期而漫长的过程,教师培训成果的转化又有一定的滞后性,因此教师培训评价更要重视受训者培训后的追踪性评价。目前对受训者的评价大多为培训期间的过程性评价与培训结束后的终结性评价,缺少对受训者回岗后改进教学实践方面的跟踪服务与支持。

2. 职业院校教师培训有效性的内涵及特点

(1) 内涵。关于什么是有效性,学术界有不同的理解和解释。"效"有多种含义,如效力、效能、效果、效率、效益等。有效性有三重含义:有效果、有效率、有效益。本文提出的"有效性"主要指效果,即通过有效的培训准备、培训实施和培训评估,让职业院校教师加深专业理解、增强职业能力、提升实践智慧,切实感受到培训的效用,促进职业院校教师学习和发展。具体来说,职业院校教师培训的有效性就是通过培训,使受训者能够理论联系实际,将所学理论知识和实践技能消化、理解、融会贯通,内化为解决职业教育教学中的需求、困惑等实际问题的能力,最终促进职业院校学生的发展。

(2) 特点。① 目标的达成度,指受训者通过培训活动获得的成果与预期目标的吻合程度。有效的教师培训要求在需求分析的基础上,根据受训者的知识水平和能力结构,制定具有整体性、差异性、层次性、可操作性、可测量性的目标,使受训者都能在各自的知识、能力起点上获得发展，实现预期目标。

② 内容的关联度，指培训内容与职业院校教学实际的关联程度。有效的教师培训要求培训内容与职业院校教师所从事的教学工作密切相关，与职业工作过程紧密结合，能提供解决问题的具体方法或操作思路。

③ 主体的参与度，指受训者在整个培训过程中所体现的投入程度。有效的教师培训要求受训者主动参与培训活动的决策，包括在培训活动的设计和实施中有更多的发言权；同时要求培训者根据受训者的工作经历、学习经验采用适合的培训方式，构建平等、合作、共享的教师培训文化氛围，使教师积极主动地参与到培训活动中。

④ 工作的改进度，指培训前和培训后职业院校教师行为的变化程度。有效的教师培训能够在具体工作和实际行动中应用，改进实际工作的绩效，使受训者的教育观念得到更新，教学行为得到优化，教育智慧得到提升。

3. 提升职业院校教师培训的有效性

（1）建立职业院校教师培训标准，引领教师培训方向。标准是质量的保证，是资格的底线，是工作的准绳。[①] 建立职业院校教师培训标准的本质是提高教师培训的有效性，促进教师发展。职业院校教师培训标准应包含三方面的内容：专业知识培训标准、专业技能培训标准以及专业教学培训标准。[②] 因此，教育行政管理部门、培训基地和培训者要根据职业院校教师的专业成长规律、发展需求和培训标准，建立多层次的、规范化的课程体系，使所有教师都能够通过系统化的、多层级的培训，不断更新知识、拓展技能、提高能力，获得可持续的职业发展。

（2）注重职业院校教师培训需求分析，激发教师主动学习。培训需求分析是指在设计与规划培训活动之前，由受训者、职业院校、培训基地、

---

① 胡娇，王晓平. 教师培训的偏误和匡正——对基础教育课程改革十年教师培训的反思[J]. 教育导刊，2012（06）：62.
② 杨延. 创建职教师资职业发展的螺旋式通道[J]. 职业技术教育，2009（22）：56.

教育行政主管部门等组成的多级分析主体，通过采用各种方法与技术，在目标、知识、技能和态度等方面对受训者的需求进行系统的鉴别与分析，为确立培训内容、合理安排培训时间、制定最有效的培训战略与方式方法，提供科学的依据。①

满足教师的内在需求可使教师产生参加培训的原动力，激发教师主动学习的动机。因此，在培训项目实施之前，培训基地应组织培训项目团队的教师和管理者深入职业院校，通过课堂观察、教师访谈、问卷调查、档案分析、案例研究等方式，从教师教学实际需要、企业技术变化及教师岗位要求等方面出发，分析教师现有知识、技能等方面的不足，发掘职业院校教师培训的显在和潜在需求，引导教师主动参与培训设计。在此基础上，确定教师培训项目的基本要求，再把这些项目内容组织化、系统化，形成相应的培训方案。② 在培训实施过程中，根据受训者培训的现场反应，及时动态调整培训内容与培训方式，充分调动教师学习的主动性、积极性，使教师真正成为学习的主体，使培训活动成为教师主动参与、积极体验、独立感悟和深刻反思的学习历程，达成教师增长知识、提高技能、改变行为、提升能力和转变态度的目的。

（3）适应职业院校教师学习特点，采取多元化的培训方式。教师学习是一种问题性学习，注重对问题的解决，其学习重点应该放在解决职业教育教学实际问题和应用上；教师学习是以"自我"为导向的学习，不是简单地接受培训者的观点和行为，而是用批判审视的眼光来看待教师的观点和培训的内容，在反思的基础上，建构和完善自身的知识结构；教师学习是基于情境的学习，注重在现场教学情境和企业环境中参与、体验、感悟和反思，提升自身的专业能力和实践技能；教师学习是"交往互动式"的学习，他们愿意利用各种机会，通过相互之间的交往、合作和交流进行学习。

---

① 赵德成，梁永正. 教师培训需求分析 [M]. 北京：北京师范大学出版社，2012：10.
② 章云珠. 基于教师视角的校本培训实效性的思考 [J]. 教育探索，2009（11）：103.

职业院校教师培训要适应教师学习的特点,灵活采用多种培训方式:① 提倡嵌入式培训,根据职业院校教师成长的阶段性需要或课程实施的需求,对教师进行分类、分层培训,帮助教师更新职业教育理念、提升专业技能、拓展工作思路,不断突破专业发展"瓶颈",增强教学能力和实践能力。② 引入游历式培训,组织教师考察相关职业院校,亲历优秀教师的教学现场,目睹名师的教学风采,观摩教学活动,近距离与专家进行互动交流,引发自我实践反思和深入探索。① ③ 采取"双轨制"培训,利用职业院校和企业两种不同的教育环境和教育资源,采用主题研修和岗位实践有机结合的形式②,由职业院校和企业提供培训"菜单",职业院校教师根据自身需求,自主选择培训机构和培训内容。④ 做好校本培训,与职业院校和企业建立伙伴关系,大学教授、企业导师与职业院校教师合作开展职业教育教学行动研究,形成以职业教育教学课例为载体的"三个阶段、两次反思、行为跟进"③的行动教育,发挥学科专家和企业导师的专业引领作用。

(4) 创设合作、对话、共享的教师培训文化,营造和谐的学习氛围。彼德·圣吉指出,在学习型组织里,知识是个人和组织的联结点,学习和工作融为一体,浓烈的学习气氛弥漫于群体组织中,成员自觉参与学习活动并相互学习。④ 职业院校教师在知识结构、专业技能、智慧水平、思维方式、学习风格等方面,存在重大差异,这些差异都是教师培训宝贵的学习资源。在培训过程中,受训者通过交流对话、互动研讨、教学观摩、案例分析、合作共享、角色扮演等方式,相互启发、共同提升。因此,培训

---

① 康淑敏,李保强,马秀峰,等.互助协同发展:中学教师专业发展的有效途径[J].教育研究,2011 (11):78.

② 彭明成,庄西真.职业院校教师"双轨制"培训模式研究[J].中国职业技术教育,2012 (33):61.

③ 顾泠沅,王洁.教师在教育行动中成长——以课例为载体的教师教育模式研究(上)[J].课程·教材·教法,2003 (01):9-15.

④ 胡相峰.专业化背景下教师学习的特点论略[J].教育评论,2005 (06):54.

基地和培训者要努力为职业院校教师们的经验交流、知识共享和合作学习创设情境、搭建平台，形成合作、对话、共享的教师培训文化。如采用主题论坛、主题沙龙等形式，让教师围绕职业教育教学改革、课程开发、技能竞赛、心理健康教育等开展专题交流研讨；或者采用情境教学，把培训课程直接嵌入职业院校的课堂中去，就职业教育教学的现场进行观摩和点评；或者采用任务驱动的小组合作学习形式，让组内教师充分展示自身能力，相互合作，共同完成一个实践项目或作品。①

（5）加强对培训者的培训，促进教师培训的可持续发展。优秀的培训教师是有效培训的重要保障。提到职业院校教师素质，就对培训者提出了更高的要求。培训者不仅仅是知识的传播者，更应该是广大职业院校教师的咨询者、合作者和指导者。其具体角色应该是整个培训项目的计划者与管理者，培训内容的开发者与咨询者，专业技能的示范者与指导者，培训活动的组织者与实施者，培训成果的评判者与促进者。因此，教育行政管理部门和培训基地要不断进行制度创新，通过选拔、培养、考核和评估等形式，给培训者创造更多的开阔眼界、更新知识、提高技能、提升业务水平的机会，组织培训者多参加"参与式""体验式"的高端培训项目，让他们亲身体验和感受新的培训理念和方法，深入思考职业院校教师培训的规律与要求，不断创新职业院校教师培训模式。

（6）延伸培训后的跟踪与支持，促进教师培训成果的有效转化。国内外大量的研究已经充分表明，培训并不是解决所有问题的万能良药，特别是短期的集中培训，其单独的作用和效果是十分有限的，对于受训者回到工作岗位后的持续支持与各种形式的指导与帮助②，是提高培训有效性的管用途径。因此，教育行政管理部门要制定培训后的跟踪与支持保障制度，促进职业院校教师培训成果的有效转化。一是培训基地要根据职业院

---

① 王兴无. 基于教师经验的教师职务培训探索［J］. 中小学教师培训，2007（11）：10.
② 梁林梅，叶涛. 从培训向绩效技术的转变——提高教师培训绩效的新思路［J］. 中国电化教育，2003（12）：28.

校教师参加培训的考核评估情况,指定相关学科专家或企业导师定期深入职业院校教师的课堂教学中去,通过课堂观察和学生的反馈情况,对其教学实践进行现场指导,以便不断巩固培训成果,优化教学行为,促进学生教师共同发展。二是职业院校要为教师应用培训过程提供必要的时间保证和资源支持,为教师培训成果的转化创造良好的环境。

总体概括为:① 重视顶层设计,引导教师主动规划职业生涯。完善的校本培训制度既是教师专业成长的保障,也将成为引领教师主动自我发展的标杆。学校把教师队伍建设纳入学校"十三五"发展规划,遵循教师专业成长规律,建立完善了多层面、多维度的校本培训方案,并将这些逐步体系化和制度化。同时成立"教师发展中心",全面负责教师专业成长考核,通过绩效考核制度将刚性管理与柔性管理相结合,引导教师主动规划职业生涯,激励教师自主追求专业发展。② 注重团队协同发展,构建多维培训体系。团队协同发展就本质而言是一种基于资源整合的共同发展,主要分为两类:"师带徒"形式的团队帮扶性发展,以项目为载体的团队互补性发展。一是纵向梯队式培养。按教师职业生涯的时间线建立分层培训机制,帮助教师阶梯定位,实现层级培养。二是横向专项培训。按教师成长的空间线建立多样化培训机制,注重教师专项培训,提升教师综合素养。③ 坚持校企合作。将双师素养养成融入日常教学生活。学校围绕"专业建设、人才培养方案、课程体系架构、课程开发与教材编写"等工作,组建由企业专家、校内专业教师共同参与的校企联合教学团队。

(二)"职业教育科研方法与项目申报"培训班

科研能力是指研究者在开展科学研究活动时,运用科学的方法探究事物本质和规律过程中所表现出的专业能力。[①] 科研能力对职业院校的课堂教学质量、教师专业化以及教师的长远发展,都有提高作用。截至2016

---

① 王进思,汪文敏. 产教深度融合与高职科研能力建设 [J]. 中国高校科技,2014 (08):43.

年，我国有职业院校（专科）1 359 所，职业院校（专科）生师比17.73∶1，专科在校生 2 695.84 万人，折算后专科师资约为 152.05 万人。[①] 江苏省有职业高专院校 90 所，独立学院 25 所，成人职业院校 8 所。[②] 如何把职业院校教师的科研培训工作做好，提升其科研能力，值得培训机构仔细斟酌。培训项目"职业教育科研方法与项目申报"（以下简称"教科研项目"）自 2013 年开办，至今已有 7 年，2017 年获评江苏省职业院校教师省级培训重点培育项目。笔者作为教科研项目承办单位的具体负责人，对此项目进行了长期跟踪。

1. 教科研项目参训教师概况

在江苏省职业教育教师培训中心（以下简称"省培中心"）网站（网址：www.spzx.jstu.edu.cn），登录网络管理系统，进入项目管理、培训班管理，下载报名情况、班级详情，整理得到七年的培训数据，着重分析了参训教师的情况。

（1）参训教师基本信息。

表 4-1　参训教师数量

项目	开班天数/天	开班时段	计划数/人	系统导出数/人	男/人	女/人
2013S15	11	2013.07.15—2013.07.25	41	32	16	16
2014S19	10	2014.07.01—2014.07.10	47	40	15	25
2015S13	11	2015.07.15—2015.07.25	45	42	11	31
2016S44	7	2016.07.15—2016.07.22	50	46	18	28
2017S37	7	2017.07.09—2017.07.16	50	50	14	36
2018S44	7	2018.07.08—2018.07.15	50	50	18	32

---

① 中华人民共和国教育部.2016 年全国教育事业发展统计公报［EB/OL］.http：//www.moe.edu.cn/jyb_sjzl/sjzl_fztjgb/201707/t20170710_309042.html.

② 江苏省教育厅.江苏省普通学校名单［EB/OL］.http：//www.ec.js.edu.cn/art/2017/6/6/art_4560_55516.html.

续表

项目	开班天数/天	开班时段	计划数/人	系统导出数/人	男/人	女/人
2019S32	7	2019.07.25—2019.08.01	51	51	17	34
合计	60	—	334	311	109	202

注：所有参训学员均为汉族。

表 4-2　参训教师职称

项目	初级/人	中级/人	副高级/人	正高级/人	其他/人	合计/人	占比/%
2013S15	2	21	8	1	0	32	10.29
2014S19	2	23	13	1	1	40	12.86
2015S13	9	25	6	1	1	42	13.50
2016S44	7	27	7	2	3	46	14.79
2017S37	10	37	3	0	0	50	16.08
2018S44	13	28	4	0	5	50	16.08
2019S32	9	28	4	0	10	51	16.40
合计	52	189	45	5	20	311	100
占比/%	16.72	60.77	14.47	1.61	6.43	100	—

注：实验师系列：助理实验师（初）、实验师（中）、高级实验师（副高），未设正高。工程师系列：助理工程师（初）、工程师（中）、高级工程师（副高）、研究员级工程师（正高）。

表 4-3　参训教师职务

项目	干事/人	科员/人	副处/人	正处/人	辅导员/人	教研室主任/人	教研室副主任/人	教务/人	专职教师/人	合计/人
2013S15	0	0	1	3	0	5	2	0	21	32
2014S19	0	0	0	0	0	13	2	0	25	40
2015S13	0	2	0	0	0	8	0	0	32	42

续表

项目	干事/人	科员/人	副处/人	正处/人	辅导员/人	教研室主任/人	教研室副主任/人	教务/人	专职教师/人	合计/人
2016S44	2	10	3	0	0	3	1	0	27	46
2017S37	1	4	1	0	1	2	3	1	37	50
2018S44	2	5	1	0	3	2	0	1	36	50
2019S32	0	1	2	0	2	3	2	0	41	51
合计	5	22	8	3	6	36	10	2	219	311
占比/%	1.61	7.07	2.57	0.96	1.93	11.58	3.22	0.64	70.42	100

表4-4 参训教师年龄

项目	平均出生/年	平均年龄/岁	1960—1969/人	1970—1979/人	1980—1989/人	1990—2000/人	后四列合计/人
2013S15	1976.31	41.69	6	12	14	0	32
2014S19	1977.13	39.87	2	22	16	0	40
2015S13	1979.95	37.05	2	13	26	1	42
2016S44	1980.48	36.52	1	18	26	1	46
2017S37	1981.92	35.08	0	11	36	3	50
2018S44	1983.74	35.26	1	8	33	8	50
2019S32	1982.84	36.16	4	6	32	9	51
合计	1981.94	37.06	16	90	183	22	311
占比/%			5.14	28.94	58.85	7.07	100

由表4-1可知，女学员人数为男学员的1.85倍，参训女教师人数更多。由表4-2可知，参训教师中，以中级职称居多，占六成多；职业院校称教师多为追求更高的科研境界来充电提高，为提高职称而来。由表4-3可知，专职教师占多数，管理岗位人员占少数。由表4-4可知，参训教师平均出生年份呈现越来越晚的情况，这与近几年职业院校青年教师聘任增

多有关。总体上以 20 世纪 80 年代出生的教师居多，70 年代出生的次之，90 年代出生的再次之，60 年代出生的最少。

（2）参训教师工作学校所属城市及地区。

表 4-5　参训教师工作学校所属城市

序号	城市	2013S15 /人	2014S19 /人	2015S13 /人	2016S44 /人	2017S37 /人	2018S44 /人	2019S32 /人	合计 /人	占比 /%
1	南京市	3	8	2	10	8	10	8	49	15.76
2	镇江市	2	0	0	0	0	2	1	5	1.61
3	常州市	2	6	4	6	4	7	7	36	11.58
4	无锡市	4	4	6	4	4	7	9	38	12.22
5	苏州市	10	8	7	8	14	13	5	65	20.89
6	南通市	0	2	1	2	4	1	2	12	3.86
7	泰州市	0	4	4	2	2	0	3	15	4.82
8	扬州市	0	1	1	5	1	1	2	11	3.54
9	盐城市	0	0	2	1	2	0	3	8	2.57
10	淮安市	6	4	9	4	4	4	2	33	10.61
11	宿迁市	0	0	0	0	0	2	2	4	1.29
12	连云港市	0	0	3	3	4	1	2	13	4.18
13	徐州市	5	3	3	1	3	2	5	22	7.07
合计		32	40	42	46	50	50	51	311	100
占比/%		10.29	12.86	13.50	14.79	16.08	16.08	16.40	100	

表 4-6　参训教师工作学校所属地区

项目	苏南/人	苏中/人	苏北/人	合计/人
2013S15	21	0	11	32
2014S19	26	7	7	40
2015S13	19	6	17	42
2016S44	28	9	9	46
2017S37	30	7	13	50
2018S44	40	2	8	50

续表

项目	苏南/人	苏中/人	苏北/人	合计/人
2019S32	30	6	15	51
合计	194	37	80	311
占比/%	62.38	11.90	25.72	100

注：根据江苏省行政区划，苏南：南京市、镇江市、常州市、无锡市、苏州市；苏中：扬州市、泰州市、南通市；苏北：淮安市、盐城市、宿迁市、连云港市、徐州市。

由表4-5可知，参加培训的教师人数，从多到少，依次为苏州市、南京市、无锡市、常州市、淮安市、徐州市、泰州市、连云港市、南通市、扬州市、盐城市、镇江市、宿迁市。宿迁市有五年没有派出教师参加此项目，镇江市有四年没有派出教师参加此项目。经济越发达的城市，越重视培训。由表4-6可知，苏南参训教师人数最多，是苏北的两倍多，是苏中的五倍多。

（3）参训教师最高学历、学位及学位授予单位类别。

表4-7 参训教师最高学历

项目	本科/人	硕士/人	博士/人	合计/人
2013S15	16	15	1	32
2014S19	16	22	2	40
2015S13	22	17	3	42
2016S44	23	22	1	46
2017S37	24	25	1	50
2018S44	21	29	0	50
2019S32	23	25	3	51
合计/人	145	155	11	311
占比/%	46.62	49.84	3.54	100

表 4-8 参训教师最高学位

项目	学士/人	硕士/人	博士/人	合计/人	攻读在职硕士数/人
2013S15	6	25	1	32	10
2014S19	7	31	2	40	9
2015S13	13	26	3	42	9
2016S44	12	33	1	46	11
2017S37	16	33	1	50	13
2018S44	15	35	0	50	7
2019S32	12	36	3	51	8
合计/人	81	219	11	311	67
占比/%	26.05	70.41	3.54	100	

表 4-9 参训教师最高学位授予单位类别

项目	985/人	211/人	普通/人	港澳台及国外/人	合计/人
2013S15	1	14	16	1	32
2014S19	2	17	21	0	40
2015S13	6	11	24	1	42
2016S44	6	19	19	2	46
2017S37	9	17	22	2	50
2018S44	5	22	19	4	50
2019S32	3	19	25	4	51
合计/人	32	119	146	14	311
占比/%	10.29	38.26	46.95	4.50	100

由表 4-7 可知，参训教师最高学历为博士研究生，占比 3.54%，本科为 46.62%，硕士为 49.84%。由表 4-8 可知，参训教师最高学位为博士，博士占比最低；硕士占比最高。有 67 名参训教师攻读了在职硕士，拿到了硕士学位。由表 4-9 可知，参训教师中，毕业于普通高校的占比最高，毕业于"211"高校的其次，毕业于"985"高校的再次，毕业于我国港

澳台地区及国外高校的最少。

（4）参训教师所学专业。

表 4-10　参训教师所学专业

项　目	所学专业
2013S15	临床医学（3），护理，口腔修复工艺学，康复治疗技术，卫生事业管理；教育技术学，数学（2），教育学，法学，中国古代史；烹饪工艺与营养，烹饪教育，食品科学，计算机科学与技术，电子科学与技术，自动控制，化学，木材科学与技术，材料科学与工程，旅游管理，农业生物环境与能源工程，农学，农产品加工与贮藏，高分子应用技术专业，高分子材料应用技术；纺织工程；汉语言文学，汉语言文学教育，英语
2014S19	病理学，药理学，运动人体科学，护理（2）；教育学，课程与教学论，思想政治教育（2），电气技术教育，数学，应用心理学，中国哲学；行政管理，旅游管理，会计学，计算机应用（2），化学工程，化学工程与工艺，电气技术，无机化工，物理化学，信息与计算科学，通信与信息系统，动物遗传育种与繁殖，畜牧，畜牧兽医；发酵工程，环境工程，机械工程，岩土工程，机械设计与制造专业，控制理论与控制工程，航海技术，应用气象；中文，汉语言文学教育，英语，英语语言文学
2015S13	城乡规划与设计，园林植物与观赏园艺（2）；制药工程，护理（2），临床医学，预防医学，医学影像；教育学，教育管理，教育技术，课程与教学论，体育教育学，数学，思想政治教育，学前教育学；计算机应用技术（2），软件技术，电子，电子技术，纺织工程，机关管理与办公自动化，旅游管理，林业经济管理，动物营养与饲料科学，畜牧兽医；工程热物理；汉语言文学，日语（3），英语（5），英语教育，外国文学，英语语言文学（2）
2016S44	服装设计与工艺教育，环境艺术设计，艺术设计；针灸推拿，公共卫生，康复治疗，临床医学，动物医学；教育学，基础心理学，教育管理（3），科学社会主义；电气工程及其自动化（2），工商管理（2），行政管理，机电一体化，机械设计制造及其自动化，机械制造工艺，计算机科学与技术，排序论，企业管理，软件技术，食品质量与安全，通信技术（2），图书馆学，物理教育，信息管理；物流工程，工业工程，轮机工程；汉语言学与语言获得，中文，日语（外贸日语），英语教育（4），英语语言文学，韩语，外国语言学及应用语言学（2）

续表

项　目	所学专业
2017S37	服装设计，工业设计，室内设计，美术学，设计艺术（2），广告，视觉传达设计（2），环境艺术设计，资源环境与城乡规划管理（城市规划）；制药工程，中医学（中西医康复），护理，放射医学，医学影像学，基础医学（2）；教育学，计算数学，心理学，体育教育（2），社会工作，行政管理；计算机科学与技术（2），会计；建设项目管理，土建，软件工程，机械电子工程，机械电子工程教育，农业机械化工程，机械设计制造及其自动化，环境工程，交通运输，电子信息工程（3），微电子组装与封装；中文，商务日语，外国语言学，英语（6）
2018S44	艺术学，设计艺术学，动画设计，工业设计，工程设计，电影学；音乐教育，公共管理（2），思想政治教育，物理教育，土木工程教育，情报学，会计学（5），社会学，中共党史，马克思主义哲学，职业技术教育学，应用心理学，地理教育，思想政治教育；会计财务管理，财务管理，电子商务，国民经济学，贸易经济；自然地理学，数学与应用数学，计算机科学与技术（2），运动训练，体育学；机械设计及理论，供热通风与空调工程，供热通风与燃气工程，电子与通信工程，车辆工程，环境工程，机械制造及其自动化，机械电子工程，交通信息工程及控制；英语教育（3），英语语言文学
2019S32	艺术设计（2），服装设计与工程，美术，音乐与舞蹈学，环境艺术设计，平面设计，工业设计，新闻放送，金融，会计学，IT企业管理，市场营销，工商管理；体育教育（2），运动训练，康复治疗学，中医学（医学美容），护理；计算机科学与技术（2），计算机技术，伦理学，心理学，应用心理学研究，生物学，信息学，教育学原理，行政管理，教育管理，思想政治教育，学生管理，教育技术学，马克思主义理论与思想政治教育研究，数学教育，法学（2）；材料加工工程（2），微电子，纺织化学与染整工程，纺织工程，机械制造及其自动化，汽车检测与维修技术，大地测量学与测量工程，建筑与土木工程，房地产经营与管理；外国语言学及应用语言学，日语，德语，英语教育

注：学科分为一、二、三级，设有62个一级学科或学科群、676个二级学科或学科群、2382个三级学科。① 括号中数字为所学专业出现频次。

由表4-10可知，参训教师通常分为六组，即艺术组、医药组、教育组、理科组、工科组、语言组。让相同专业的参训教师集合在一起，有利

---

① 中华人民共和国. 学科分类与代码简表（国家标准 GBT 13745 – 2009）[EB/OL]. http://dean.pku.edu.cn/urtpku/yjxk.html.

于形成团队力量。

2. 项目运行成效

（1）项目申报书及实施方案。项目申报书及实施方案是经过承办单位申报，省培中心提出修改意见，评审专家评阅后定稿，然后在省培中心网站统一公布项目说明及开班通知，供学员自由选择申报。

① 明确培训目标。申报书中培训目标明确，以任务形式呈现，如掌握在日常的职业教育教学中发现研究课题的方法；熟悉相关部门课题管理的制度及项目申报的流程；熟练掌握职业教育科研的方法与步骤；掌握职业教育科研课题申报书的撰写方法与技巧，提高课题申报成功率；掌握职业教育科研论文的写作方法、步骤与技巧；了解核心期刊对论文的要求、规范及投稿技巧。

② 调整经费使用。第一，由最初的各项经费报销比例固定，改为住宿费、餐饮费、上课费可打通报销。第二，经费标准。最初两年是人均费用每人每天 350 元，后三年提高到每人每天 400 元，最后两年提高到每人每天 480 元。

③ 调节培训天数。天数逐步减少，由 11 天变为 7 天，培训人数增加，以最合适的培训方式、最经济的培训成本获得最好的培训效果，让更多的职业院校教师有机会参加培训。

（2）培训课程。以 7 天为例，课程设计为：职教理论模块 2 天，科研方法模块 1.5 天，项目申报模块 1.5 天，科研实践模块 1 天，学员论坛 0.5 天，结业典礼 0.5 天，报到 0.5 天（不计算在 7 天内）。科研培训梳理为科研选题、科研方法、成果呈现（课题申报、论文）、科研团队四个专题，学员对课程评价颇高，如表 4-11 所示。

表 4-11 教科研项目课程模块设计

模块	半天课程题目	学员评价
选题	从问题出发:如何找到自己感兴趣的题目(职教理论)	最公用
选题	未来几年我国职业院校改革发展的机遇与挑战(职教理论)	最开心
选题	未来几年我国经济社会发展的新态势(职教理论)	最欢心
方法	从文章分析我国教育理论与实践的问题(职教理论)	最受用
方法	质性研究在职业教育研究中的应用(科研方法)	最适用
方法	量化研究在职业教育研究中的应用(科研方法)	最实用
呈现 课题申报	科研项目申报的技巧(项目申报)	最关心
呈现 课题申报	案例分析:好的课题申报书好在哪里(项目申报)	最妙用
呈现 课题申报	教育科研项目的评审、立项与管理(项目申报)	最活用
呈现 课题申报	学员课题申报书展示、专家点评(科研实践)	最有用
呈现 论文	善用工具写作、换位思考投稿(科研方法)	最功用
呈现 论文	学员论文展示、专家点评(科研实践)	最能用
团队	学员论坛	最操心
团队	结业典礼	最满心

(3)师资队伍。培训教师既有著名院校的资深教授、博导、硕导,又有来自职业院校一线的优秀教师;既有专门从事教育科研的著名学者,又有教育类权威期刊、CSSCI 来源期刊、中文核心期刊的主编与编辑;既有职业院校专业教师,又有教育行政部门与教育科研管理部门的负责教师。他们在职业教育科研方面造诣深厚,专题讲座和经验分享视角独特、内涵丰富,既有精深的理论演绎,又有生动的实践剖析,能很好地达成培训目标。授课教师应该都能做到以下四点:第一,专业性。具备卓越的教师素质,声音洪亮、清晰,普通话好。第二,启发性。授课教师解答到位,能提出高质量、有启发性、充实新颖的案例与见解。第三,前瞻性。结合实例讲解职业院校改革中的机遇和挑战。第四,幽默性。能够通俗易懂地解

读教育的现状和政策。

（4）项目保障。① 负责团队。作为培训工作的具体实施单位，根据相关文件精神，由副校长牵头分管，量身定做《班级管理制度》，成立专门的培训工作领导小组，配备专门的项目负责人和班主任，建立一支结构合理的教学管理队伍，并且对培训过程严格管理，做到职责明确、沟通顺畅、分工明确、责任到人。

② 培训场所。安排了专门的会议室，有空调、多媒体教学设备、音响设备、配套桌椅、饮水机等。

③ 互动平台。运用蓝墨云班课、QQ 群、微信群等多种平台。第一，在 QQ 群中发表通知与公告，实时互动交流。第二，用手机在蓝墨云班课 APP 中一键点名，方便快捷。另外开展头脑风暴、讨论答疑、投票问卷、作业/小组任务等活动，让学员充分展示培训中的所学所感。第三，在微信群中发布培训地点、教室位置，发起语音聊天等。

④ 后勤保障。承办单位教育教学条件完善，有专门的图文信息中心、四星级师资培训大楼、体育运动设施设备。承办单位利用培训基地已有的教育教学资源与生活资源，尽力为学员提供良好的学习及生活环境。

（三）新教师培训班

职校教师在进行实际教学活动时，必须要进行自身知识结构的合理更新，提升大数据时代信息与技术的处理能力。大数据时代职教师资培训将不再是一个理念灵感和经验传承的培养过程，需要不断提升职教教学能力和信息技术处理能力，为日后的教学打下坚实的基础。大数据时代带来了快速更新的学习资源，要求职校教师不断更新自我知识体系和教育观念。针对职教师资的培训工作也将与时俱进，在培训理念、培训管理上不断更新，用理论指导职教师资的培训工作。将大数据处理的素质培养贯穿在职教师资培训的全过程中，使大数据为职校教师发展服务，利用大数据的特征和属性，为职校教师提供个人发展、教学发展、专业发展等全方位辅导与指导。未来的数据将会以爆炸式海量信息的方式呈现在人们的眼前，职教师资培训变成了一切以数据说话的数学实证，需要对这些纷繁复杂的数据进行仔细挑选、缜密分析，进一步寻找出价值高且可被利用的教育信息，通过适当的途径、渠道逐步传送给接受培训的职校教师，指导受训教师开展学习，确保其所展示的数据能够有效提升受训教师的学习成绩，促进其全面快速地提高。

在终身发展理论的指导下，职校教师应该是终身学习的践行者，其中包含个人自主学习和集体学习，故职教师资发展是一个终身持续成长的过程。职校教师必须具备终身学习的能力，才能实现教学和科研的可持续发展，还要学会利用数据分析真正读懂学生。职校教师在培训中学会数据使用非常重要，具体如下：第一，收集数据。利用QQ群、微信群等现代沟通技术，进行集体学习，实时互动。利用微博，成立社区，及时反馈所提的问题，让新教师充分互动交流。第二，统计数据、分析数据。利用现代技术，分析新教师在知识学习上的薄弱点，加强教学与课后训练。第三，挖掘数据。学会从数据仓库中挖掘数据，从海量数据中寻找有用且需要的数据。进行数据解读、数据反思，应用于个性化教学与柔性化教学的决策。第四，数据管理。保证培训数据安全、科学，保护培训教师的隐私，不泄密，不违法。尽可能地开放数据，便于教师获取。理解数据、相信数据、高效使用数据。第五，数据保存。教师要学会数据保存，1—5年的短期保存、5—10年的中期保存、10年以上的长期保存均要学会，储存在局域性的数据库中，或者是开放性的邮箱、QQ离线文件、网络空间等，均要保证数据的安全性和保密性。

职业院校师资数量庞大，其队伍建设的重要性不言而喻。他们的素质决定着数量更加庞大的职业院校学生的培养质量，他们的入职培训和职后培训也一直是教育管理部门关注的热点。江苏省2016年职业院校教师省级培训项目有75个，培训4 110人，分配给88所职业院校，培训类型分别为：教师教学能力提升培训（1 816人次）、职业教育热点培训（192人次）、教师基本素养培训（221人次）、新教师职业素养提升培训（610人次），合计 2 839 人次。另外还有专业带头人高端研训、青年教师企业实践培训、管理者专项培训等。①

江苏省新入职教师职业素养提升培训旨在帮助职业院校新教师提升教育素养，坚定教书育人信念，掌握现代职业教育理念；提升教学素养，了解职业院校教学特点，初步掌握教育教学技能；提升研究素养，掌握职业院校教科研基本方法，为其职业生涯发展奠定良好基础。笔者作为新教师素养提升培训项目（2016S50）的班主任和指导教师，对跟班过程中所获得的大数据进行科学化分析整理，在此总结该项目在大数据培训时代的特别之处，并就其存在的问题提出改进措施。

1. 数据化

在教育领域，教师获取数据智慧的过程，本质上是数据经过分析处理后，逐步提升为信息和知识，并最终成为头脑中极为个性化的智慧的过程，这正是该项目开办的逻辑起点。

新入职教师职业素养提升培训，是"十三五"期间针对江苏省职业院校新教师素质提升开展的培训，由江苏省职业教育教师培训中心（以下简称江苏省培训中心）充分论证、统一组织。2016 年分别设在了南京师范大学、扬州大学、南通大学、江苏理工学院、淮阴师范学院，这些均由各培训基地自行申报，组织专家评选，再公示评选结果。每个基地培训 120 人，按照小班化教学的设想，每个基地开设两个班。培训对象均为 2015 年 7 月 1 日后入职的职业院校专任教师（含公共基础课程教师与实验教师）。五个培训基地同时开班，集中培训分两期共 15 天，第一轮集训 10 天，安排在当年暑假；第二轮集训 5 天，安排在当年寒假。培训计划从开始设计到反复讨论到定稿，邀请了泰州职业技术学院专门从事教务、人事工作的专家进行充分论证，并多次和各培训基地负责人集中讨论相关事

---

① 江苏省教育厅. 江苏省教育厅关于下达 2016 年度职业院校教师培训项目任务和计划的通知[EB/OL]. http://spzx.jsut.edu.cn/news.asp?Action=Show&ID=60.

宜，日常则通过在线实时交流。2016S50 项目是 5 个基地 10 个班中的一个班，此培训班的一个显著特点便是人数众、作业多、时间长，所以数据量大。有关参加培训的新教师个人信息数据便是从报名系统大数据中获得并进行分析的，具体如下。

（1）人数及年龄：此培训班共有 53 名参训新教师，其中男 27 人，女 26 人。1972 年—1979 年出生的 3 人，1980 年—1989 年出生的 34 人，1990 年—1992 年出生的 16 人。自报名开始至开班，由于各种原因（怀孕 4 人，或暑假预产期，或寒假预产期；暑期手术 1 人；不是教师编制的 2 人；没报在划片的培训学校 1 人）共退出 8 人。班级人员年龄跨度比较大，但参培对象均是刚刚从事教师职业的新教师。虽然有 20 世纪 70 年代、80 年代出生的教师，但他们此前都已经从事别的工作，刚刚转入教师行列。报名是在江苏省培训中心网站上统一申请。系统开放后，由新教师向所在学校人事处申请，人事处给了新教师账号之后，再由其登录填写并上传照片，由江苏省培训中心审核通过并统一管理。

（2）民族：回族 2 人、蒙古族 1 人、苗族 1 人、汉族 49 人。其中回族学员的就餐要考虑安排在清真餐厅，不同民族有不同的风俗习惯和宗教信仰习惯，尊重民族差异非常重要，房间安排时也要尽量让风俗习惯相同的新教师住在一起。

（3）学历：博士研究生 3 人、硕士研究生 42 人、本科 7 人、大专 1 人。学位：博士 3 人、硕士 43 人、学士 7 人。新教师中高学历者居多，博士、硕士研究生占 86.79%，课程安排上可合理考虑其学历情况，少理论、多实践。

（4）国内高校毕业的 45 人，其最高学历授予单位为：南京财经大学、常州大学、常州工学院（2 人）、常州机电职业技术学院、广西师范学院、合肥工业大学、河北工业大学、河海大学（4 人）、华东师范大学（2 人）、淮北师范大学、江南大学、江苏大学（2 人）、江苏科技大学（2 人）、江苏理工学院、南昌航空大学、南京大学、南京工业大学（3 人）、南京航空航天大学、南京理工大学（2人）、南京林业大学（3人）、南京审计学院、南京师范大学、上海大学、上海立信会计学院、沈阳建筑大学、苏州大学（2人）、同济大学、无锡太湖学院、武汉大学、武汉理工大学、燕山大学、重庆大学。另有海归者8人，其最高学历授予单位（国外）为：格拉斯哥大学（University of Glasgow）、爱丁堡大学、东京造型大学、伦敦帝国理工学院、悉尼大学商学院、新南威尔士大学、英国创意艺术大学、英国曼彻斯特大学。新教师中海归者占15.09%，均是在国外读了1—2年取得硕士学位后回国的。3名博士均为国内职业院校自己培养。国内硕士的毕业院校有"985""211"等高校，也有普通高校。

（5）工作单位：常州纺织服装职业技术学院（4人）、常州工程职业技术学院（7人）、常州机电职业技术学院（7人）、常州轻工职业技术学院（3人）、常州信息职业技术学院（9人）、建东职业技术学院、江苏城乡建设职业学院（6人）、江苏联合职业技术学院（刘国钧）（2人）、江苏信息职业技术学院（6人）、无锡南洋职业技术学院（5人）、无锡商业职业技术学院（2人）、镇江市专科学校。总体来看，常州39人、无锡13人、镇江1人。根据就近安排培训的原则，此项目中常州参训教师最多，无锡次之，镇江最少。

（6）行政职务：辅导员2人、教务秘书1人、实训教师4人、学生工作科员1人、专任教师45人。其中专任教师最多，符合培训项目设计初衷。

（7）职称：初级32人、中级21人。有些教师已有一定年限的工作经历，转入职业院校时，便已是中级职称。

（8）最后学历毕业专业：环境艺术设计、计算数学、International Banking and Finance、兵器科学与技术、材料加工工程、财务会计、测试计量技术及仪器、车辆工程、电子工程、电子科学与技术、动画、动力工程、法学、防灾减灾工程及防护工程、教育学、工程测量、工程管理、工程项目管理、工业设计、公共经济管理、国际贸易、国际商务、汉语言文学、化工过程机械、会计学（2人）、金融学、机械工程（2人）、机械加工与数控技术、机械设计及理论、机械设计制造及其自动化（2人）、计算机及应用、建筑设计及其理论、结构工程、控制工程（2人）、控制理论与控制工程（2人）、理论物理、汽车服务工程、桥梁与隧道工程、审计、视觉传达、通信工程、通信与信息系统、微电子学与固体电子学、仪器科学与技术、艺术设计、影视动画、语言学及应用语言学、中共党史、中国古典文献学。班里新教师的专业背景繁多，只有一位职教教师是学教育学的，而且仅是硕士阶段学了三年，其余教师的专业均和教育学相差甚远。因此课程和师资安排时均要充分考虑这一点，不然新教师们在上课时会出现没有共鸣，不知所云的情况。

（9）所教课程分类。① 基础课：职业院校数学、职业院校语文、职业院校物理专业英语；② 计算机类：C51单片机应用技术、C语言程序设计、matlab、PLC应用技术、单片机、fpga、集成电路制造工艺、计算机机房维护、人机界面与网络控制；③ 财经类：财务会计（2人）、会计基础、审计、中级财务会计、现代商务礼仪、项目管理；④ 艺术类：字体设计、产品造型设计基础、动画基础、设计初步、室内效果图表现技法、其他企业形象策划；⑤ 机械类：汽车传感器检测、汽车底盘、机械加工、钳工实训、机械工程技术基础、机械设计基础、机械制图、工程测量、特种焊接方法及选用、特种设备行业英语、电工基础、城市轨道交通车辆、微电子封装技术、无损检测新技术、物联网技术概论、现代机械制造技术；⑥ 辅导员类：党课、就业指导、思想道德修养与法律基础（2人）；⑦ 建筑类：建设工程投资控制、建筑工程计量与计价、建筑构造与制图、市政工程；⑧ 军事类：军事理论课；⑨ 专业技术类：中餐基础菜肴制作。新教师们任教的课程种类繁多，培训中对新教师的教学基础技能提高应是重点，教学竞赛主要用来提高新教师的教学水平。

2. 多样化

（1）培训数据多样。师资培训数据形式较多，有文本、图片、音频、视频等，包括集中学习阶段收集到的培训资料和新教师提交的各种形式的作业。作业种类繁多，主要有：阅读导师指定的书籍3本，撰写读书卡3份，师德修养思想汇报1份，个人职业生涯规划书1份；教学设计方案1份及录制教学课录像15分钟，课题申报书1份；围绕导师规定的讨论主题在"小组研修空间"发表有思想观点的博文10篇（每次不少于300字）。对于收作业，列出了具体的要求，并给出时间节点，有的基地设置了专门的邮箱，有的基地设置了专门的网上空间或作业端口，各种作业提交持续一年。

（2）学习方式多样。培训形式有三种，分别是集中培训、小组在线研修、个人研修。第一，集中培训。在此期间邀请授课教师集中授课，采用任务驱动与行动导向教学法，体现理实一体化，其中75%的课程有操作性作业与任务，广泛采用专题讨论、小组合作、示范观摩、案例分析等方法，形成具体的作业成果。第二，小组在线研修。此阶段由各承办职业院校建立培训专题网站，开设"学习资源""小组研修空间""学员档案"等必备栏目，探索建立职业院校新教师网络在线学习社群培训模式，为职业院校、授课专家与导师团队利用"小组研修空间"提供在线学习资源，发布与课程模块相关的学习任务，组织课堂内外与线上线下研讨、实践与考核活动；组织名师观摩教学研讨、教学竞赛，交流现代教育技术实践体会与成果。新教师加入所在"小组研修空间"，完成培训期间各阶段任务。第三，个人研修。新教师在正式集中培训前通过"学员档案"填写个人培训任务书、学习计划（格式由承办基地制定）。导师团队推荐"新教师入门必读、教师专业成长与教师职业生涯规划"等相关书籍，每个月定期围绕职业教育确定一个主题并开展研讨。

3. 个性化

（1）师资配备个性化。安排好上课教师后，将上课教师邀请进新教师群中，随时交流。首先将上课PPT放入新教师群中，供新教师预习，然后在课上由授课教师讲解难点和重点，再由全组讨论。

（2）指导教师个性化。对班级进行分组，每组均指定专门的指导教师，班级有 53 人，分为 6 组。定期和组员利用"实时在线"进行小组研讨。

（3）班主任服务个性化。培训基地为培训班配备了专门的班主任，全权负责班级的所有事务。

（4）作业批改个性化。将批改作业的任务布置给了指导教师，班主任每次收齐作业后，便按组分给每组的指导教师，请他们批改后选出优秀作业，编成作业汇编存入档案。

（5）后勤就餐个性化。后勤推出了各种套餐，供新教师选择，同时准备了特别菜肴，新教师可以根据自己的喜好自由选择。最后剩余的餐券，还可以用来兑换各种饮料、点心等。

4. 改进措施

笔者通过对职教师资培训现有的大数据进行挖掘后，总结归纳了一些好的做法，同时也发现了其中存在的一些问题，并提出了改进措施。

（1）培训顶层设计。第一，就近安排。新教师素质提升项目的培训安排均是依据就近原则，职业院校新教师到靠得最近的培训基地进行培训。就近安排培训有利有弊，利是交通便捷，新教师和基地均方便。也有弊，第一，宿舍安排难统一。本地的新教师晚上会回家，导致宿舍浪费。很多新教师要房间，仅为了方便睡午觉。第二天上午的课程也容易迟到。第二，晚上新教师就近回家后，导致教研活动开展不起来，多数新教师便在宾馆房间做作业了。有时晚上安排了徒步活动，想去的新教师不多，一来人少而且天热，二来年轻教师多数没有锻炼的习惯。

第二，市场容量。分五个培训基地开设 10 个班同时培训，生源也是要着重考虑的。设置时可充分考虑市场容量，名额太多或太少都不太合适，要充分调研、不断调整之后才能决定每年的具体名额。2016S50 项目报名开始至开班，共退出 8 人。规定 2016 年因怀孕、哺乳、疾病等原因不能全程参培的人员只能参加下一年度的培训，实际上到时也会因为请假而拿不到毕业证书。还有些新教师主观培训意识不强，参训仅是迫于所在学校的行政压力。

第三，学科差异。班里教师来自不同学科，在诸多方面都表现出了背景知识的不足。第一，读书卡片。读书时参考书目均是以教育学为背景设计的，读起来费劲。第二，上课。授课教师讲课时，很多教师表现出听不懂的情况，没有学术共鸣，影响授课效果。第三，作业。不是教育学专业出身的新教师，在做作业时都有困难，影响培训效果。作业没有统一格式，完全由主办单位琢磨、把握，对班主任及指导教师的要求较高，花费其大量的时间和精力。

第四，教学竞赛。大数据时代全国多个地区都在推进教育信息化工作，教育信息化在教学中的重要性与日俱增，而教学能力的提升正是这次培训的一个重点，教学竞赛活动则采取小组竞技的方式开展。2016S50 项目在暑期结束的最后一天，安排了说课竞赛，持续 3 个小时，分三个分会场同时进行，每个分会场安排两组新教师加两名点评教师。评出一、二、三等奖各三、六、九名，然后每个分会场推选一名新教师统一展示。寒假培训结束后还将在每个基地遴选 3~4 名说课优秀新教师统一赴南通大学参加要求更高的教学比赛，让五个基地遴选出的说课高手进行再次比赛。利用此次逐层展开的说课竞赛，使新教师的教学无论在信息技能上还是在教育理念上，都能有一个质的提高。

(2) 培训基地管理。第一，新教师管理。江苏省培训中心规定：① 报名确认后，新教师即到所在培训职业院校完成线上注册与个人电子培训档案资料填写工作，明确所属学习小组。学员个人培训档案（电子版）内容由各承办职业院校自行设计，主要包括：新教师基本信息、新教师学习任务清单、新教师培训考勤情况、学习任务完成情况、考核成绩等内容。新教师考核结果将会作为获得后续培养计划资助的依据。② 新教师应严格遵守培训考勤制度，培训期间违反纪律和有关规定的，通报其所在单位并做出处理。③ 新教师所在单位确保新教师培训期间相关待遇，承办职业院校确保必要的培训条件。

第二，授课教师管理。江苏省培训中心规定：① 承办职业院校负责培训师资库建设，培训师资除从本校遴选外（最高不超过三分之一），还可从省外学校选聘。② 培训教师按照培训项目课程计划实施教学活动，不得随意调课、擅自改变计划。③ 项目工作组对培训教师、导师团队及教辅人员的师德师风、教学效果与服务水平进行考核，优胜劣汰，不断提高培训师资队伍的整体水平。④ 承办职业院校为培训教师提供必要的授课条件与生活保障。在实际比较了五个基地的培训指南之后，发现授课教师多数是省内的，而且稍有重复。"十四五"期间，可否考虑跨省培训或跨国培训，由其他省或者其他国家帮助培训师资，培训效果可能会有更大突破。

第三，模式及分组管理。① 授课模式要符合新教师心理特点，说教式、业余型、学究型，学生均不十分喜欢；拿家人举例的，新教师很反感；观点表达激烈的，新教师难以接受。课堂上让新教师参与很重要，"make your students busy"，让新教师动起来。② 班级分组，2016S50 项目按照人员名单顺序平均分为 6 组，指导教师均为承办单位的教师，2 名正高、4 名副高。新教师融合比较充分，但问题是专业差异较大。可以尝试将学科相近的新教师或者授课课程相近的新教师安排在一组，这样讨论起来话语体系比较接近，效果更好。

第四，日常例行管理。① 授课时间管理。暑期较热，上午时间为 8：00—11：00，下午 2：30—5：30，这样安排会导致新教师因为上午上课时间太早而迟到；同时，下午上课时间太迟，中午休息时间太长，午休比较难安排。② 培训指南。有些基地是一次性确定寒假暑假的全部日程，有些基地分开确定，先确定暑期的，寒假的根据实际变动情况，再行确定。③ 后勤就餐管理。是安排桌餐，还是统一到食堂自由就餐。如果是桌餐，就要考虑统一就餐，时间上有限制，会出现长时间等候或者吃不到的情况。如果到食堂自由就餐，管理上轻松了很多，但是食堂假期气味大、菜品少，较难做到优质服务。有些新教师会考虑叫外卖，但这样菜品质量不能保证，易得胃病。有些基地的新教师反映食堂饭菜标准多变，不同价位套餐标准不符合逻辑，中午、晚上不一致。但好在食堂灵活变通，规定用不完的餐票可用来兑换物品。为此也特意请食堂制定了统一的菜单目录与餐券兑换目录。

（3）整体考核设计。第一，政府考核。江苏省培训中心对各承办职业院校的培训工作进行质量考核，对新教师培训考核进行监督检查。承办职业院校对培训教师教学质量进行考核。新教师考核由承办职业院校与授课专家和导师团队、新教师互评共同完成。

第二，对基地考核。省里制定统一的调查问卷，在培训中随机匿名抽查，新教师依据实际情况进行填写。全省五个基地的调研结果都录入系统，分析之后绘图对比，对五个基地公布，并形成调研报告上交上级管理部门。

第三，对新教师考核。考核从学习态度、学习过程、成果呈现三个方面入手。学习态度用出勤情况来体现，占 10 分；学习过程用学习表现来体现，占 50 分，其中集中培训占 20 分，小组在线研修占 10 分，个人研修占 20 分；成果呈现占 40 分，包括教学竞赛和各种作业。根据考核结果，再评选优秀学员、优秀管理者、优秀项目。

通过培训分析发现，现在已经有了大数据源，但通过对管理系统和管理过程的分析发现有些数据还没有被完美收集、完全挖掘。因此在接下来的培训中，我们将进一步做好大数据的收集、整理工作，更好地更新数据源，更全地收集数据，以便在接下来的培训中更好地分析、利用数据。

（四）校本培训

无锡旅游商贸高等职业学校（简称无锡旅商）是一所专门培养旅游与现代服务业高素质技能型人才的国家级重点职业学校，是国家第二批中等职业教育改革发展示范学校和江苏省高水平现代化职业学校。

为确保无锡旅商的可持续发展，高质量完成国家示范学校、江苏省高水平现代化职业学校中的师资建设任务，尽快提高教师培训的科学性与有效性，多维度提升学校教师的综合素质与能力，无锡旅商于2014年年初与江苏省教育科学研究院职业教育与终身教育研究所、江苏双元教育培训中心联合启动了"六元跨界、五维分阶、六大工程"全年度校本教师培训项目。

1. "六元跨界、五维分阶、六大工程"校本培训的内涵

所谓"六元跨界、五维分阶、六大工程"校本培训是指从六个平台、五个维度对教师开展全面培训，通过这种跨界传播五维理论的方式，推动无锡旅商的六大工程建设。六元跨界："六元"包括师范大学、科研院校、职业院校、行会、企业和无锡旅商；"跨界"指超越各个组织原有的工作、学习及其内容边界，实现资源、知识、能量的整合。五维分阶："五维"包括专业素养、职业素养、信息素养、科研素养和人文素养；"分阶"指对"五维"素养外显化的能力达成水平，按照等级（设定为五级）进行的能力评定。六大工程包括：全员培训工程、教学名师培养工程、专业带头人培养工程、骨干教师培训工程、"双师型"教师培养工程和优秀团队建设工程。

2. "六元跨界、五维分阶、六大工程"校本培训的措施

2018年全年"六元跨界、五维分阶、六大工程"校本培训开展培训活动近20次，培训共分为六个模块（涉及宏观层面的政策解读，两课评比及信息化大赛的标准解读与指导，省专业课两课评比的赛前辅导与演练，课题与论文的撰写，专业课"五课"调研等），具体培训内容包括教师专业发展、教育信息化与微课教学设计、教育管理政策解读、"五课"和"两课"评比辅导、教学有效性实施方式、职业教学信息化、工作过程系统化、教师教科研方法、项目课程开发技术、职校实施性人才培养方案制订等多个课题。

3. "六元跨界、五维分阶、六大工程"校本培训的成效

校本培训的培训人员涉及无锡旅商教学（育）管理人员、骨干教师、

班主任和青年教师，培训的形式综合了讲座、现场调研等诸多形式，共有74名学员顺利结业，有15位学员被评为优秀学员，培训学员人均108学时。在结业仪式上，两位青年教师进行了汇报课演示，两位教师进行了省两课评比示范课演示，他们的课得到了听课专家及教师们的高度评价。另外，无锡旅商2014年结题和立项课题为10个；发表论文数为67篇，参加省级以上论文评比获奖数为41篇；在省级两课评比中4位教师示范课获奖，2位教师研究课获奖；在省级信息化大赛中1位教师获二等奖，1位教师获三等奖。江苏省教科院职业教育与终身教育研究所负责人在结业仪式上指出，无锡旅商用"六元跨界、五维分阶、六大工程"教师校本培训为教师们开阔了教育改革、业务提升的视野，老师们所获得的丰硕成果充分展示了培训所取得的成效。

4. "六元跨界、五维分阶、六大工程"校本培训的延伸

无锡旅商通过"六元跨界、五维分阶、六大工程"校本培训取得了丰硕的成果和经验。无锡旅商继续在校本师资培训上加大投入，精心组织，已先后启动了与苏州大学文学院合作的"旅游文学与文化博士课程进修班"、与苏州大学教育学院合作的"教师心理支持与自主发展"课程研修班、与江苏理工学院合作的"数学教师提升计划"等培训项目。无锡旅商将通过多样化的培训组织模式，在教师中营造你追我赶、积极向上的良好氛围，促进教师自主学习、自主发展，全面提升职教师资的可持续发展实力和教师的教育教学能力。

5. "六元跨界、五维分阶、六大工程"校本培训的再提升

为切实做好校本师资培训工作，把握好培训中每个板块的培训效果，无锡旅商对整个培训体系进行了科学、合理、系统的设计。

（1）积极筹划，分析调研，开发课程。准备阶段的重中之重是课程开发，这是影响培训质量的一个核心问题。无锡旅商首先跟江苏省教科院职业教育与终身教育研究所进行了沟通，讲清讲透无锡旅商培训的宗旨，明晰培训所要达到的成效。根据无锡旅商的意图，省教科院职业教育与终身

教育研究所的团队来到无锡旅商面向全体教师进行问卷调研，召开部分中层和教师代表座谈会，全面了解、总结、提炼教师的培训需求。在全面研究、分析数据的基础上设计培训课程，形成了培训方案。

（2）脚踏实地，精彩纷呈，引领教改。校本培训紧紧围绕无锡旅商"十二五"发展规划及酝酿中的"十三五"发展规划的精神，围绕职业教育改革发展示范学校和江苏省高水平现代化职业学校的考核指标和要求，围绕教师个人职业生涯发展规划进行。培训的内容不仅包含了宏观的职业学校发展的前沿动态，还囊括了微课和两课评比、信息化大赛、课题与论文的撰写等实用性课程知识，与教改的相关精神一致。

（3）领导重视，教师自觉，相互监督。领导重视程度直接决定了培训的效果。校长办公室制定了严格的规章制度，无锡旅商党委、校长室，各系部、各处室及内设机构的负责人必须全程参与学习，做好示范。经过领导的动员后，老师们认识到培训的目的是为了教师个人的成长，为了无锡旅商长远的发展，而且培训方案都是根据教师的实际情况量身定制，所以他们都踊跃报名，自愿参加，并且相互督促。

（4）总结提炼，完善体系，开拓创新。校本培训结束后，所有参加学习的人员分组进行总结，校长、书记为一组，总结整个培训宏观上的问题，比如经费保障、培训制度等。科研处作为培训的联络者，总结培训方案的制订、培训过程中所碰到的问题及培训效果的及时反馈等。系部、处室各自为一组，总结自身的学习情况及怎样学以致用，总结对培训的看法并及时反馈给科研处。通过多层次、全方位的总结来完善无锡旅商校本培训的体系，为下一步的培训奠定良好的基础。

一所职业院校要实现质量提升战略，就必须拥有一支素质优良、结构合理、特色鲜明、相对稳定的"双师素质"教师队伍。近十年来，随着各职业院校对师资队伍建设重视程度的逐年加强，职业院校师资呈现量质齐升的良好态势，但就总体而言，数量的提升优于质量的提高。特别是"双师素质"教师队伍建设，存在的问题依然严重，主要表现在"双师素质"

教师专业能力的持续培养及教育培训的成效上。因此，探讨"双师素质"教师队伍培养模式，寻找"双师素质"教师队伍培养的有效路径，实现教师真正的专业化成长已成为许多职业院校师资队伍建设的一项突出工作。

（五）"校本专业实体"培养模式

1. 职业院校现有教师培养模式及其存在的问题

目前，职业院校教师培养的模式主要有"院校培养模式""校企合作培养模式""校本培训模式""自我生成模式"。这些多样化的培养模式在我国职教师资队伍建设结构性优化过程中发挥了一定的作用。但由于受机制、行业环境、师资资源等多种要素的制约影响，教师培养的成效始终不够理想。

首先是真正具备教师培训能力的基地太少，满足不了当前各职业院校对教师培养量的需求。其次是建设路径缺乏系统设计，在培训模式、培训项目、培训内容、培训对象、培训周期、培训时长与时点设置等的选择与确定上缺乏基于效能的系统性设计。再次是培训项目缺乏个性化服务，目前职业院校高专专业设置共设有 19 个大类、78 个二级类、532 种专业，而每年由院校、基地提供的培训项目数量却很有限，国家级、省级培训只能顾及大块面的需求。以土建大类专业为例，6 个二级类、35 种专业（不含新专业），2013 年江苏省职业院校教师培训项目中仅设有建筑设备工程技术、工程造价两项国家级培训项目与建筑设计类、土建施工类骨干教师培训两项省级培训项目。最后是培训内容针对性不够强，高职高专不仅专业门类繁多，同时教师类别也多种多样，有的缺职业技能，有的缺教育教学理论与教学技能，有的想要单一技能培训，有的想要综合能力提升，有的想要专业知识更新。如此种种，有限的培训资源自然满足不了多样化培训内容的要求，许多专业门类的专任教师找不到合适的培训项目与培训场所。

所以，面对职业教育教师培养的现有境况，在有限的培训资源条件下如何创新培养模式，使受训教师真正成为具备相关知识能力的教师就显得尤为重要。

2. 职业院校"校本专业实体"培养模式下的教师培养

（1）"校本专业实体"培养模式。所谓"校本专业实体"培养模式，是指以职业院校为主体的培养方式，它是"校企合作培养模式"的一种特殊形式，是职业院校通过已有专业孵化经济实体，以专业经济实体反哺专业建设的一种做法。该模式的特点主要有以下三个：

一是"一元主体"特点。即教师培养的需求方是学校，提供专业教师工程能力培训服务的企业是校本经济实体，供需方主体都是学校。目前，考虑到管理成本、工作效率及单位的商业、技术秘密等问题，真正能担负起社会责任的企业并不多，校企合作中"学校热、企业冷"的现象非常普遍，教师队伍培养工作不仅落不到实处，而且就算开展了，培训的成效也不够理想。而"校本专业实体"培养模式以其"一元主体"的特点，能充分发挥职业院校自身在教师队伍培养过程中的主阵地、主渠道作用。

二是"契合培养"特点。首先，职业院校作为培训需求方对本校专业建设现状有充分的了解，对各专业发展也有明确的目标，熟悉受训教师个体的知识与能力结构、个性特长、发展定位，能较好地以专业与教师个体的需求来确定培训的目的、内容、形式、时间、数量等。其次，职业院校作为培训供给方能动用校本实体尽可能多的资源，为"需求方"量身定制培训方案，提供高契合度的专业培训服务。

三是"系统化培养"特点。以职业院校为主体的培养能更好地为教师提供持续的培训，让受训教师受到连贯的、一致的教育。这种系统化的一以贯之的特点有利于培训目标的达成。

（2）依托"校本专业实体"培养教师。江苏城乡建设职业学院拥有建筑规划设计院、工程咨询有限公司、规划设计院有限公司三个校办企业实体，三个实体所从事的设计与咨询服务与学校"城镇规划""建筑设计技术""工程造价"等多个专业契合度高。多年来，学校依托校本专业实体，搭建了一个教师培养平台，创建了一条"校本专业实体"培养模式下教师队伍建设路径，为匹配专业的课程建设、社会服务、教师队伍培养提供了有效的支撑，成为学校相关专业服务社会的示范窗口与产教学研基地。

① 积极营造政策环境。为培养一支素质优良、结构合理、人员数量相当的教师队伍，相继出台了《教师评聘办法与考核细则》《教师参加实践锻炼管理办法》《高技能教师奖励办法》《教师下企业挂职锻炼的实施意见》等多个文件，从制度与政策层面积极营造教师专业化成长环境。将专业教师到企业挂职锻炼经历及效果作为职称评定、岗位聘用和工资晋级的重要依据；对符合高技能教师基本条件的教学一线专任教师，发放月津贴，并在职称晋升、评优评先、教学业绩考核等方面向高技能教师倾斜。

② 精心设计建设方案与实施路径。首先，注重整体性设计。学校一级部门教科研处针对全校师资结构确定教师建设的数量目标与结构目标，编制教师队伍建设规划；二级部门（各专业系部）从专业建设与实训基地建设角度编写各专业师资培养计划并引导教师制定《教师个人成长五年规划书》，确定专业教师阶段成长目标，与专业教师共同分析确定计划实施的操作路径。这项措施使每一个专业教师在专业化成长过程中有明确的目标、清晰的路径、可执行的任务。

其次，突出个性化培养。文件《关于专业教师下企业挂职锻炼的实施意见》对各专业提出应有目的、有计划地安排专业教师带着问题、带着课题、带着项目、带着任务到校本实体实践，不断积累实际工作经验，努力提高实践教学能力。个性化培养方案的制订主要由专业教研室结合专业建设规划，根据每个专业教师的专业背景与任教课程量身定制。设目标，下任务，定期限，采取定岗挂职、轮岗挂职、定人帮带、项目跟踪、项目参与、项目主持、课题研究等多种培养方式，因人因时因事制宜，补短填缺，增高提升。受训教师按制订的个性化培养方案受训，不仅使每一名受训教师获得了个体层面的专业个性化成长，同时也确保了教师队伍团体层面的结构性优化。

③ 重点加强过程控制与效能考核。为提高培养效能，学校实施校、系、教研室三级分层管理机制，重点加强执行层面的过程控制与终端层面的成果考核。校级层面主要从教学工作量，公开课、说课、讲座，教学效果与评价，参加教学比赛，教科研工作，教学计划修订与教学改革，指导青年教师七个方面对教师职责义务的履行情况加以考核。要求教师在挂职锻炼结束后，填写《教师挂职锻炼考核鉴定表》，提交挂职锻炼期间形成的成果，由学校教学工作委员会考核。各系则加强对到校企挂职锻炼教师的过程管理，根据设定的目标、下达的任务、确定的期限对阶段成果进行检查，会同校企专业技术人员就阶段性任务的完成情况做出评价，并签署阶段考核综合意见提交校教学工作委员会。教研室层面则侧重落实课程建设方面的工作，主要对挂职教师提出课程建设的具体任务要求。如要求挂职教师根据技术领域和职业岗位（群）的任职要求，参照相关的职业资格标准，具体研究课程体系的设置和教学内容的选择，重点探索研究"教、学、做"一体化情境教学方法，寻找恰当的教学手段、考核方式，创新教学模式。

教师队伍培养是完成高技能人才培养目标的需要，是职业院校办出特色的需要，是每所职业院校打造软实力的关键工作。尽管"校本专业实体"培养模式还存在诸如近亲繁殖、项目种类与规模局限等不足，然而该模式以其富有实效、系统而个性化的培养特点能较好地应对职业院校对教师队伍培养的诉求。目前，教师培养模式多种多样，但只要每所职业院校能依托多种培训资源，充分结合自身师资建设条件，选择适宜的培训模式，寻找有效的培养路径，切实做好教师培养的规划与建设工作，就能真正实现教师培养的发展目标。

（六）职业锚

职业锚能够反映出个体的职业追求与抱负，对个体的职业生涯发展具有重要的指导意义。目前，"双师型"教师的培训受到了越来越广泛的重视，而职业锚不仅贯穿在"双师型"教师职业生涯的各种培训中，也对教师参加培训后的个人发展起着至关重要的作用。因此,基于职业锚理论,对"双师型"教师的培训进行了以下探讨。

1. 职业锚理论概念、类型

(1) 职业锚理论概念。职业锚的概念最早是由美国著名的职业心理学家 E. H. 施恩教授提出的,他认为"职业锚"是"每个人根据自己的天资、能力、动机、需要、态度和价值观等慢慢形成较为明晰的与职业相关的自我概念",是雇员获得的"自知之明",是一种更加清晰的职业自我观。[1] 也有学者表示,职业锚是指"当一个人不得不作出选择的时候,无论如何都不会放弃的职业中的那种至关重要的东西或价值观"[2]。在我们日常生活中,"锚"指的是船只停泊定位用的铁质工具。职业锚的定义建立在"锚"的基础之上,也是非常形象化的,实际上就是人们选择和发展职业时所围绕的中心,是个人在职业发展过程中形成的稳定的职业贡献区和成长区[3],是与职业发展的定位密切相关的。职业锚主要由三部分组成:① 自省的才干和能力(以各种作业环境中的实际成功为基础);② 自省的动机和需要(以实际情境中的自我测试和自我诊断的机会,以及他人的反馈为基础);③ 自省的态度和价值观(以自我与雇佣组织和工作环境的准则及价值观之间的实际遭遇为基础)。因此,职业锚表现为个人在其职业发展过程中所获得的自我洞察力,是比较精确而且稳固的职业自我概念。它的内涵也比一般意义上的工作价值观或工作动机等更加宽泛,强调这种自我概念中的能力、动机、价值观之间的相互联系,从多方面综合考虑了职业决策和发展中的因素。

(2) 职业锚的类型。职业锚的类型是职业锚理论中非常重要的一部分,施恩最初认为职业锚有五种类型,后来又在原有的基础上增加了服务

---

① 赵昱青. 职业锚理论评析 [J]. 山西财经大学学报(高等教育版), 2009 (S2): 107.

② E. H. 施恩. 职业的有效管理 [M]. 仇海清, 译. 北京: 生活·读书·新知三联书店, 1992: 129.

③ 王建侠, 廖川. 浅谈职业锚理论及应用 [J]. 出国与就业(就业版), 2010 (09): 45.

奉献型、挑战型和生活型这三种职业锚,从而确定了八种职业锚的类型:技术职能型、管理型、安全稳定型、创造型、自主独立型、服务奉献型、挑战型和生活型。针对教师这一特定群体而言,学者们也对教师职业锚进行了特定的研究。2001年,Hwee-HoonTan和Boon-Choo Queck对新加坡教师的职业锚进行了研究,结果显示,以上八种职业锚在教师群体中都是存在的,所占比例比较大的是生活型(38.13%)、服务型(25.63%)和安全稳定型(30.63%)。另外,女教师比男教师更倾向于生活型。[①] 有国内学者在浙江杭州、广东汕头等14个城市发放问卷进行了调查研究,结果显示,比例最大的是生活型职业锚(近30%),其次是自主型和安全稳定型职业锚(均占到了15%左右),最少的是管理型的职业锚,仅占3.5%。[②]

通过国内外学者的研究,我们可以看到教师职业锚的大致分布,这有助于职业院校对教师职业锚的整体把握,在教师培训过程中可以通过更细致的职业锚研究,对本校的教师进行更深入的了解,从而促进教师培训的有效实施。

2. 职业锚理论的重要性

职业锚理论注重从个人角度来考虑自身的职业定位,并延伸到整个职业生涯的发展过程。而"双师型"教师培训既要从组织的角度探讨如何完善教师培训,也需要着眼于教师个体的发展。因此,将职业锚理论与"双师型"教师培训结合起来是非常必要的,具体表现在以下四个方面。

(1) 职业锚有助于提高培训目的与教师需求的契合程度。"双师型"教师培训是为了使教师更好地履行工作职责而实施的一种继续教育式的培训,虽然"双师型"教师培训对于学校和教师自身的发展都发挥着重要作用,但在实施过程中,培训目的与教师的需求不符却成了影响培训成效的

---

① 周红. 教师职业锚的内涵及开发路径[J]. 教育与管理, 2011 (12): 56.
② 陈楚玲. 教师职业锚的探索研究——对教师职业锚及与工作满意感、离职倾向的关系分析[D]. 杭州: 浙江大学, 2006: 42.

重大问题之一。这一方面是因为培训的相关部门和人员只是按部就班地开展培训工作，闭门造车，自作主张制定培训目标，致使目标非常抽象、模糊，与教师的需求、实际情况脱节，而且也较少关注教师专业发展的长远目标。① 另一方面，部分教师自己也没有为自己的职业发展做长远的打算，认为培训对自己的专业发展毫无意义。而职业锚理论的应用恰恰有助于解决这一问题，它从职业发展的角度帮助教师进行准确的自我定位，充分了解教师的需求，这既是培训的起点所需，也是贯穿培训始终的。从个人的角度来看，教师只有通过职业锚的测评弄清楚自己想做什么、适合做什么，才能明确规划自己的职业生涯，也才能明白真正需要什么样的培训。从学校的角度来看，只有了解了教师的职业倾向，才能指派合适的教师参加培训，将教师需求与培训的目的很好地结合起来，切实提高培训的成效，帮助教师个人成长。

（2）职业锚是有效培训的重要保障。② 但是，从收集到的资料可以看出，目前"双师型"教师的培训者还存在很大问题，主要表现为授课教师不了解学员的实际情况，无法将授课内容与学员的专业发展紧密联系起来。这一方面是由于培训机构聘请的授课教师本身不具备一定的实践经验；另一方面，一些教师虽然有实践经验，但是不了解教师的职业倾向、职业兴趣和职业能力。因此，很容易造成培训内容与日后教师的发展方向不符，而且参加培训的学员也无法将培训内容很好地应用到实践中去。

职业锚理论的引入为授课教师提供了很大的帮助。当授课教师了解了学员职业锚的三个部分之后，就可以在了解受训教师实际工作情况的同时，明确他们的能力、需求和价值观需要怎样的提升，有针对性地进行备课。另外，职业锚也反映了学员一定的职业趋势，授课教师就可以在这基

---

① 熊岚. 困境与突破：教师在职培训问题分析与路径选择［J］. 教育探索，2012（07）：117.

② 余新. 有效教师培训的七个关键环节——以"国培计划——培训者研修项目"培训管理者研究班为例［J］. 教育研究，2010（02）：81.

础上为他们未来的专业发展指明方向,激发他们学习的动力。

(3)职业锚有利于多样化培训方式。培训方式对培训的成效有着直接影响,也是培训中要特别注意的方面,但在教师培训中,培训方式单一、不灵活,一直以来是反映比较多的问题之一。[①] 之所以出现这种问题,一方面,是因为培训学校没有考虑到"双师型"教师的特性,只是按照统一的普通教师要求来进行讲授;另一方面,也是因为培训学校缺乏对培训的思索,只是一味按照传统方式进行培训,没有考虑到对于不同的"双师型"教师,怎样的培训方式才是他们最容易接受的。不同职业锚的个体对工作压力的感受、工作情境的要求都是不同的,只有针对不同的职业锚采取不同的培训方式,才能使教师最大限度地吸收培训内容,充分挖掘教师的潜能,提高培训的实效。国外学者 Feldman 和 Bolino 指出,在施恩所提出的八种职业锚类型中,技术职能型、管理型和创新型这三种是基于个体才能的,如果从"双师型"教师培训的角度来看这三种职业锚类型,他们关注的重点是培训的类型和培训的性质是否与他们的才能相符。安全稳定型、自主独立型和生活型这三种职业锚是基于个体的动机和需要,更关注工作与生活平衡的问题。在"双师型"教师培训中,如果能合理安排好培训时间,不与生活相冲突,那么,就初步满足了这三种职业锚型的教师。基于个体态度和价值观的职业锚类型是服务奉献锚和挑战锚,"双师型"教师培训整体上的组织文化建设对于这两种锚型的教师是比较有吸引力的。可见,依据不同职业锚的类型来选择不同的培训方式,有助于学员更好地接受培训内容。

(4)职业锚有利于完善培训效果评价机制。培训效果的评价是对"双师型"教师培训成果的一个结果性评估,但其真正目的并不仅仅是针对某次培训得出的结论,更重要的是使"双师型"教师在将来实现更大的

---

① 张二庆,王秀红. 我国教师培训中存在的主要问题及其分析——以"国培计划"为例[J]. 湖南师范大学教育科学学报,2012(11):38.

发展。但在我国的"双师型"教师培训中,培训效果评价却存在着一系列的问题:从评价方式来看,培训效果的评价更加注重最终纸笔测验的环节,对于教师在培训过程中的收获却熟视无睹;从评价的时间来看,评价往往是对某一次的培训做总结,而培训对于教师将来的工作产生了怎样的影响却几乎没有人去继续调查。造成培训效果评价问题的主要原因是评价机制不完善。很多培训学校只是应付了事,完成培训总结,并不关心培训效果的评价是否真正与培训目的相吻合,也不关心培训对教师的长远影响。

从职业锚的角度来考虑"双师型"教师培训,从明确培训目的开始就要考虑到教师职业锚的差别,因而,在评价过程中也要与培训目的设置的初衷相呼应,使整个培训成为一个系统的、完整的机制,这是在评价机制中需要运用职业锚的一个原因。另外,职业锚与教师将来的职业生涯发展密切相关,基于职业锚的培训效果评价,既能考虑到培训对不同职业锚的教师暂时会产生怎样的影响,也可以在后续的教师工作中继续调查某一次的培训对他的职业生涯可能产生的影响,反馈回来的信息也会进一步促使培训方改善教学和管理,因此,在培训效果评价中应用职业锚理论是非常必要的。

3. 基于职业锚理论的教师培训的基本思路

(1)了解培训对象的职业锚,确立明确的培训目标。俗语说,"良好的开端是成功的一半",因此,培训机构在培训之前就要做好一定的调查工作。培训机构可以通过问卷调查、当面访谈、电话访谈、专项座谈、去学校听课等方式得出一定的调查结果,分析学员所具有的职业锚类型,并结合教师自身的具体情况综合得出全面的结论,确定适合教师的、准确的、客观的职业锚。在了解了培训学员的职业锚后,就要依据它来明确培训目标。"双师型"教师培训目标主要是要确定培训能使"双师型"教师达到什么样的程度,要解决怎样的问题。一些大规模的培训计划目标往往是比较宏观的,但在具体实施的过程中,可以通过以下途径来明确培训目标：① 依据学员的职业锚来具体细化培训目标，使培训目标和学员的职业发展密切相关；② 培训目标的表述要能够准确、精炼地陈述不同职业锚的学员在受训后可以达到怎样的程度，忌模糊、冗杂；③ 培训目标也要考虑"双师型"教师的特性，使培训目标易于实现，而不要远离现实。这样，培训学员就可以产生足够的动力学习，也容易使培训目标在实践中实现。

（2）充分考虑培训对象的职业锚，提高培训师资质量。要提高培训的质量，培训学员的主观努力是一个重要方面，但更重要的是授课教师的素质。从职业锚角度出发，可以通过以下途径来提高培训师资的质量。

① 为授课教师与学员的沟通构筑平台。除了通过一些调查的结论来了解培训学员的职业锚，培训机构也可以为授课教师与学员提供一定的交流平台，使他们对学员的职业锚有更清晰的认识，为备课做好准备。

② 扩充培训教师资源库。培训机构在平时就要巩固师资力量，针对职业院校的需要吸纳理论专家、技术专家、一线教师等各方面的力量，依据不同的职业锚类型选择不同的教师。

③ 定期举办师资培训班。一方面，要强化授课教师的专业知识和技能，为培训打下坚实的基础；另一方面，也要让授课教师领会职业锚理论的应用，全方位地了解职业锚理论，真正做到因材施教，满足具有不同类型职业锚教师的需求。

（3）以人为本，创新培训模式。不同的职业锚对培训方式的需求也不同。培训机构在选择培训方式时，要考虑到培训学员所关心的实际情况，如培训时间、地点的安排等，并依据职业锚类型来确定培训方式。例如，对于技能锚的教师而言，掌握扎实的专业技能是他们非常看重的一点，因此，在培训过程中指导的重点就要放在专业技能上，要鼓励他们积极参与课堂讨论，在课下进行拓展练习并开展相应的研究，注重提高"双师型"教师的教学能力、实践能力和研究能力；对于管理锚的教师而言，授权是激励他们的最好方式，可以在培训中轮流授予其班长、组长等职务，使他们能够充分行使管理的权力，统筹管理班级事项，带动培训班的学习气氛，提高学员们的学习兴趣；对于创造锚的教师而言，指导的重点是要鼓励他们在已有的培训基础上进行创新和突破，用更新颖、更具创造力的方式来完成培训中的任务；而安全稳定型的教师与创新型的教师却恰恰相反，采取常规性的培训方法，才能让他们更容易接受培训的内容；对于生活锚的教师，可以通过远程网络班进行学习，学习生活两不误。虽然不可能为每一个人都创建一种培训模式，但是，可以尽可能地探索多样化的培训模式为教师们服务。

(4) 以职业锚为导向，健全培训效果评价机制。以职业锚为导向的培训效果评价，更加注重教师个体的发展，不仅有助于保证教师培训的成效，而且也是提升职业院校竞争力的有效途径。在对培训效果进行评价时，需要对以下三点予以特别注意。

① 评价主体除了要包括培训学校，也要包括受训教师。受训教师根据自己的职业锚类型和对未来发展的影响来进行评价是比较有说服力的，可以使整个培训更有效。

② 在短期效果评价的基础上，重视长期效果评价。培训的效果可以分为短期效果和长期效果。短期效果可以在短时间内测试出来，因其耗时少、评价方便而经常被用于培训效果的评价中。不过，能更好地体现培训效果、影响更为深远的却是长期效果，而且也能显示出培训在教师职业生涯发展过程中起到了怎样的效果。因此，除了要注意培训期间的评价，也要重视教师回到工作岗位后的实施情况，进行后续的跟踪评价。

③ 在结果性评价的同时，注重过程性评价。目前对培训效果的评价主要是结果性评价，而且多为纸笔测试，这种评价虽然能在短时间内得出结果，却是比较片面的。而过程性评价更加注重培训对象在培训中的表现，不仅能显示出个体差异，也是职业锚运用在培训过程中的一个体现。总之，职业锚在教师职业生涯发展的过程中发挥着非常重要的作用，只有结合教师的职业锚综合考虑，才能促进"双师型"教师培训的有效实施，

帮助教师更好地成长。

二、适合的职业教育教师队伍培养的名师工作室途径

德国的包豪斯学院于 1919 年最早实行"工作坊"制度，中国上海于 21 世纪初启动名师工作室，逐渐演变为现代教育的工作室制。名师工作室是一个以课题研究、学术研讨、理论学习、名师论坛、现场指导等形式对内聚集、带动教师成长，向外辐射、示范教学改革，促进教师专业化发展的团队组织。① 职教名师工作室本质上是一种专业学习共同体，由职教行业或专业领域内的名师引领的教师专业发展共同体，唤起优秀教师的集体发展自觉，实现教学、科研、培训一体化成长。② 为了贯彻《国家教育事业发展"十三五"规划》中"造就教学名师""名师课堂"的要求，名师工作室的建设日益引起职教领域的重视。③ 常州市职教名师工作室以专业为抓手，打造品牌、培养名师，推进职教师资建设、引领职教教学、带动职教科研，对调动成员主观能动性、促进互动交流、推动专业反思与发展有着重要的作用。其建设从常州市经济发展水平、职教教学重点、职教科研水平、职教优势专业四方面着手，采用政府、学校、行业、企业共建模式；定位为发展母机、研究平台、示范中心、辐射泉眼；目标为培养名师、带出团队、产出成果、形成网络；功能为为骨干教师成长搭建平台、为课程开发及实验提供基地、为校企合作设立窗口、为技能大赛备置工作间；结果为教师发展的同时，实现学生的发展。

名师工作室不同于教研室。教研室始建于 1956 年，是在当地教育行政部门领导下，为承担当地教学业务工作而独立建制的事业单位，覆盖

---

① 刘穿石. "名师工作室"的解读与理性反思 [J]. 江苏教育研究, 2010 (10C): 04.
② 王爱珍. 名师工作室对中小学骨干教师培训的效能研究——以数学骨干教师专业成长为例 [J]. 广东第二师范学院学报, 2013 (05): 95.
③ 国务院. 国务院关于印发国家教育事业发展"十三五"规划的通知（国发〔2017〕4 号）[Z]. 2017 – 01 – 10.

省、地市、区县、乡镇、校的教研网络，并拥有一支专职、兼职结合的教研员队伍。[①] 揆诸两者不同如下：第一，名师工作室自愿化、松散化、精英化，教研室行政化、集中化、大众化。名师工作室兼具官方与民间色彩，教研室多官方色彩。名师工作室与教研室定位有交叉，但不简单重合，在形式、功能、作用等方面互相补充，相得益彰。第二，教研室是一个行政、业务、服务单位，有编制，指导、研究、服务是其职能，注重整体普惠。名师工作室是一个教科研的学术与实践组织，无编制，学习、研究、发展是其职能，注重精益求精。第三，名师工作室的作用通常为培养教师、示范教学、引领科研、校企合作等，教研室的作用通常为课题研究、校本培训、成果推广、文化建设等，比较繁复。

2006年至今，常州市面向各职业院校，已先后建设了四批职教名师工作室和一批社区教育类名师工作室，建设取得了成效，在全国率先探索了职教名师工作室的建设。在相应网站查阅了各名师工作室的实时运行情况，并结合江苏省职教名师工作室建设现状，访谈了13个名师工作室的领衔人及成员、2个对口管理部门的负责人，分析了名师工作室运行过程中真实存在的问题，据此提出了改进措施。

（一）常州市职教名师工作室建设过程

1. 首批名师工作室

2006年《关于公布常州市中小学首批职教教师工作室成员的通知》（常教人〔2006〕1号）公布了首批27个名师工作室，其中职业院校名师工作室1个，即常州市机电职业教育王猛职教教师工作室，是全国职业教育类（界）第一个名师工作室，自然也是常州市职教名师工作室的滥觞。

2. 第二批名师工作室

2009年公布了第二批常州市职教教师工作室42个，其职业院校名师

[①] 崔国明. 试论名师工作室与教研室的定位差异［J］. 中小学教师培训，2015（07）：68.

工作室 5 个。常州市教育局在教师专业发展网中设立了"职教教师工作室"栏目,用于常州名师工作室的网站建设。领衔人可在此网站中建设立项的名师工作室网页,也可自行建设好网页链接到此网站中。

3. 第三批名师工作室

2012 年《关于公布第三批常州市中小学职教教师工作室领衔人名单和招聘工作室成员的通知》(常教发〔2012〕16 号)公布了第三批 65 个名师工作室,其职业院校名师工作室 7 个(机电 3 个、电子 1 个、烹饪 1 个、德育 2 个)。

4. 首批社区教育类名师工作室

2015 年"首批常州市名师工作室(社区教育类)领衔人及成员名单"公布了社区类 3 个名师工作室,运行时间为 2015 年整年。

5. 第四批名师工作室

2016 年"第四批常州市中小学职教教师工作室领衔人名单公示"公布了第四批 70 个名师工作室,其中职业院校名师工作室 9 个,终身教育名师工作室 4 个。第一批、第二批均由常州市教育局人事处直接管理和考核;第三批、第四批社区教育类名师工作室均由常州市教育科学研究院具体负责。

6. 常州市入选江苏省的职教名师工作室

江苏省已建设了 2015 年、2016 年两届名师工作室,由江苏省教育科学研究院职业教育与终身教育研究所具体负责。2015 年江苏立项 50 个名师工作室,常州市 4 个;2016 年江苏立项 45 个名师工作室(其中 11 个为培育对象),常州市 3 个。每个名师工作室均建立了网站,统一链接到江苏省职业教育名师工作室网站。

(二)常州市职教名师工作室运行成效

1. 打出职教品牌

(1)打造名师工作室。打造工作室这一示范窗口,从不同专业视角出发筹建名师工作室,如机电(机电技术应用)、电子技术、信息工程、烹任技术、职教课程改革、生涯教育、德育教育等,充分体现了职教的专业性,也展现了常州市职教的特色与实力。四批共建设了 26 个名师工作室,加 3 个社区教育类名师工作室,合计 29 个;常州市入选江苏省的名师工作室有 7 个,故常州市共有 36 个省级和市级职教名师工作室。随着几批名师工作室的建设,其制度逐步完善、管理更加成熟、运行更加专业,更能抓住职教热点,使视野更加开阔、选择面更加广泛、研究更加深入。让职教教师工作室发展成为教育思想的集散地、教育研究成果的促生地、教育资源的集聚地和未来名师的孵化地。

(2) 遴选新一代名师。推出、培养、打造了名师工作室领衔人这样的学有专长、术有专攻的公认的"职教教师",展现了常州市职教人的风采,引领了常州市职教师资的发展。扣除续报的重复领衔人,共有 22 名职教教师担任过常州市名师工作室的领衔人。常州市入选江苏省职教名师工作室的领衔人共有 7 人,其中 3 人未担任过市级名师工作室领衔人,直接成功申请为省级名师工作室领衔人。扣除既担任市级又担任省级的重复计算,常州市共有 25 人担任过市级或省级名师工作室的领衔人。

2. 培养青年教师

(1) 引领示范。工作室培养周期一般为 1~3 年,按照常州市教育局的有关规定,培养各类优秀青年专业教师;全市广大青年教师以优秀为榜样,立足岗位,创先争优。发扬协作共进的团队精神,参与相关专业课程改革的课题研究、课程开发、教学探索及实践工作,工作室成员与领衔人之间签订《互相合作、共同提高协议书》,就培养目标、计划、方法和模式制定细则,并记入学员专业发展成长袋。工作室成员能形成乐于从教、乐于研究、乐于合作、乐于分享、乐于奉献的集体,有利于互动学习,共同提高。

(2) 资源共享。有些名师工作室是数字化教学资源开发的教师培训基地,是市、区教师发展部门有关职能的拓展、延伸和补充。有些名师工作室利用教师技术优势开发建设网站平台、组建资源,教师、学生注册之后，随时随地能查阅教学共享资源。

3. 引领职教教学

名师工作室领衔人带领团队人员在教学上改革提升。定期录制教学视频公布于网站平台，供慕课式公开学习，技术上对于录屏录课、软件上课、网站上课更有领悟；促进现实中教学水平的提升，可从事理论、实践教学，开设讲座、公开课，参加教学竞赛；教学设计上更注重课前、课中、课后的知识传授安排，逻辑性更强，更容易巩固学生所学；教学材料上，可集体讨论设计出优秀课件、练习册、教学用书、指导用书等。

4. 推进职教科研

各名师工作室领衔人均能围绕名师工作室的主题，开展学术研究。以写促研、以写促思，积极申报国家级、省市级课题，出一批成果，如论文、专著、拍摄专题电视片等，发挥辐射带头作用，从而对区域教育教学和教师发展起到推动促进作用。

（三）常州市职教名师工作室运行问题

1. 宏观存缺失

（1）跟踪服务不足。第一，针对性培训没有。很多名师工作室立项建设之后，推动部门与管理部门的指导跟踪缺失，多靠工作室自己摸索建设。省里名师工作室组织了培训，但是培训内容与名师工作室建设关联性不强，培训专题是目前职教领域前沿学术问题，如现代学徒制、工匠精神等，没有针对名师工作室建设的专门指导。第二，下企业渠道不多。名师工作室领衔人及成员下企业不多，对企业的前沿动态不够了解。有些工作室会聘请1~2名企业人员为团队成员，其作用发挥程度值得进一步商榷。

（2）考核评价存弊。第一，无中期检查。在一个建设周期中，少有中期检查，只有在一个建设周期快结束时，才发文规定终结性检查的具体要求，让当批次的名师工作室按照要求组织材料，准备接受考核检查。第二，终结性考核太严。名师工作室的考核材料很烦琐。第三，弱化专业。随着建设批次的增加，有弱化专业的倾向，但在职教领域专业是重点。第四，考核条例中校企合作体现得不够。针对领衔人的评价维度通常为教育工作、教学工作、德育科研三大块，缺少校企合作这一块，但职业教育必须与行业企业结合，才能体现职教实质。如把文化知识的学习放在非常重要的位置，考试多而严格，实则偏离了职教办学的初衷。

（3）经费支持不够。第一，支持不够。配备的经费额度与经济发展水平提升不相适应，对于8～12人的团队来说，杯水车薪、捉襟见肘。第二，报销烦琐。有些事项使用了经费，但是按照正常的财务制度，费用很难报销，弱化了一些教师的申报动机。第三，经费滞后。承诺的经费不能及时兑现，少给或缓给，领衔人的经费没能按规定逐月发放。

2. 微观待改进

（1）领衔人难选择。第一，名师工作室的领衔人如果是普通教师，其优势是有比较充沛的精力投入在工作室的建设上，也能带领成员做出成果，重点靠感情留人、成果留人。劣势是很多资源的调集与使用比较困难。第二，名师工作室的领衔人如是学校领导，其优势一是掌握的资源丰富，组织活动比较方便；二是领衔人如果真心想建设工作室，将非常有利于成员的成长。劣势是领衔人太忙，精力分散，许多成果的取得可能还是靠集体智慧。

（2）工作室成员难寻。第一，名师工作室的人员不稳定，申报时成员是一批人，真正做事是另一批人，考核时有相关成果的人则被写入终结评估。第二，工作室成员难配，如果全是本校教师，成员难以凑齐且比较单调，没有新鲜血液，思维模式固定，突破困难。有时申报通知规定本校人员不能超过二分之一或三分之一，势必要人员组合，有本校的、有外校的、有企业的，优势是可以取长补短，劣势是组织管理有难度，难出成果。第三，外来教师在操作上有地域差异，而且都是兼职，精力不够。常州市职业院校的德育教师整体年龄偏大，职业生涯教育方面的专业教师太少，仅囿于常州市则面临人才匮乏的问题，所以仍需引进。

（3）内部交流少。第一，领衔人的建设理念不清晰或滞后，不清楚要带领名师工作室的成员往哪个方向发展。第二，领衔人与成员的研究方向不一致，由于所在部门不一致，研究重点、兴趣不同，研讨时观点不聚焦，讨论数次也难以解决问题。名师工作室组织形式比较松散，地域距离远，讨论机会少，不一定能及时形成比较明朗的研究内容并梳理为成果。第三，相关规定不健全，没有日常管理制度、例会制度、奖励制度等，激励作用不明显。

（4）整体效率待提高。第一，不重视。所在学校领导层面认识不到位。在学校实际工作开展中觉得名师工作室很重要，具体实践操作时却可有可无。所在学校未给名师工作室配备专门的办公场地，名师工作室没有固定的办公地点，影响了日常例会与教研工作。第二，没动力。年轻教师向上发展的内驱力不足，年轻教师家庭条件好，经济压力小，专业上、业务上缺少吃苦钻研的精神。第三，没经验。年轻教师缺乏经验，上手较慢，培养周期较长；有些专业因特殊性也不可能在很短的时间内培养出一名出色的教师，实际需要数年甚至更长时间。

（四）常州市职教名师工作室运行改进措施

1. 宏观改进

《教育信息化"十三五"规划》提出，充分发挥名师的示范、辐射和指导作用，以"名师工作室"等形式组织特级教师、教学名师与一定数量的教师结成网络研修共同体，提升广大教师的教学能力和水平。[①] 名师工作室要面向职教、研究职教、服务职教、引领职教。

（1）管理服务提升。第一，政府要转变观念，变管理为服务。第二，建立培训制度。对立项建设的名师工作室领衔人及成员进行定期培训，在专业方面提供有针对性的培训。第三，对于名师工作室的建设，主管部门、学校都要提供保障。

（2）考核制度设计。第一，校企合作。江苏省教科院工作要点提出加

---

① 教育部．教育部关于印发教育信息化"十三五"规划的通知［Z］.2016－06－07．

强"双师型"名师工作室的建设①,显示了名师工作室下一步的建设方向,即校企合作是重点。可将名师工作室的领衔人变为两人一起负责,一人来自学校,一人来自企业,或规定工作室的成员中有几人必须来自企业,这有利于人员队伍建设。第二,考核中添设校企合作条款,具体可用发明专利、横向课题、到账经费、指导学生数等体现。第三,为常州市五所职业院校建设名师工作室。第四,灵活配置人员。工作室的人员配置能够给予领衔人一些机动权利,中途申请参加的,感兴趣并愿意做出成果的,无论是校内的、校外的、企业的都允许加入。

(3) 经费管理科学。第一,简化资金支出手续。合理的、用在团队成员发展方面的资金支出,能快速办理支出手续。第二,增加工作室年度资金额度。工作室的运行、教师的培养成本逐年提高,拨款标准也应相应调整。第三,省市名师工作室的很多好的做法能互相借鉴,如经费管理办法,可每月发放领衔人补贴,终结性检查后,对获得"优秀工作室""优秀领衔人""优秀成员""优秀成果"称号的团队和个人进行奖励;也可将整个工作室的费用在立项时一次性拨付。

2. 微观改进

(1) 领衔人储备培育。第一,学校可在校内先建立一批校级的名师工作室,逐步培育起来,为日后更高一级的推选进行储备。一来调动学校内部教师积极性,二来可整合校内资源,三来可为学校发展做长期规划。第二,分层次建设。选拔出重点、一般、青年等校级名师工作室,考核出优秀、良好、合格等不同档次。

(2) 成员精巧培养。第一,简政放权。希望职业院校里的名师工作室能更个性化,而不是把其变成学校的"第二教务处",承担成员的各项考核工作。工作室应该是一个开放的学术思想的发源地,应该成为一个百花

---

① 江苏省教育科学研究院. 关于印发省教科院2016年工作要点的通知(苏教科院〔2016〕1号)[Z]. 2016-03-29.

齐放、百家争鸣的场所,并让其成为各种创新教育思想的"实验区"。第二,精巧安排。适当的考核压力很有必要,平衡好各方面的因素,这也考验着"名师工作室"制度的设计者。名师工作室成员要根据学校的工作安排尤其是重点工作安排,寻找可"借题发挥"的问题,并把它做精做细。还要注意成员工作安排与学校工作不冲突,避免工作室成员做很多额外工作。

(3) 更新内部理念。职业教育专业教师课堂教学基本素质的内涵是学术、技术和教术。课程意识+案例比较+实践反思是专业教师成长和发展的必由之路。21世纪国际教育委员会提出要十分重视教学质量和教师素质。对于一个工作室,可以聚焦在学术前沿上,深入研究。领衔人带领成员走近行业企业,参与一线实战,提高团队的业务能力和人脉知名度,给学生传授行业企业的前沿知识。

(4) 提高整体效率。第一,名师工作室网站正常运作,保证教学课件、视频等及时更新,讨论活动定时开展,课后作业及时发布并批改,探索推出公众号、微博、APP等终端,方便指导学生,促进教研实时互动。第二,学校加强重视与管理监督。第三,选择部分其他专业的有积极进取心的年轻教师,帮助其明确追求,增强内驱力,循序渐进地培养为工作室成员。

三、适合的职业教育教师队伍培养的开放大学途径

(一) 常州开放大学概况

2012年,教育部先后批准成立国家开放大学、北京开放大学、上海开放大学、江苏开放大学,标志着我国开始迈上建设中国特色开放大学的征程。2012年10月,江苏省人民政府明确提出:"各地在现有广播电视大学的基础上分别设立市、县开放大学。"2013年1月,"筹建常州开放大学"列入常州市政府重点工作安排,常州开放大学建设正式拉开帷幕。常州开放大学于2013年2月,由常州市编制办公室批复同意,依托常州

市广播电视大学（首批全国示范性市级电大）和常州社区大学（全省首家社区大学），率先成立市级开放大学。常州开放大学作为第一个成立的市级开放大学，常州市政府对其建设和发展是十分重视的。

常州开放大学坚持以"让学习成为生活方式"为办学理念，以"现代远程开放教育为主体、职业教育为支撑，全力推进终身教育体系建设"为办学定位，努力构建基于现代信息技术的便捷互动的学习支持服务体系、灵活开放的学习制度和办学模式，形成学历教育和非学历教育协调发展、职业教育和普通教育相互沟通、职前教育和职后教育有效衔接的终身学习大平台。常州开放大学的职能主要包括办学职能、服务职能、管理职能、探索职能。教育模式有远程学历教育、继续教育培训、网络在线教育、社区教育。既是一个大学办学实体，也是一个各级各类教育资源的整合与管理的大平台，同时还是一个市民可以终身学习的网络系统。

师资队伍是学校持续发展的不竭动力，常州开放大学一直致力于改善其师资队伍的结构和水平。到 2014 年 5 月，共有 127 名专任教师，其中具有硕士学位的 63 人，占专任教师的 49.6%；具有副高以上职称的 53 人，占专任教师的 41.7%；"双师型"教师 67 人，占专任教师的 77%。江苏省学术带头人 2 名、青年骨干教师 2 名，校学术带头人 3 名、青年骨干教师 8 人，校学术带头人培养对象 3 名、青年骨干教师培养对象 11 人。针对目前常州教育市场对远程教育、社区教育、终身教育需求的不断提高，这样的师资配备还需要有更大的提升。

（二）常州开放大学师资队伍建设对策建议

要加强市级开放大学师资队伍建设，必须坚持治本与治标并重的原则。一方面，要着力解决市级开放大学师资队伍建设的理念、投入、体制、机制等根本问题；另一方面，又要切实解决市级开放大学师资队伍建设的方法、技术、手段、个案等具体问题，切实推进市级开放大学师资队伍建设。

1. 机制保障

需要国家给出开放大学的明确定位和特有权力，要有政策的支持和法律的依据，要有严格的制度和规范的管理，要不断发展资源建设者将信息通信技术和有效教育方法深度结合的能力和水平。遍布中国的开放大学需要发展一种适合中国国情的运行机制，才会保障教育资源共享的长久维系与发展。合作可以产生合力，合作可以降低教育的总体投入。只有这样，才会在国家优质资源的建设和应用中发挥国家开放大学的作用。

2. 承继与超越统一的原则

要加强市级开放大学师资队伍建设，必须坚持承继与超越统一的原则。一方面，要充分承继市级电大办学 30 多年来在师资队伍建设上的深厚积淀、基本经验、独特优势、主要特色；另一方面，又要着力超越"电大定势""电大模式""电大路径"，按照开放大学的时代要求、本质要求、内涵要求，构建市级开放大学师资队伍建设的架构、机制、模式，并实现承继与超越的辩证统一，切实有效地实施和加强市级开放大学师资队伍建设。

3. 原电大教师和原社区大学教师队伍的整合

可将两所学校文化课教师队伍进行资源整合，甚至可以成立一个公共的基础部，所有的文化课教师全部编入基础部，负责常州开放大学基础课的日常教学，这样可以充分利用教师资源。基础部整合之后，如果文化课的教师所占比重较大，那对于有意转型的教师，可以建议并帮助其转到相近的教师比较短缺的文科专业。或者根据其之前所学专业就近转型，使其学有所用。其他专业的教师采取民主管理、因岗设人的方式，在校内公开竞聘，以便于教师在校际自由流动，在校内外自由兼职，以促进教师的待遇收入，真正留住教师。

4. 聘请兼职教师

有重点、有计划地聘请一批国内外职业院校的著名专家教授，以及行业、企业中具有丰富实践经验和较高理论素养的行家里手。遵循远程教育教学规律，适应国家开放大学建设发展需要，以"专兼结合、以兼为主、动态开放"为原则，建设业务精湛、结构合理、特色鲜明的师资队伍，包括教学、科研、管理、远程学习支持和技术队伍，同时担任教材主编、课程主讲。聘请数以万计的职业院校教师和行业、企业一线技术专家担任课程辅导教师，从事基于网络的导学、助学活动。通过各种方式，着力培养数以万计的精通项目管理、教学设计、资源开发、教学组织及远程学习支持服务的专职教师和课程项目主持人。

应当通过市场和有关渠道，与兄弟学校共享教师资源，借助省、市内外一切可能的智力资源，稳定和吸纳优秀教师。完善兼职教师的聘任管理，建立兼职教师资格审查、试讲考核制度，把好准入关口，提高兼职教师队伍的整体素质。加大对兼职教师的检查督导考评力度，形成能者上、庸者让、劣者出的教师存在方式。逐步提高兼职教师待遇，对在学校任教多年、教学态度认真、教学效果良好的兼职教师实现多劳多得、优劳优酬，注重事业留人、感情留人、待遇留人。

5. 建立专家库

依托常州开放大学师资，同时整合在常职业院校、行业、社会师资力量，通过选拔、聘用、培训等各个环节，建立师资库及资源研发队伍。建立一支数量充足、结构合理，以专职为骨干、兼职为主体、大批志愿者积极参与的开放教育工作者队伍。开放教育的师资队伍建设是开放性的，凡是对开放教育有热心，在开放教育项目上有良好造诣和特长的专家和学者都可以通过不同形式聘请成为开放大学的教师。同时，开放大学的师资队伍也是精选的，针对不同的课程需要公开招聘，优中选优。对进行开放教育的教师，也都要进行相应的严格培训，这本身也是开放大学建设的一大任务。

6. 建设优秀教学团队

可以根据学校发展、专业建设、教师配置等实际，以专业为纽带，在学校师资队伍中分别组建若干教学团队，在认真调查研究的基础上，出台或修订《优秀教学团队建设实施方案》，采取各种有力措施，积极开展优秀教学团队建设活动，每年评选表彰2~3个校级优秀教学团队，并力争有教学团队进入市优、省优乃至国优的行列。

7. 打造名师名家

可以积极开展校内教学名师评选表彰活动，采用教职工民主推荐、学生问卷调查、专家评审、党委行政审定等方式，每年评选出2~3名校级教学名师，授予"市级开放大学教学名师"荣誉称号，颁发荣誉证书和奖金。开展名师示范课活动，定期举行教学、教研活动，以点带面，促进师资队伍的共同成长。可以积极创造条件，在远程开放教育、职业教育、继续教育、终身教育等领域，努力把校级名师培养打造成全市名师、全省名师乃至全国名师。同时，可以通过多方努力，积极打造一批在语言学、教育学、管理学、经济学、计算机技术、职业教育、继续教育、终身教育等专业领域的优秀人才，使其在市内、省内乃至国内有较大影响力和较高的知名度。

8. 培养选拔专业带头人

应当尽快出台或修订《专业带头人管理办法》，对专业带头人的申报条件、培养方法、选拔程序、基本职责、岗位津贴等做出规定。对学校的优势专业，应当尽快选拔、明确校级专业带头人。对学校今后重点发展的专业，应当实行专业带头人培养制度。对专业带头人培养对象应当实行动态管理，加强考核，着力培养，积极申报市级、省级乃至国家级专业带头人。

9. 支持学历提升

应当积极支持教师特别是中青年教师提升学历层次。比如，可以原则上要求45岁以下的教师经过努力取得硕士学历或学位，鼓励和支持50岁以下、具有硕士学历或学位的教师攻读博士学历或学位。

10. 培养"双师型"教师

着力优化教师队伍结构，以建设一支专业结构科学、学历结构合理、职称结构完善、"双师型"比例较高的教师队伍。大力培养名师名家,加快建设优秀教学团队和卓越科研团队,精心打造一批素质高、水平高、美誉度高、知名度高的名师名家。

应当加快课程改革步伐,强化实践性教学和实习实训,进一步凸显开放大学实践教学特色。鼓励现有在职教师特别是青年教师报考取得相关职业技术职称(资格),如经济师、会计师、工程师、咨询师、律师、翻译等,对考取了相关职业技术职称(资格)的给予奖励,在职称、职务评聘、晋级、晋升中对"双师型"教师予以倾斜。引导和支持教师深入企业调研实践,下到基层调研锻炼,适当开展社会兼职和社会实践,拓宽职业实践渠道,延伸职业实践链条。

11. 求实与创新融合的原则

要加强市级开放大学师资队伍建设,必须坚持求实与创新融合的原则。在市级开放大学师资队伍建设上,既要发扬求真务实的精神,坚持说实话、出实招、办实事、求实效,又要发扬开拓创新精神,坚持勇于开拓、敢于创造、善于创新,并实现求实与创新的高度融合。只有这样,才能融会贯通、切实有效地实施和加强市级开放大学师资队伍建设。

12. 突破与渐进协调的原则

要加强市级开放大学师资队伍建设,必须坚持突破与渐进协调的原则。一方面,要勇于抓住创建开放大学的历史性机遇,积极谋求、奋力实施市级开放大学师资队伍建设的重大突破;另一方面,又要循序渐进、分步实施,逐步推进市级开放大学师资队伍建设,并实现突破与渐进的相互协调。只有这样,才能积极实施、切实加强、着力推进市级开放大学师资队伍建设。

四、适合的职业教育教师队伍精准建设途径

应用型本科院校指以应用型为办学定位,培养学生的实践能力和创新能力,提高学生社会职业素养和就业竞争力的教学型普通本科院校。随着

中国教育步入大众化、普及化，应用型本科自2000年应运而生。应用型本科虽然在我国提出时间不长，但在国外却由来已久，德国、美国、新加坡和中国台湾的应用型本科均在教育体系中占有一席之地。我国现有600多所地方院校和新建本科院校定位或转型为应用型本科院校，占我国普通本科院校的一半以上。应用型本科以学科与专业建设为抓手，以教学为重点，形成了比较成熟的办学理念与办学特色，其人才观、质量观和教育观紧扣社会发展要求，对教学内容与教学环节、教学方法与教学手段进行了相应调整，全面提高教学水平，培养具有较强适应能力和实践能力，服务于基层一线和地方经济建设的高素质应用型人才。结合应用型本科院校"双师型"教师队伍精准建设的价值与标准，通过对应用型本科院校J学院"双师型"教师队伍的精准调研，给出了以下精准建设的路径选择。

（一）职教师资队伍精准建设的价值与标准

1. 价值

百年大计，教育为本；教育大计，教师为本。应用型本科院校的"双师型"教师队伍，既要有深厚的理论功底，又要有较强的专业实践能力，才能适应"中国制造2025"提出的要求与中国经济转型升级的需要，培养出新常态、新时代需要的大国工匠。应用型本科院校"双师型"教师队伍精准建设是指针对应用型本科院校"双师型"教师队伍实施精确分类、精确管理、精确帮扶的治理方式。精准建设的价值主要体现在三方面，一是学校宏观发展的需要。应用型本科院校应坚持以服务为导向，服务于国家和区域的经济发展战略需要，围绕实践性、应用性和技术性，办公平而有质量的教育，办让人民满意的教育，提升学校对社会的服务能力。二是学校教学开展的需要。应用型本科院校"双师型"教师既要掌握基本教学技能，解决教学实际中遇到的具体问题；又要有工程创新能力，能对现代教育技术进行实施、应用、创新。三是学校专业建设的需要。要紧跟地方特色产业发展，优化学校专业布局，重构专业课程体系，创建实践基地和服务平台，全面提高社会服务职能。

2. 标准

中共中央 国务院《关于全面深化新时代教师队伍建设改革的意见》中,对教师队伍建设提出了高素质、专业化、创新型的要求[1],这三方面要求既相互融合又互相统一。应用型本科院校"双师型"教师队伍的高素质是提高应用型人才培养质量的保证,专业化是保证应用型人才培养质量的关键,创新型是拓展应用型人才培养渠道的钥匙。应用型本科院校"双师型"教师队伍中的高端人才是领军人物,中端人才占主体优势,青年人才是储备力量。

第一,高素质。高素质是指识(专业翘楚)、能(职业旗手)、新(事业精英)一体化的教师,是同时具有隐性素质与显性素质的教师。隐性素质包括三商,即智商(理论实践)、情商(职业素养)、德商(道德规范)。显性素质包括硬技能(专业理论能力、信息教学能力、社会实践能力)和软技能(岗位适应能力、交流协作能力、创新创业能力、合作共享能力、终身学习能力)。

第二,专业化。① 教师能力专业化。教师教学不仅要有娴熟的专业实践知识,科学系统的教育教学能力,能够有效地将自己的专业知识传授给学生。还应有扎实的学科知识、科研知识和行业产业知识,能进行广泛的社会实践和专业活动。② 教师职业专业化。首先,国家对教师职业资格进行专业的认证及管理,规定教师必须满足相应的资格认证条件才能从事教师职业。我国当前的教师准入标准不仅对教师的师风师德有明确规定,而且对教师的学历学位、知识体系等都提出了明确要求。其次,调动广大教师投身教学的积极性与主动性,并通过政策引导,实行以教学为主的教师职称评聘倾斜政策。③ 教师发展专业化。首先,教师个人专业发展。随着"互联网+教育"日新月异地发展,信息化技术在教学中的应用

---

① 中共中央 国务院. 关于全面深化新时代教师队伍建设改革的意见[EB/OL]. http://www.gov.cn/zhengce/2018-01/31/content_5262659.htm.

更加广泛,因此教师个人的专业化发展对于网络背景下的教育教学工作具有重要意义。其次,教师分类专业发展,如对老、中、青不同年龄层次教师进行不同类型的培养,分设新手型、骨干型、专家型培训班,相应调整师资配备、授课模式等。

第三,创新型。创新型是拓展应用型人才多渠道培养的有效途径。产教融合、校企合作是职业教育的基本办学模式,是办好职业教育的关键所在。要把应用型本科院校建在产业基地与开发区,把专业建在产业链与需求链上。利用互联网+产教融合信息服务平台,构筑校企精准合作渠道,构建产业链、创新链、教育链与人才链,实现产教融合创新发展。利用职业教育活动周、职业技能大赛等平台,积极参与产教融合。联合职教产业集团,参与学徒制试点,解决产教示范、协同创新、实训基地等问题,协调好应用型本科院校与产业企业的关系,在产与教之间建立旋转门,加强教师实践能力和工程素质培养,建设一批应用技术协同创新中心,建立校内专职教师与企业兼职教师相结合的高水平工程教育教师队伍。

(二) 教师队伍精准建设的路径选择

中共中央 国务院《关于全面深化新时代教师队伍建设改革的意见》提出,"建立学校、行业企业联合培养'双师型'教师的机制"[①]。开启了新时代高素质教师队伍建设的新征程。从素质提升、专业发展、模式创新三方面提出了精准路径选择。

1. 素质提升

(1) 加强"双师型"教师师德建设。将师德教育贯穿于"双师型"教师职业生涯发展全过程。通过开展形式多样的师德师风建设引导广大教师树立正确的教育观、人才观和学生观,进一步增强教书育人的使命感和责任感。结合开展各级各类先进评选活动,提高应用型本科院校"双师

---

① 中共中央 国务院. 关于全面深化新时代教师队伍建设改革的意见[EB/OL]. http://www.gov.cn/zhengce/2018-01/31/content_5262659.htm.

型"教师队伍的职业道德素养。

（2）加强"双师型"人才引进力度。既要吸纳有海外学习或工作经历的"双师型"学者，也要重视有企业工作经验尤其是有企业管理经验的"双师型"人才。①引进杰出个人。结合学校、专业、学科建设需要，有计划地、柔性地聘请一批国内外知名专家与学者担任特聘教授、产业教授、兼职教授。本着"不求所有，但求所用"的引进思路和用人模式，灵活采取人才、智力、项目相结合的引进机制，制订行动计划，改善师资结构。②引进卓越团队。为高水平"双师型"教学团队设立引进特区，在人员聘用（团队统一聘用制）、管理体制（团队负责人承包制、目标管理制）、考核方法（三年考核法）、薪酬福利（协议年薪制）、科研经费使用办法（启动资金制）等方面实施特殊照顾政策，搭建有利于"双师型"教学团队成长的平台。

（3）提升"双师型"在职教师素质。①实施"双师型"教学名师计划。完善选拔培养管理办法，持续加大校级"双师型"教学名师（培育人选）选拔培养力度，重视培养期的管理、考核、培育，积极申报市级、省级、国家级教学名师，进行"双师型"核心团队培育。②实施"双师型"博士倍增计划。在加大对优秀博士引进力度的同时，进一步完善教职工进修管理办法，对骨干教师进行培育。调整教职工攻读博士学位政策，鼓励教师攻读博士学位。③实施"双师型"教师国际化计划。严格实施"双师型"教师境外研修实施办法，加大支持优秀"双师型"教师境外研修力度，加强外语培训，提高PEST5通过率，学习国外先进的教学技术与经验。

2. 专业发展

（1）加强"双师型"新教师与青年教师专业能力。制定"双师型"新教师与青年教师成长规划，科学谋划"双师型"新教师与青年教师的发展。利用国家政策和行政手段，让教学水平高的新教师与青年教师在全校范围内公开授课，由学生自由选课，使校内新教师与青年教师优质资源能充分利用。鼓励高水平新教师与优秀青年教师积极参与，充分发挥职称杠杆对广大新教师与青年教师潜心开展教学研究的引领作用，努力做出高水平教学成果。加强"双师型"新教师与青年教师素质提升，强化对引进的"双师型"新教师与青年教师的岗前培训、校本培训，完善"双师型"新教师与青年教师教学导师制，对新教师与青年教师进行"传、帮、带"，鼓励"双师型"新教师与青年教师开展教学反思，加强考核，提高实效。鼓励支持"双师型"新教师与青年教师通过提高学历、做高级访问学者、下企业实践锻炼、参加教学和学术研讨及培训等途径，提升专业能力。

（2）加强"双师型"兼职教师专业能力。探索常规人才、特殊人才、外聘人才兼职引进机制，完善应用型本科院校兼职教师队伍聘用与管理办法。积极从在国外著名职业院校与科研院所学有所成的海外归国创业人员中引进聘用一批高层次人才，指导学科专业建设和教学科研工作，建立相对稳定的兼职师资库，力争建设一支高规格、高水平的兼职教师队伍。

（3）提升"双师型"在职教师专业能力。探索"双师型"教师观摩、比赛、评奖的教学能力培养模式。各学科开设名师风采观摩课、公开课，"双师型"教师集体观摩学习。利用校内已有的教学资源，加强对教师的专业培训，严格执行教师教学竞赛实施办法，以提高教师教学基本功。每年举办全校性的教学比赛，对比赛内容及教程进行评比。创新教学午餐会及教学沙龙的内容与形式，形成品牌。利用校企合作平台，建立产、学、研互动战略联盟，让教师多走进企业实现深入交流。采取挂职锻炼、脱产培训、寒暑假集训等方式，在协议企业从事相关的生产管理和工程技术实习，学习行业企业中的新方法、新技术、新工艺，服务运用于教学。

3. 模式创新

（1）加强"双师型"教师教学模式创新。采用新思路、新机制、新模式，开发课程，推进教学。鼓励"双师型"教师在从事教学的同时，利用产教融合建设试点或校企融合等途径，参与本行业的生产实践活动，利用所在城市的产业孵化基地开设公司，享受相关政策优惠，持续更新实践经验。产教协同,产是支撑,教是核心;校企合作,校是龙头,企是基础。建立企业经营管理者与应用型本科院校管理者、企业技术能手与应用型本科院校骨干教师相互兼职制度。① 建设同时具有应用型与创新型的"双师型"教师队伍,鼓励有志于开拓事业的教师在行业专业内创业。

(2) 加强"双师型"教师激励模式创新。① 加大经费投入。进一步加大对"双师型"高层次人才引进和教师队伍建设的资金投入力度,每年有专项经费预算,激活用人机制。评估整改现行绩效工资实施办法,探索建立符合应用型本科院校管理程序及教师特点的收入分配制度。② 强化帮扶机制。通过制订科学的教师进修、培训计划,实施导师导生制、同行帮扶制、教学督导制,帮助教师尽快适应职场,完成角色转变,充分体现评价机制的温情。

(3) 加强"双师型"教师使用模式创新。① 优化教师资源配置。鼓励优秀"双师型"教师在校内学院与部门间合理流动,解决教师流动的后顾之忧。全校教师统筹使用,以利于全校学科专业教师队伍的梯队建设更加合理。让教师按照自己的特长与喜好进行岗位设置与安排,让喜欢教学工作的教师,钟情学术研究的教师,擅长行政管理的教师,有志双创教育的教师,都能在喜欢又适合其发展的岗位上发挥所长,能结合其具体岗位,设置相应的评价标准。② 严格人事考核制度。实施教师评价与评先评优、职称评聘、职务晋升、薪资水平联动机制,形成教师专业发展的激励机制。严格职称评审条件,加大教师破格申报与评聘的力度。不断完善学校岗位设置与聘用实施办法、实施细则及教师分类评价机制,实行职业院校低聘、低职高聘办法,探索建立教师非升即转、末位交流的转岗与退出机制,加大各级教师的在岗考核,使其在职称晋升成功后,保持教学科研热情不减。对年度考核基本合格者进行诫勉谈话,对那些连续二年基本

---

① 教育部等六部门关于印发《职业学校校企合作促进办法》的通知(教职成〔2018〕1号)[EB/OL]. http://www.moe.edu.cn/srcsite/A07/s7055/201802/t20180214_327467.html.

合格或一年不合格者,即调整出教师队伍,激活用人机制。

五、适合的职业教育高层次人才培养途径

(一)高层次人才概念及价值

1. 概念

(1)应用型本科院校:指办学定位为应用型,培养学生的实践动手能力和创新创造能力,提高学生的社会职业素养和就业竞争能力,以教学为主型的普通本科院校。

(2)高层次人才:指不仅具备一般人才的基本特征,还处于各个领域的专业前沿,在知识、技能、经验等方面都更胜一筹,是建设创新型国家的根本。[①] 一般分为高层次创新人才、高层次创业人才、高层次技能人才、高层次专门人才。[②]

(3)应用型本科院校高层次人才:指教师队伍中层次较高的具有高尚品德的学术精英、技能大师或精英工匠等。在重心上分为专家型人才、管理型人才和服务型人才;在结构上分为单一型人才和复合型人才;在渠道上分为本土人才和海外留学人才;在层次上分为领军人才、骨干人才和后备人才;在需求上分为急需专业人才和一般专业人才。应用型本科院校通常将副高、正高、博士、博士后,或入选国家级、省部级、市厅级、校级等各种人才工程或人才计划,或取得各种荣誉称号的人才,均视为高层次人才。[③]

2. 价值

建设人才大国,人才开发要先行;建设人才强国,人才发展是先驱。要走人才强校的道路,人才资源是学校的第一资源。梅贻琦先生认为"大

[①] 黄艳. 我国高校高层次人才队伍建设研究 [D]. 兰州:兰州大学,2009:08.
[②] 许燚. 珠海市高层次人才队伍建设研究 [D]. 广州:广东工业大学,2013:12.
[③] 刘国远. 地方本科院校高层次人才引进存在的问题及对策研究 [J]. 吉林省教育学院学报(下旬),2014 (05):17-19.

学者，非大楼之谓也，乃大师之谓也"。应用型本科院校的竞争，某种意义上是高层次人才的竞争。应用型本科院校具有教学、科研和社会服务三大功能。据教育部统计有 600 多所地方院校和新建本科院校，定位或转型为应用型本科院校，占我国普通本科院校的一半以上。如此数量众多的应用型本科院校，急需建设一支高精尖缺的由领军人才、创新团队构成的高层次人才队伍，全面提升教育质量与创新能力。应用型本科院校在整个教育格局中的地位取决于其学术地位与实践技能的提升，尤其要注意向理论与实践倾斜。高层次人才的质量对应用型本科院校的教学科研、人才培养、排名提升有决定性的作用。《中共教育部党组关于加快直属应用型本科院校高层次人才发展的指导意见》指出："引导高层次人才成为有理想信念、有道德情操、有扎实学识、有仁爱之心的教师楷模。"[①] 2008 年开始实行的千人计划，便为我国引进了一大批高层次人才回国创新创业。另外还有诸如国家"百千万"、国家杰出青年、中科院"百人计划"等人才工程。应用型本科院校之间的差距，表层看是名气的差距，实质是人才的差距，特别是高层次人才的差距，所以我们急需要建设一支素质良好、业务精湛、富有活力、结构优化的高层次人才队伍。

（二）J 学院高层次人才建设现状

1. 建设现状

（1）J 学院内培外引的人才。J 学院现有教职工 1 300 余人，其中专任教师 1 000 余人。第一，培养的高层次人才中有正高职称教师 130 余人、博士学位教师 310 余人、硕博研究生导师 170 余人。有多人享受国务院特殊津贴，或获全国优秀教师、省教学名师、省有突出贡献的中青年专家等荣誉称号，有 100 余人次获批省 "333 工程""青蓝工程"等中青年科技领军人才、学术带头人、骨干教师称号。表 4-12 是 J 学院 2010—2017 年

---

① 中共教育部党组. 中共教育部党组关于加快直属应用型本科院校高层次人才发展的指导意见（教党〔2017〕40 号）[Z]. 2017－07－31.

培养申报获批的部分高层次人才及团队明细。第二，聘请的高层次人才有中国科学院院士1人（双聘），学术和产业界知名专家100余人（担任特聘教授或兼职教授）。J学院2017年选聘产业教授10人，推动与企业、行业的深度合作，着力探索学校与企业联合培养高素质、高水平、高技能人才的新机制与新模式。

（2）J学院可申报的高层次人才项目或设立的校级人才项目。第一，可申报的国家级人才项目有：国家"万人计划"教学名师，新中国教育名家大师，全国教书育人楷模，政府特贴，千人计划（青年项目、文化艺术人才项目），长江学者奖励计划（特聘教授、青年学者），六大人才高峰，"万人计划"青年拔尖人才（自然科学领域），黄大年教师团队等。第二，可申报的省级人才项目有：省特聘教授，省青蓝工程（中青年学术带头人、优秀青年骨干教师、优秀教学团队），省教学名师，省"333高层次人才培养工程"（第一层次中青年首席科学家、第二层次中青年领军人才、第三层次中青年学术技术带头人），省有突出贡献中青年专家，省"双创计划"（双创人才、双创博士、双创团队），省技能大奖，省"高层次创新创业人才引进计划"等。第三，J学院设立的校级人才项目有，校级教学名师、校级教学名师培养人选。

表4-12　J学院2010—2017年培养的部分高层次人才及团队

年份/年	享受国务院特殊津贴/人	省六大人才高峰/人	省优秀教育工作者/人	省333培养工程（二）/人	省333培养工程（三）/人	省青蓝工程中青年学术带头人/人	省青蓝工程优秀青年骨干教师/人	省有突出贡献中青年专家/人	省科技创新团队/个	合计
2010	1	1				3	6			11
2011					8					8
2012		3				3	7	1		14
2013		3		3	6					12
2014		1				5	7			13

续表

年份/年	享受国务院特殊津贴/人	省六大人才高峰/人	省优秀教育工作者/人	省333培养工程（二）/人	省333培养工程（三）/人	省青蓝工程中青年学术带头人/人	省青蓝工程优秀青年骨干教师/人	省有突出贡献中青年专家/人	省科技创新团队/个	合计
2015		2							1	3
2016		3	1	2	5	3	8		1	24
2017		2				2	3			7
合计	1	15	1	5	19	16	31	2	2	92

2. 存在问题

（1）缺乏引进渠道。教师队伍的学历、学科结构亟待改善，高层次人才的支持和培育政策不健全，缺乏完善的引入机制和配套政策，缺乏整体提升教师队伍层次和素质的制度。囿于应用型本科院校目前的办学层次，大师级人才难聘请。对于留校的教师，未充分衡量其德、智、体、美、劳各方面，难免有私心杂念与人情成分。由于用人制度的限制，企业的技能大师难以解决引进中编制的问题，导致师资队伍缺乏核心竞争力，未能开创良好的用人局面。

（2）重引进轻培养。对校内的骨干教师、学科带头人、学术带头人未进行充分培养，工作重心偏向引进人才，导致恶性竞争。认为已是高层次人才，引进后便不需后续培养，对人才的扬长补短关注不够，忽略了高层次人才的发展高原期及倦怠期，违背了人才成长规律。人才引进后，考核机械化，时间短、要求高，过于关注科研数量，如论文或项目数量，不注重与学科专业的对接，学术自由度不高，不利于团队的长远发展。

（3）人才使用不足。高层次人才未能充分利用，存在人才闲置现象，因人设岗，重点不突出，潜在价值难发挥。成长培育支撑不够，导致引进的高层次人才用不上；缺乏发展平台，没有可供发展的路径，难有供大师发挥其才智的平台；投入与产出不平衡，引进后未能带来相应收益。学科带头人与学术带头人的数量不足、质量不高，有些专业缺乏师资力量，近亲繁殖现象严重，缺少新鲜血液加入，学术权威控制科研市场，影响学科发展。教学科研方法滞后，原创性、开拓性成果少，不利于高质量科研成果的产出，在国内外具有重大影响的科研成果少。

（4）盲目引进人才。应用型本科院校常常为了应付本科评估、修改校名等重大工程，突击引进数量众多的正高、博士等，存在人才高消费情况。与专业、学科、教学、科研的匹配度不充分，对师资队伍的素质结构、数量结构、年龄结构缺乏深入分析，存在人才重复引进现象，也存在对人才未来发展缺少规划的现象。

（5）人才流失严重。存在人才边引进、边流失的情况。有些教师读了博士、博士后，提高了学历和层次，就跳槽去层级更高的学校，更有甚者考上博士或博士后立即跳槽。学校对自己培养的人才往往没有特殊的照顾政策与措施，与引进的人才受重视程度有差异，产生了一定的负面作用，导致原有师资心理失衡，人际关系不和谐，出现"引进女婿，气走儿子"的现象。[1] 高水平的人才流失多，低水平的教师则很稳定地留在学校，平庸地干到退休。[2] 有些人才发展定位不明确，引进后转去做行政工作，导致专业人才的浪费。

（三）高层次人才精准建设的目标

1. 高精尖

建立学校、院（系）、学科带头人等分工明确、整体合作的人才引进工作机制。成立专门机构，设立基金、科研启动费等专项经费用于引进人才。突出以"高精尖缺"为导向，面向主干学科、优势学科、新兴学科，引进一流科学家、领衔专家、领军人物、高层次青年人才等。实施多元化、柔性人才引进机制，充分挖掘已引进人才的潜力与优势。

---

[1] 张艳倩. 河北高校高层次人才队伍建设研究 [D]. 石家庄：河北科技大学，2014：53，54.
[2] 陈清. 地方新建本科院校高层次人才引进工作探析 [J]. 福建师大福清分校学报，2010（06）：42-45.

2. 应用型

充分展现应用型，坚持以人为本、能力主打、分型培养的人才培养理念，以行业产业定专业布局，以经济社会发展需求定人才规格，以科技进步和产业升级定教学内容，培养应用型高级专门人才。聘请专家学者、行业精英、客座教授、社会知名人士等任兼职教师，充分发挥院校用人主体作用，增强科技创新能力。紧密结合国家发展战略和区域发展特色，优化专业与产业吻合度，加强应用研究。

3. 国际化

海外人才具有打破常规的创新意识，拥有得天独厚的人脉资源及放眼世界的国际视野与前瞻性思维模式，是充实人才队伍、优化师资结构、推动学科建设与发展的关键。我国将从最大的人才流出国转变为人才回流国，应用型本科院校要主动出击，抓住人才回流契机，面向全球公开招聘，引进一批国际一流的战略科学家和科技领军人才。激发海外高层次人才集聚效应，在科研和技术开发过程中充分发挥他们的团队意识和桥梁作用，创设一个能激发海外人才创新潜能的学术氛围与宽松和谐的软环境。根据海外高层次人才的专业和特长，进行学术创造和创新，为他们提供干事创业的舞台，让其有用武之地。持续探索吸引海外高层次人才的新举措、新模式，以慧眼识才、以胆识用才、以诚意爱才、以雅量容才，努力做到事业留人、感情留人、待遇留人。

（四）高层次人才精准建设的路径选择

1. 内培外引

（1）走出去。重点资助优秀学科带头人和学术带头人，到海外一流大学或研究机构深造，掌握国际学术前沿动态，提高其在国际学术界的交流合作能力。鼓励教师提高学历，攻读博士，进博士后流动站参与科研项目。使高层次人才密切跟踪学术发展走势，与海内外同行开展形式多样的学术交流和科研合作，提高其学术交流能力及在国内外学术界的地位和影响力，培育名师、骨干教师，建立名师工作流动站，与研究型大学共同实施"未来职业院校教师培养计划"。① 对本土人才进行培育，实现培育的国际化和常规化。共同构成引进、培养、使用人才队伍建设的基本环节，搭建人才成长立交桥，建立学习账户，开展学习成果认证、积累和转换。

（2）引进来。努力与国际接轨，依托重大科研项目、建设工程和重点基地构建高层次人才平台，为海内外优秀创新人才提供一个环境宽松、条件良好、机制灵活的高端创新平台。有效开发利用国内外的智力资源，吸引更多的国内外高层次人才。努力建设良好的政策环境、自由的学术环境、舒适的生活环境。② 筑巢引凤与引凤筑巢相结合，建立柔性引进制度，吸引更多人才回流加入。通过平台激发人才创新驱动发展，坚持完全尊重、充分支持和放心使用的方针，实现人才与价值的对接。强化创新成果同产业对接、创新项目同现实生产力对接、创新科技同经济对接，支持并鼓励国内外人才承担重大科技计划项目，深度参与技术攻关和科研创新。要对引进人才的学术背景、学历变迁、学术成果、工作履历进行全面评价。建立人才引进质量监督组，由专家、教师、学生，纪委、人事、教务、科研等人员与部门组成，依据评价指标体系严格打分，避免主观性与人情关系。为减少引进不成功导致的经济损失，可设立项目制或聘请兼职人员。

（3）"借人"用。开辟双聘、短期借调、交叉任职、兼职等人才引进方式，引进符合自己校情的人才，引智不引才，共享人才资源，节约用人成本，开动脑筋将"借人"作为突破点。院士双聘与产业教授的运作模式都是"借人"用的典型，不求拥有，但求能用。对有突出贡献的优秀人才可进行宣传表彰，通过物质和精神奖励，增强其成就感和荣誉感。

2. 流动共享

（1）国内流动。探索用政策的倾斜解决体制机制上的障碍，最大限度

---

① 张艳倩. 河北高校高层次人才队伍建设研究 [D]. 石家庄：河北科技大学，2014：53, 54.
② 霍晋琦. 特色高校高层次人才队伍建设研究——以中国矿业大学为例 [D]. 徐州：中国矿业大学，2015：17, 43.

拓宽人才引进渠道。坚持自愿、平等、合作、共赢的基本理念，按照共商、共建、共管、共享、共赢的"五共"原则，努力建设一支年龄分布合理、学缘结构良好、阅历丰富多元、科研潜力巨大的高层次人才队伍，为深化应用型本科院校内涵式发展提供强力支撑。

（2）校际流动。应用型本科院校校际互引高层次人才，需对其进行规范化管理，使其人才合理有序流动，强化学校与人才的契约和法治意识，防止非理性竞争引起的人才失序流动。结合"一带一路"建设与服务要求，开展团队建设，建立智库。在其位谋其政，各尽其责，各展所长，各具特色，各得其所，健全高层次人才的支持和培育政策。

（3）区域流动。促进不同区域间应用型本科院校高层次人才的互相流动，制定优惠政策，推动经济发达地区的人才向经济欠发达地区流动，推动东部人才向西部流动，推动沿海地区人才向内陆地区流动，拉动地区之间的人才平衡。引导人才合理流动，有效配置人才资源，最大限度地发挥人才潜能，实现人才资源的增值。降低因为人才流失导致的负面社会影响，共享人才红利。

3. 评价科学

（1）绩效考核。第一，教学、科研和社会服务考核。借鉴国外的成功经验，为高层次人才的引进、使用和培养制定科学的管理办法，围绕教学、科研和社会服务建立清晰明确的考核标准，对不同类型的人才，考核内容各有侧重。赋予高层次人才在考核中的权利，鼓励其主动参与考核，以学术水平为标准，促进其业绩和能力发展。制定指标灵活的考核评估体系和科学化、社会化、市场化的人才评价制度，让高层次人才脱颖而出，各展其才、各尽其能，加快推进人才培养等关键环节的改革，让市场决定人才资源配置。把人才从各种条条框框、桎梏藩篱中解放出来，充分激发人才的原生动力，增强人才创新创造活力，用制度创新为高层次人才发展注入强大动能。学校充分放权，替人才松绑，激活人才活力，使其各展所长。第二，德、能、勤、绩考核。可根据聘任制的要求，对高层次人才采取定性考核其德、能、勤和定量考核其业绩相结合的方式，结合科学的考核指标体系，采取目标责任考核，对其聘期本着科学、全面和客观的原则，进行目标管理和聘期考核。在思想政治素质和师德规范方面，实行"一票否决"制，并健全师德建设长效机制。引导广大教师以德立身、以德立学、以德施教、以德育德，坚持育人与教书相统一、身教与言传相统一、关注社会与潜心问道相统一、学术规范与学术自由相统一。注重品德标准，倡导诚实守信，抵制不良风气，注重对能力、实绩和贡献的评价，建立以同行评价为基础的业内评价机制。培养一批高成果引用人才，鼓励其多出精细成果，勇争高水平大奖。把已有内才与引进的外才进行优化搭配组合，有助于融合后高效使用。

（2）动态管理。完善人才发展投入机制，实施国家重大人才工程，倡导敢于创新、勇于竞争、严谨治学和宽容失败的精神，构建定位明确、层次清晰、相互衔接的人才培养和支持体系。人才管理要创新工作思路，科学化、合理化、规范化，树立战略性和双赢性的理念，以人才战略伙伴和推动变革的角色，建立既与国际接轨又符合中国国情的创新人才管理机制，不断完善高层次人才的选拔、引育、评价、激励和流动。攻克高层次人才"引不来、留不住"的问题，将"育人"与"借人"作为突破点，结合马太效应规律、师承效应规律、实践成才规律、内外因共同作用规律等实施。① 设计好引、用、育、留、退五个环节，开展教师就职考试和定期注册改革，设立特岗计划，把好入口关，破除终身制。遵循人才成长规律，畅通评价渠道。科学设置人才考核评价周期，拉长考核期，如果考核没通过，给予一定的缓冲期，逾期考核仍不达标，由人事处约谈，给予转岗或将其人才关系统一放于人才交流中心，后期考虑解聘，建立优胜劣汰、能进能出的用人机制，真正做到岗位能上能下、人才能进能出，不断

---

① 霍晋琦.特色高校高层次人才队伍建设研究——以中国矿业大学为例［D］.徐州：中国矿业大学，2015：17，43.

提升高层次队伍的质量和水平。

4. 社会保障

（1）聘用保障。旨在加强人才工作法制建设，强化契约和法制意识，坚持用法制保障人才，健全人才安全保障、人才权益保护、人才市场管理和人才培育等环节的法律法规，形成有利于高层次人才可持续发展的法制环境。指导应用型本科院校坚持科学理性的人才流动导向，落实聘用合同管理，鼓励院校与政府、企业建立三元互动高层次人才培养模式，实现应用型本科院校与科研机构、企业人才资源优势互补。用教师契约制代替终身制，设终身教授，其余教师均签订聘用时间不等的合同，改革教师晋升标准，建立破格晋升制度；为防止学术近亲繁殖，限制留校任教比例；改善教师工作环境，为教师多出成果创造宽松的行政环境，实行学者治学、教授治校。

（2）经济保障。要满足高层次人才生理需要、安全需要、感情需要、尊严需要和自我实现需要等五个层次的需要，经济保障首当其冲。① 根据经济发展水平，对于引进的不同级别的高层次人才，参考当地物价局定价标准，规定好安家费、购房补贴、住房、配偶工作、办公用房与设备、岗位津贴、科研启动经费、后续发展经费、可支配学科建设经费等。践行一流人才、一流业绩、一流薪酬的标准，一方面缓解经济压力，另一方面保证后续科研工作顺利开展。同时帮助其寻找人生伴侣，增强单位归属感。② 围绕高层次人才队伍建设制定收入分配制度的中长期规划，做好顶层设计，以业绩为导向，按市场机制确定有竞争力的、平衡保障和激励关系的收入结构，构建有年薪制、讲席冠名薪酬、协议工资、科研团队薪酬等多种形式并存的薪酬分配体系，完善高层次人才分配激励机制，加大对高层次人才的吸引力，提高队伍的稳定性。③ 制定科学合理的高层次人才考核评价制度和创新激励保障机制，在制定薪酬政策时，要与普通教师拉开差距，又要保持合适的薪酬水平比例，从而保证应用型本科院校内部的和谐与整体发展。实施绩效工资，规范应用型本科院校的薪酬管理，依托人事工作组织平台，结合人才流动趋势，建立应用型本科院校自律的薪酬分配体系与制度。

（3）用平衡计分卡评价。① 对教师绩效进行有效的、综合的评价。平衡计分卡从财务、顾客、内部流程、创新与学习四个不同的角度对绩效进行全面的综合评价。通过相应转换，将平衡计分卡运用到教师绩效评价中，形成适合于学校的绩效评价体系。基于平衡计分卡的教师绩效评价体系，不仅继承了传统的以"德、能、勤、绩"为标准对教师进行全面评价的优点，而且克服了这种标准的模糊性和不具体性。此外，平衡计分卡还对目前常用的"重科研轻教学"的评价标准进行改进，使科研与教学相结合，从而对教师绩效进行更为有效的、更为综合的评价。② 调动教师积极性，提高教师工作绩效。通过平衡计分卡，建立合理的考核制度，对教师实际成果进行公平考核的同时，从某种意义上说还是对成果的展示，给予教师工作上的肯定，有利于促进教师绩效，提高教师工作积极性；通过科学、全面的绩效考评，并将考评结果反馈给教师，可以使教师了解自身存在的不足，或者同其他人的差距，有助于教师进行自我调节，从而取得更大的进步。③ 优化学校人力资源管理，提升学校整体水平。对教师绩效进行全面的、多角度的评价，有助于更准确地认识与把握教师的素质、能力、工作情况等，并以此作为教师的招聘与录用、继续教育培训、职业发展的依据，完善学校人力资源管理系统；通过有效的绩效评价，形成一个评价、监督、反馈、应用为一体的良好运转的人力资源管理系统，促进学校整体水平的提升。

（4）兼职教师。① 引进企事业单位兼职教师，即行业、企业、事业单位的兼职教师。打破职业教育师资来源以职业院校毕业生为主的传统观念，广泛吸收和鼓励企事业单位工程技术人员、管理人员和有特殊技能的人员担任职业教育专、兼职教师，注重其教育教学能力和师德师风修养的培训。他们熟悉生产、服务、管理、科研第一线的新技术、新工艺及社会对从业人员素质的新要求，经过一定的教育、教学基本功训练，自身能很快地成长为"双师型"教师。同时，他们与本校专职教师共同进行教学活动和交流，可以促进专职教师向"双师型"教师转化。② 共享职业院校兼职教师，即兄弟院校的兼职教师。各学校共享教师资源，是促进兼职教师向"双师型"教师转化的重要途径，因为这样可以弥补各校教师在专业结构上的不足，促进教师的交流和成长。各地职业院校可联合建立职教培训中心，定时定期选派教师进行公开讲课、实训比赛，加强院校之间的交流。对于各院校的优秀教师进行资源共享互换交流，一方面可提升知名教师的影响力，另一方面还可激励其他教师努力向这些教师看齐，形成良好的学习竞争氛围。③ 转行培养校内兼职教师。大部分校内兼职教师都是教师出身，有丰富的教学经验，又有实际的工作经验，通过一定的培训和练习，能较快成为合格的"双师型"教师。培训的内容和课程设置必须以教师转行所教专业科目的岗位能力需要为依据，针对培训老师实际能力状况，使其获得最需要的知识和技能，使培训教师在以后的教学岗位上收到良好的教学效果，真正做到学有所用。

六、适合的职业教育教师队伍激励培养途径

（一）激励理论

"激励"一词在《辞海》中的解释是"激发使振作"。美国管理学家孔茨和奥唐奈认为：激励是适用于各种动力、欲求、需要、希望以及其他类似力量的通用术语。由此可见，激励就是通过满足人的需要、激发人的动机、挖掘人的潜能、发挥人的主观能动性的过程。管理学中涉及激励的理论很多，有需要层次理论、双因素理论、强化激励理论和公平理论等。①在此从激励制度的多样性及针对教师就职融通的激励制度设计展开论述。

国内外对激励理论研究很多，涉及经济、管理、社会等多个领域，国内学者研究大多都是汲取了西方激励理论研究取得的一系列突出成果。朱

---

① 孙艳淮. 激励理论在大学生教育管理中的应用 [J]. 中国青年研究，2008（11）：99.

德友（2010）①按照研究的侧重点及与行为关系的差异将西方管理激励理论分为内容型激励理论、过程型激励理论、行为改造型激励理论和综合型激励理论等。成琼文（2010）②认为目前比较成熟的激励理论主要有行为派激励理论、认知派激励理论及综合型激励理论三种。综合目前有关学者的研究成果，总结归纳出激励理论中比较成熟和获得公认的理论与观点主要有以下几种。具体见表4-13。

表4-13 激励理论中比较成熟和获得公认的理论与观点

序号	学者	理论	观点
1	马斯洛（Maslow）	需要层次理论（1954）	人类基本需要有五个层次：生理需要、安全需要、爱的需要、尊重需要、自我实现的需要
2	赫茨伯格（F. Herzberg）	双因素理论（1957）	员工满意与不满意的因素是两类不同性质的因素：动机因素和保健因素
3	麦克利兰（McClelland）	成就需要理论（1961）	人在不同程度上存在以下三种需要影响其行为：成就需要、权力需要、友谊（亲和）需要
4	阿尔德弗（C. Alderfer）	ERG 理论（1972）	人有三个核心需要，即生存（Existence）需要、相互关系（Relatedness）需要和成长发展（Growth）需要
5	亚当斯（Adams）	公平理论（1965）	激励程度来源于对自己和参照对象的报酬和投入比例的主观比较感觉，即 $Op/Ip = Or/Ir$ 表示公平
6	弗鲁姆（H. Vroom）	期望理论（1964）	人的期望与奖励的价值决定了对员工激励的力量，即激励水平 = 效价 × 期望值
7	洛克（E. A. Locke）	目标设置理论（1968）	强调目标在行为中的作用，在决定个体的行为方面起直接作用的是个人本身为自己设定的具体目标

① 朱德友. 高校教师激励机制研究 [D]. 武汉：武汉大学，2010：14 – 18.
② 成琼文. 高校教师薪酬激励效应研究——以研究型大学的中青年教师为例 [D]. 长沙：中南大学，2010：43 – 48.

续表

序号	学者	理论	观　点
8	斯金纳（Skinner）	强化理论（1938）	人的行为是由外界环境决定的，外界的强化因素可以塑造行为。包括正（积极）强化和负（消极）强化
9	凯利（H. H. Kelley）	归因理论（1967）	用三种不同的解释说明行为的原因：归因于从事该行为的行动者、归因于行动者的对手、归因于行为产生的环境

资料来源：根据朱德友、成琼文博士学位论文中的研究综述归纳汇总。

（二）激励措施

在"双师型"教师队伍的建设、培养与发展过程中，许多成功的管理政策、措施都与有效的激励方法、手段相关联，激励因素在教师发展中发挥着重要的作用。经过对前人研究成果和问卷调查的分析整理，概括出我国目前对"双师型"教师的激励措施主要有以下五种。

1. 思想意识引领激励

一个人的发展，方向很重要。方向的把握一方面要靠自身的学识、能力、经验、认识来掌控，另一方面靠学校的规章、制度、条例、方案来引领。职业院校主要通过与制度相应的鼓励政策和评级评优条件对"双师型"教师的转型、培养、发展进行引导，通过在一些荣誉奖励中设立对"双师型"教师的有利倾向条件，使"双师型"教师成为榜样示范，引领全体教师深刻认识"双师"素质的重要性，帮助其从思想上意识到自己向"双师型"发展的迫切性。

2. 经济基础保障激励

工资、津贴、福利等是教师家庭生活的经济基础，安心工作的物质保障。"工资、津贴的档次标准不仅代表着收入的高低，也是衡量自我价值的重要尺度和坐标，它是教师地位的标志、自尊的依据和安全的保障。"[①]

---

① 李仰祝. 双因素理论在高校教师激励管理中的应用研究 [D]. 开封：河南大学，2012：10.

"双师型"教师在收入待遇方面都能得到学校一定的保证,很多学校通过提供优厚待遇来吸引更多具备"双师"素质的人才来学校工作。教师在相关企业进行实践能力提高更新的过程中,也能得到学校的支持和经济保障,使教师能够在企业安心、专心地学习提高。

3. 理论知识更新激励

能力来源于不断更新的知识。许多职业院校管理部门根据"双师型"教师的能力特征,为他们提供和创造多种多样的学习培养机会,及时更新他们的知识体系,增强传授最新知识的能力。有一些职业院校还设立"双师型"教师专项培养基金,制定国内外师资培养规划和年度培养计划。还有些职业院校根据学科建设发展的需要,给予"双师型"教师更多的自主权和空间,鼓励他们能够根据专业特点、市场前景和自己的兴趣进行自主学习,激励教师持续更新相关知识,准确把握经济发展的最新方向。

4. 实践水平提高激励

"双师型"教师要具备两种能力、两种素质,实践能力与理论知识同样重要。在学生们的眼里,职教教师的实践能力更被看重,一名只会纸上谈兵而实际操作频频失误的教师只会让学生轻视。我国职业院校已经非常重视教师实践操作能力的培养与提升,各职业院校在实习基地、实训场所和设施建设方面的投入逐年加大。很多学校制定相应的政策规定,激励专任教师每隔一段时间就到企业或市场一线进行实地体验和实际操作、设计等,使众多专业教师的实践能力有了质的提高并能持续保持先进性。

5. 创新能力风暴激励

创新能力在现代科技发展中的地位举足轻重,作为培养未来生产建设主力军的职业院校"双师型"教师,更要有不断创新、不断发展的思维和设想。现代发明创造的实践表明,对于绝大多数的普通人,如果能相互激励、相互补充,引起思维"共振",也会产出不同凡响的新创意、新方案、新方法。目前从国家到地方到各院校,都在鼓励建设各级教学团队,通过奥斯本的头脑风暴法(brainstorming),组织教学团队对某一特定问题或特定环节进行专题讨论和研究，团队教师成员之间互相交流、互相启迪、互相激励、互相修正、互相补充，在头脑中掀起思维风暴，从而能够产生新方法、新设想、新手段、新工艺等。

（三）激励步骤

目前，激励理论在"双师型"教师队伍建设过程中发挥了重要的作用，但还有更多的发展空间，应该加强激励措施的应用。从"双师型"教师的角度来看，教师要有发展意识、竞争意识、危机意识、创新意识。对教师实施激励的过程，实际上就是学校与教师之间良性互动的过程，要在"双师型"教师队伍建设过程中更好地运用激励措施，促使教师可持续发展，达到教师与学校两者"共赢"的效果。

1. 设置激励目标，增强动力

洛克的目标设置理论强调目标在行为中的作用，在决定个体的行为方面起直接作用的是个人为自身设定的具体目标。从弗鲁姆的期望理论可以知道，一个对自己没有多少价值的目标，虽然达到目标的可能性很大，人们也不会有太强烈的愿望去实现它。同样，对一个很有价值的目标，虽然人们有很强烈的愿望实现这个目标，但要成功几乎是不可能的，理性人也不会去做无用功。由此可见，人的动机强度或激励力量，既取决于个体对实现预期目标或成果的可能性大小的判断（即期望值），也取决于目标价值（即效价）。因此，教育管理部门和学校管理层采用某种激励目标时，要使教师对其效价和期望值都有较高的评价，这种目标才真正具有激励作用。合理的、科学的、先进的、可实现的目标能给教师带来期望，从而激发教师再学习以促进发展的积极性和主动性。

2. 强化奖惩激励，引导方向

斯金纳的强化理论认为，外界的强化因素可以塑造行为，包括正（积极）强化和负（消极）强化。赫茨伯格的双因素理论强调要利用好促使员工满意的激励因素，同时还要处理好可能让员工不满意的保健因素。在"双师型"教师发展过程中，教育管理部门和学校管理层要建立严格的奖惩机制，奖励那些职业学校需要的成果和行为，惩罚那些不合理的、与职业教育不相称的行为和不良后果。通过严格的管理约束，引导"双师型"教师深刻认识哪些工作、要求和做法是积极的，是得到学校认同和倡导的，哪些行为是消极的，是被学校明令禁止和反对的，从而引导"双师型"教师的行为符合职业院校的培养目标与要求。

3. 提升情感激励，上下融洽

马斯洛认为人由低到高依次有生理、安全、爱、尊重和自我实现的需要，情感方面的激励在教师发展中相当重要。职业院校管理层必须加大情感激励的投入，摒弃自上而下机械单调的管理模式，加强同"双师型"教师在情感、生活、娱乐上的交流沟通，促进教师之间、教师与管理层之间的感情互通互动，建立融洽的工作环境，营造良好的氛围。同时对教师工作上的成就要给予及时的认可，增强他们的满足感，对有突出能力的"双师型"教师要委以重任，体现出对他们的重视和尊重，以增强他们的责任感和归属感。

4. 善用竞争激励，共同进步

凯利在其归因理论中用三种不同的解释说明行为的原因：归因于从事该行为的行动者、归因于行动者的对手、归因于行为产生的环境，因而对行为的行动者和对手采取相应的措施是可以产生比较明显的激励效果的。亚当斯的公平理论强调了激励程度来源于对自己和参照对象的报酬和投入比例的主观比较感觉。在促进"双师型"教师发展的过程中，首先要鼓励教师个人自我提高、自我发展，促使他们进行自我的纵向比较，把今天的自己与过去的自己做比较，让今天的自己与未来的自己竞争。纵向比的同时也要兼顾横向比，学校要在教师发展中创造良性的竞争氛围，创设相对公平合理的竞争环境，调动教师与同事竞争、与对手竞争，激发他们的工作热情和学习动力，促进他们共同进步、共同提高。

5. 促动需要激励，实现发展

阿尔德弗的 ERG 理论和麦克利兰的成就需要理论都指出"成长需要"

和"成就需要"是人生中重要的激励手段。人在满足了低层次的需要之后就会有更高级别的需要，无论是"成长需要"还是"成就需要"，都是指人向更高层次的发展，发展是人追求的最终目标。"双师型"教师的终身发展是一个动态的过程，是一种可持续发展。可持续发展的丰富内涵包括：第一，突出发展主题。第二，发展的可持续性。第三，人与人关系的公平性（一部分人的发展不应当损害另一部分人的利益）。第四，人与自然协调共生。① 因而，在"双师型"教师的终身发展中，首先要突出"发展"，突破目前"双师型"教师培养模式的局限，将视野放宽至教师职业的一生，遵循公平、公正、和谐、共生的原则，对其动态发展进行制度设计。

（四）激励环境

教育效率在很大程度上取决于教师工作的主动性和积极性。激发教师的工作热情，使其积极主动工作。制定能提高教师积极性的激励性政策，吸引教师向前发展。

1. 建立岗前培训、上岗资格制度

来自企事业单位的引进人才和兼职教师，没有教学经验。必须请有教学资历的专家对其进行教学技能岗前培训，使其掌握教学方法，提高教学质量。培训内容有教育理论、教学设计方法、教育技术运用等。对取得资格的教师予以重用，对未取得上岗资格者限期培训提高。定期考核教师工作业绩，将考核结果与职称评定、工资收益、职务晋升、业绩奖励等挂钩。

2. 择优、竞争上岗

职业院校按各行各业的岗位设置专业，专业更新频繁。专业数量增长和频繁变化所带来的专业教师需求多样化，要求学校通过"职业院校低聘、低职高聘、互联互聘、专兼结合"等多种方式，实行岗位聘用制和合

---

① 金炳华，等，编．哲学大辞典（修订本）[M]．上海：上海辞书出版社，2001：743.

同化管理，形成灵活多样的用人机制，给教师选择适合自身发展的学校或岗位提供可能，同时也给学校在更大范围内选择所需的教师提供条件。限制那些不具备实践教学能力，特别是那些不具备基本的专业理论知识的基础课教师和非教学人员参加专业课实践教学，让重理论轻实践的教师有危机感。在安排各种教学工作和任务时，允许竞争，优先聘用学术水平高、业务能力强、技术技能全面的优秀教师。

3. 在分配上形成竞争机制

形成按能力高低、贡献大小拉开档次的分配制度，充分体现技能工资名副其实。开展行业之间、学校之间的各种实践技能竞赛，要在教师间开展观摩课、专题讲座和研讨活动，让教师在做中学、在学中做。促使各类教师形成主动学习、积极进取的良好风气，从而使双师教师迅速成长，使有能力的教师脱颖而出。

4. 以校外兼职教师为纽带促进教学的社会化

从社会招聘的兼职教师，熟悉生产、服务、管理、科研第一线的新技术、新工艺及社会对从业人员素质的新要求，经过一定的教育、教学基本功训练，能很快地成长为教师。同时，他们与本校专职教师共同进行教学活动，可以促进他们向专业教师转化。对现场技能水平要求较高的、专业性非常强的课程，聘请现场技术人员做兼职教师，能够保证学生得到优质的教育，也使教学更接近于社会现实，适应社会经济的发展。

同时也有利于加强校企之间、学校与社会之间的沟通与联系，这对于改善教师的学缘结构，促进学校的专业建设、专业改造和课程调整，拓宽专职教师的视野，提高专职教师的实践技能，活跃学术思想，促进技术交流，最终达到教学质量的提高，是大有裨益的。兼职教师来自不同行业，他们既有新的思想和观念，又有丰富的教学经验和实践经验，鼓励他们参与学校的教学改革，如直接参与专业设置和教学计划的制订，以培养技术应用能力为主线，制订学生的知识、能力、素质结构的培养方案，更有利于培养目标的社会化以及体现职业教育的办学活力和办学特色。

正确引导教师的兼职活动，专业教师在完成好本职工作的基础上到校外兼职，可以学到最新的理论并且能够提高自身的实践能力。他们将在实践中积累的素材带到课堂，丰富课堂教学的内容，肯定会受学生欢迎。

鼓励教师社会兼职，面向企业，面向生产，直接参与技术开发、技术转化。有些教师经过多年的专业实践，积累了较为扎实的专业理论基础，并形成了一定的科研开发能力。学校要积极鼓励专业教师主动开展科技服务，承担科研项目，通过为企业提供技术咨询，开发产品，走"教学—生产—服务"的社会化之路，让他们得到进一步的锻炼和提高，在取得显著经济效益的同时，获得广泛的社会效益。以兼职教师为纽带，把科技服务与开发作为职业技术教育的重要组成部分，对学校可产生多方位辐射效应，促使教师向上发展。学校由此也能了解市场需求，从而加快教学内容更新和教学改革。

5. 教师的成长离不开学校和企业的积极参与

职业学校的生存与发展具有重要的社会价值，职业院校要有好的生存与发展势头，必须具备很多良好的因素，其中，师资水平的高低，是直接影响职业院校发展的规模、速度和人才培养质量的一个重要因素。加强教师队伍建设，应该成为职业教育的重要工作。职业教育的培养目标是为企业生产一线培养高素质的应用型技能人才，这就要求职业院校必须有一支素质高、业务精，既能讲、又能干的师资队伍作为支撑。在专业教学中，他们是知识传播者，可以让学生学到宽广的专业知识和实践预备知识；他们是能力引导者和道德示范者，可以引导学生养成职业素养和职业道德。在实践教学中，他们是身怀技艺的师傅，不但让学生掌握实际操作技能，而且让学生学会创新，开发新产品、新技术、新工艺。

教师制度仅凭学校的参与是不够的，还需要企业的大力协助。在我国现阶段，由于职业教育资金投入有限，一流的设备、仪器往往最先由企业引进，生产现场问题、新产品试制都是由企业解决、完成的。如果没有企业这个大的实践场所，没有企业深度参与，教师就没有锻炼场所，也就无法提高。

教师的成长离不开教师群体和企业相关技术人员的努力争取。当从教成为一种风尚,他们的投入与产出相对合理时,会有更多的人员投入教师队伍中,从而更好地为学校创造声誉,为企业创造更多价值。

6. 初步建立教师成长的工作网络

(1) 在人社部门成立教师研究办公室。首先在人社部门建立起教师研究办公室,配备工作人员,到各个相关院校、企业进行社会调研,根据教师现状,提出合理的意见和建议,促成教师制度的逐步完善和发展。

(2) 逐步完善教师成长的工作队伍。教师成长的工作队伍,包括教师制度的决策者、执行者,教师群体和企业的相关技术人员等一系列参与者。

(3) 建立教师培养和培训基地。教师的成长仅仅靠自身不断学习,完善自身是不够的,也是不可取的。我们要充分发挥组织的作用,帮助相关人员成为教师。

7. 逐步制定教师成长的职业资格制度

(1) 职业资格证书制度是指按照国家制定的职业标准或任职资格条件,通过政府认定的鉴定评价机构对从业者的技能水平或职业资格进行客观公正、科学规范的评价和鉴定,对合格者授予相应的国家职业资格证书。

(2) 教师职业资格制度的制定是一个系统工程,标准的制定要兼顾各要素,不能单凭一个或者某几个学校、企业就制定出这样一个标准,我们要进行大量的调研,要有常抓不懈,针对实际情况不断改进的思想。该制度可以使教师的工作,在以往的基础上向着全面、规范、系统和深入的方向发展。

8. 从不同角度对教师进行激励

激励是教育管理中的动力机制,它是管理人员通过各种方式调动教师积极性的活动。管理人员正确运用行之有效的激励机制,对于调动教师工作积极性,激发教师的主人翁意识和创造潜力,促进职业教育的发展,具有重要作用。管理者要适时通过科学的方式方法激发教师的内在潜力，提高教师的智能水平并发挥其积极性、主动性、创造性，使教师能切实感到力有所用、才有所展、劳有所得、功有所奖。

七、适合的职业教育教师职称评定培养途径

（一）职称评定中教师权利保障实现的不利因素

1. 法律受案范围的不明确性

对职业院校"双师型"教师职称评定纠纷受案范围进行分析，看哪些纠纷属于这类纠纷。在这里要从"双师""职称评定中的纠纷""职业院校"三个关键词方面来界定，也就是说只有同时符合这三方面的纠纷才是研究的受案范围。界定理清哪些纠纷是属于"双师型"教师被侵权的行为类别，可以节约法律成本，提高纠纷解决的效率。

2. 适用法律的不确定性

法律适用方面，宪法、教师法、民法、行政法、劳动法中都有涉及对教师权力的维护，但具体可依据的相应法条缺失，试用准则模糊、混乱。例如，根据《中华人民共和国教师法》（以下简称《教师法》）和相关规定，教师权益遭到侵害后其法律救济途径只有申诉和仲裁两种，但《教师法》没有对申诉的受理机构做出明确规定，教育部也没有对申诉的受理机关——当地人事争议仲裁委员会做出明确规定，所以当教师的权益受到侵害时，其申诉、仲裁、行政争议和行政诉讼等维权途径不畅通。

3. 现有维权方式的滞后性

职业院校"双师型"教师在职称评定时，具有自身特殊性，这里包括"双师"身份的认同，教学成果、科研成果的独特性。这就要求此类教师评定职称时要有专门的适用标准，既要在同专业教师与"双师型"教师之间有所区别，又要在全校各专业教师职称评定时有其合适的区分标准。"双师型"校企合作为主导的教学模式的创新与发展，属于新事物，教师职称评定中由于评定条例自身的落后，维权途径的单一、滞后，都给"双

师型"教师遇到不公正待遇时的维权设置了障碍,因此这些新问题都需要救济途径、救济方法和评定规则能够与时俱进、协调发展才能得以解决。

4. 科学救济程序设计的缺失

救济的横向和纵向的程序设置混乱。在横向程序上,由于对教师权利保障救济途径的具体权限划定不清、具体法律适用不清等原因,造成申诉、仲裁、诉讼等救济程序设置的现行法律法规对教育行政部门或人民政府处理教师申诉时的受理、调查、答辩等事项,缺乏严格的程序性规定。实践中,教育行政系统内部救济仍然多采用行政方式,对事件的调查粗糙,不公开进行,对教师申诉的处理往往掺杂领导的个人感情和主观判断。另外,对提起申诉控告的缘由,以及受理机关、时限要求、处理结果的送达和执行等具体事宜仍未制定出明确的单项法规或相应的实施细则。教育行政部门或人民政府受理申诉或控告后,由于缺乏受理、审理、申诉、答辩、调查、处理的严格程序,势必存在随意性,难以保障教师的申辩权利。而且教育行政部门或人民政府在处理教师申诉过程中,教师和被申诉机构完全是"背靠背"。因此要科学合理地受理纠纷,实施救济的横向和纵向的程序设置成为亟待解决的问题。

(二)完善职业院校"双师型"教师职称评定纠纷救济的程序设计

1. 明确受案范围

在此要解决纠纷的类型是针对"双师型"教师这一主体的,所以要明确"双师型"教师职称评定中的纠纷类型,也就是受案范围。

(1)"双师型"教师职称评定中的程序性类型纠纷。教师在职称评定中,对评审的资格审核程序不满;评审委员会组建的专家组成员构成制度不合理;没有明确的利益相关评审专家、服务人员回避制度和提出异议制度;评审程序中出现的选票公布程序、时间没有明确规定;科研成果评判送审程序不透明、不科学;"双师型"教师的评审条件与其他教师项目没有评审制度上的明确区分;不同学科评审程序没有明确的区分标准;参与评审专家专业资质不够或不同学科专家比例不科学;公示时间没有按规定执行；选票制度不科学使人为操作成为可能；对同等情况下教师的评审硬件提出特殊的苛刻要求，超出规定；变相限制教师申报职称的人数；不同学科之间的教师申报名额比例分配不科学；职业院校内部评审程序没有通过教代会的审议，而是直接由行政部门以发文形式确定。

(2)"双师型"教师职称评定中的实体性类型纠纷。对"双师型"教师发表的核心期刊论文、非核心期刊论文、论文影响因子等有关论文评价认定引起的纠纷；学校设置门槛限制"双师型"教师从事教学科研活动，"双师型"教师培训进修机会分配的比例不科学，"双师型"教师年终考核、学期考核引起的纠纷；对不同国家机构组织的奖项认定标准不同引起的纠纷；对有关专著、合著、创作作品、专利、规划教材、精品课程等级认定标准不同引起的纠纷；对"双师型"教师进企业做访问工程师时所产出成果的认定标准不同引起的纠纷；对"双师型"教师主持或参与国家级、省部级、市级、院级教科研项目及课题认定标准不同引起的纠纷；不同系部"双师型"教师参与专业建设等级引起的纠纷；学术报告水平层次认定引起的纠纷；实验室建设、实习基地建设等级评定引起的纠纷；对教师教学质量考核、年度考核和考核中优秀评定引起的纠纷；教师带学生参加不同等级比赛的成绩评定标准不同引起的纠纷；教师做访问工程师、指导社团数量的判定标准不同引起的纠纷。

2. 程序设计

(1)申诉制度。第一，建立健全职业院校内部申诉制度。设置申诉救济渠道、建立申诉委员会和制定申诉程序，并在学院的教代会上审议、通过，以制度化的形式确定下来，确保这个通道常规化、合理化。当教师职称评定中有纠纷存在，当事人可以按照程序向教师申诉委员会提出申诉。在教师申诉委员会的人员组成上，应明确各部分人员的比例，保证教师代表数量，由教师代表提名相关专业的异校"双师型"评审专家和上级教育主管部门人员监督，确保纠纷解决的民主性和科学性。要重视校内申诉制度的具体程序性规定，在有效的信息平台上明确申诉程序的详细步骤，在现有的法律法规中细化各个程序的规定，具有可操作性。第二，纠纷当事人向教育行政机构的申诉。各级教育行政机构都应该有相对应的受理部门和处理机制，目前教育行政部门都设有这样的部门，但是不乏存在不公正受理问题。具体体现在受理部门和人员与职业院校是否存在利益关系的问题，领导和领导之间是否有默契，因为职业院校的管理和运行也受当地教育行政部门管理和指导，两者有千丝万缕的关系，因此受理程序科学设置，公开、透明和回避利益方就显得相当重要。建议现有机构的人员设置选择第三方人员，应该从教育行政部门抽掉有关负责人与本地区或异地相关专业的教育专家共同组建班子，对纠纷进行民主合议，全程采用公开旁听制度。为了保证解决纠纷成本，纠纷提起人应缴纳一定的保证金，并且将保证金制度化。

（2）行政复议。根据《中华人民共和国行政复议法实施条例》，复议法中的"行政机关"这一主体包括"法律、法规授权的组织"。[①] 而职业院校是由国家和法律授权，行使国家行政权力或公共管理权力，具有法人资格，能够独立承担相应的法律责任，因此，职业院校具有行政主体资格。职业院校与教师之间的关系带有行政法律关系的特征，职业院校享有授权执法主体资格，在法律上处于行政主体地位。因此，当"双师型"教师职称评定中权利受到学校有关行政裁定侵犯时，可依法向做出该行为主体的上一级教育行政机关或法律、法规规定的机关提出复议申请，请求撤销行政裁定或重新裁定等，这也是解决纠纷的一条有效出路。[②] 行政复议机关受理的范围包括，教师的申诉行政机关不作为、行政裁定不公正、行政程序有问题的纠纷和申诉机关已经进行了处理但教师仍对处理结果不满的案件等。

[①] 中华人民共和国国务院. 中华人民共和国行政复议法实施条例（国务院〔2007〕499号）[EB/OL]. http://www.gov.cn/flfg/2007-06/08/content_641926.htm.
[②] 李训民. 高校教师升等评审管制之司法审查——公法及大学自主性视野论之[J]. 行政法学研究，2010（01）：08-15.

(3) 仲裁制度与司法救济两选一。作为最终救济方式的设计，采用了仲裁制度与司法救济两选一的方式，即无论行政相对方采用了哪种方式都是对此最终的裁定。

第一，仲裁是仲裁机关根据双方当事人的协议或有关法律规定，对当事人双方发生的争议，以第三者身份进行调解，做出判定或者裁决的一种法律制度①，应该是解决职称评审类纠纷的首选。职称评审要求的专业性比较强，涉及方面多，而中国教育方面的法官也是稀缺资源。仲裁的优势在于其程序简便、结案较快，能独立、公正、迅速地解决争议。② 但这里需要指出的是，建议组建教育仲裁组织，其性质应该是第三方非营利性组织，具有自主性、非营利性、非官方性的性质。其运营的方式通过供应政府教育行政机关教育仲裁服务、机构自身向职业院校等相关市场需要者提供服务以及通过社会或企业募捐、赞助等方式来维持运营。做到财务和服务公开透明，接受群众监督。"双师型"教师在进行职称评定中向该组织申请仲裁时要缴纳一定金额的保障金，防止发生乱申述、无理申诉等现象。在非营利性组织建立纠纷专家库制度，每次处理纠纷时都给予相应的经济费用并且根据每次纠纷解决的情况建立解决纠纷专家信用等级制度，建立透明的监督体系，相关专家一旦被举报，情况属实便追究其法律责任并终身不得聘用。同时在这个仲裁委员会中要建立一个辅助机构，其性质应该是第三方中立的。人员构成应该由两部分人组成，第一部分是同级别教育行政机关的代表，起到监督仲裁作用。第二部分是各学科的同行专家，对相关专业性仲裁提出专业指导意见，起到服务功能。仲裁专家和工作人员应实行回避制度，以保证仲裁的公平、公正。仲裁委员会必须在规定的时间、地点内民主合议迅速处理纠纷；当教师未能或不愿通过申诉解决纠纷时，可以在申请仲裁和提起诉讼之间进行选择，除非有法定的事

---

① 马占军. 我国仲裁协议效力异议规则的修改与完善 [J]. 法学评论，2011 (02)：24-26.
② 杨海坤，章志远. 行政诉讼法专题研究述评 [M]. 北京：中国民主法制出版社，2006 (11)：248-253.

由，否则当次仲裁是一裁终局。

第二，司法救济制度。将调解制度作为司法救济的前置程序，如果调解无效就按案件的性质进入正常的诉讼程序。针对"双师型"教师合法权利受到侵害的情形，司法救济在法律层面上主要体现在这几个方面：依照《中华人民共和国宪法》《中华人民共和国行政诉讼法》《中华人民共和国劳动法》《中华人民共和国教师法》《中华人民共和国民事诉讼法》及相关司法解释等来作为纠纷适用法律法源提起维权诉讼。特别指明向人民法院提起行政诉讼必须是针对职业院校不合法的行政行为，如果只是不合理而不违法的话，人民法院不予受理。并且这种不合法的行政行为还必须是具体的行政行为，对于抽象的行政行为，比如学校制定的规章制度、管理规范，其性质属于抽象行政行为，法院也不予受理。

八、适合的职业教育高技能师资队伍培养途径

（一）高技能师资队伍存在的问题

1. 不能推进职教师资全面化

适合的职业教育在追求教育发展的同时，要遵循教育规律及教师身心发展规律，前瞻性考虑教师各自现实的条件限制，不能只盲目短视考虑教师当下的收获，还要着眼于教师未来长远的发展。适合的职业教育是丰富人的精神和培育独立人格的教育，为教师职业发展创造并开发可能性。习惯性的教育外延扩张较为强劲，而对于促进教师全面发展的内在元素关注还不够充分。要把握社会对职教师资提出的新要求，为社会培养专业化的有用教师。促进教师在已有的层次水平上继续发展，为教师提供有效的外在条件及环境，开发教师的内在潜能。探索构建适合职教师资发展的生涯实施指导路径，让每一名教师都有展示自己才华的舞台，促进每一名教师的全面发展，让每一名教师都能成为最好的自己。

2. 不能提升职教师资胜任力

适合的才是最好的，适合有效的课堂才是职教师资追求的理想课堂模

式。具备全面胜任力的教艺精湛的教师，拥有极强的教师职业生存能力。掌握学生认识事物的规律和学科内在规律，制定教学目标，在自己的知识、经验、才能、气质以及人格、个性等因素的基础上，巧妙运用各种教育资源，设计选择最适合学生的教育方法、学习策略，让学生自主学习、自我管理、自主发展，培养良好的学习习惯和浓厚兴趣。以整体思想优化课堂教学，适合地加以评价，提升学生的学习能力和自信心，创造出适合学生的课堂教学。

3. 不能满足职教师资个性化

随着社会进步、经济发展、产业变革、科技升级，对高端人才、转化人才、应用人才、复合型人才、应用型人才、技术技能型人才的需求量越来越大，随之要增加技术教师的总量。每名教师都有不同的认知特征、兴趣爱好、价值指向、创造潜能，这也铸就了每一名教师的独特天资。适合理念下，实施个性化的教育手段、评价机制、发展指导等，激发每一名教师的个性潜能并使其能够充分发挥，培养适合各种人才需要的职教师资队伍。

（二）职业院校高技能师资培训路径

1. 培训前

（1）管理。① 报名。培训对象要求是具有研究生学历或中级职称的江苏省职业院校科研管理部门、职业教育研究所、职业教育（教学）研究所（室）工作人员；职业院校骨干教师、专业带头人等。职业院校教师数量多、需求大，有些教师连续报名三年才成功。报名系统开放后一两个小时就满员了。报名成功的教师是提前将报名信息填写保存好，等系统开放后，立即登录提交。尽管如此每年还有几十名教师打电话要名额，也只能登记以备替补。如能增加部分名额，或每年开办两期，或许可缓解此种情况，满足更多职业院校教师的培训需求。② 替补。正式培训时，总有些教师临时请假，浪费名额。七年下来，由最初班主任统一登记替补人员，逐步改进为设置固定表格，由请假学员填写，其所在学校人事处盖章把关，是放弃此名额，还是找本校教师替换。通常情况下，各学校都选择本校教师替换。③ 考核。开班期间上级管理部门随机现场检查，优点是学员管得严、学得好，缺点是行政干涉过多，扰乱正常上课秩序。建议可否在半天课程之前或结束后进行检查，这样才能不影响正常教学秩序。④ 名额分配。七年中，江苏省共有69所职业院校派出了教师，派出的参训教师数排前三的依次为：苏州卫生职业技术学院（13人），江苏农牧科技职业学院（10人），淮安信息职业技术学院与常州纺织服装职业技术学院（均9人）。每年派出的教师数目不等，有6名、5名、4名、3名、2名、1名。建议在名额分配时，能兼顾到江苏省90所高等职业院校，甚至包含25所独立学院，8所成人职业院校，使每所学校都能分配到名额。建议还可调节男女比例，多分配些名额给女教师，因其积极性更高。

（2）培训组织方式。培训模式总体本着专题讲座与实践操作相结合、经验分享与学员互动相结合、集中学习与分组研讨相结合、个人学习与专家引领相结合的原则。囿于培训时间短，培训教师相互交流少，培训结束后互相合作更少。为了便于教师们尽快建立起长期的学术友谊，采用了分组方式，开展了学员论坛。① 分组。一般按学科分成六组，在蓝墨云班课中进行分组设置，开展教研活动。② 学员论坛。做科研要团队支持方能集思广益，单打独斗很难做出有影响的成果。在学员论坛上，学员逐个展示，增进彼此了解、建立人脉资源、交流科研经验；相互讨论、互通有无、拜师学艺。在今后的培训中，还可进一步借鉴、探讨更好的培训组织方式。

2. 培训中

（1）授课内容。① 内容多。课堂内容太多来不及消化，甚至笔记都来不及记。建议授课教师在备课时，能精心挑选，归纳成点，准备约三小时的授课内容。② 高大上。有些授课教师所讲内容高大上，与一线教师的日常教学差异很大，参训教师吸收不了。建议可调整课程内容或授课教师。③ 实践少。课题讲授多，实践动手少；聆听式学习多，参与式学习少。课上只能初步了解，不能联系实际、灵活运用，还需要深度学习。建议课堂加入或增多互动环节、实践操作环节。

（2）授课专业。① 申报书及论文点评。课题申报书的选题、研究方向、评审制度，论文写作中的投稿注意事项等，均具有很强的操作性，非常实用。考虑到实践环节，特意设计了点评课程。首先，提前两三个月通知学员，让其充分准备要点评的论文与课题申报书。不要选用已发表的论文，或者已申报成功的课题申报书。其次，告知学员点评模式、细节、环节，请点评教师事先阅读学员们提交的文章，为点评做准备。再次，由学员讲解申报书或论文，请点评专家分类后有针对性地现场点评，可分组进行，也可与学员一对一或一对多地交流。② 阅读。课题立项靠设计，成功靠机遇，关键是基础。学员由于学术积累不够，培训中虽有触动，但如真想写份好的申报书，或写篇好的论文也并非易事，建议在课程设计中加入阅读环节。开班通知中指定几本科研方法的书目供学员阅读，开班后统一写读后感。③ 技巧套路。讲授研究问题的技巧，以文本格式给学员，供其仔细揣摩钻研。做科研除了课堂教学实践发现问题以外，还要多调研考察、多思考，看到的资料要注意梳理和归类。指导其在日常阅读中注意积累，和自己研究范围相关的知识点，做好摘录；科研需要埋头苦干，也需要抬头看路，要多学习国家宏观政策，抓住研究热点，向学术前沿靠拢。

（3）考核评价。① 参训学员的考核。学员考核采用量化形式，对参加培训并达到要求的学员，由省培中心颁发培训合格证书，所在学校承认其接受继续教育的经历，记入相关档案，并作为教师职务评聘的参考依据之一。研修考核分值分配为：研修培训参与情况（20%）：不迟到、不早退、不缺席；认真学习，积极参与小组讨论和交流（20%）；撰写并提交规范完整的课题申报书（30%）；撰写并提交规范完整的学术论文（30%）。② 授课教师的评价。根据任教专业、研究方向、授课时间等，精挑细选合适师资。通过随堂听课、学员座谈会、学员书面测评等形式对授课教师进行考核。

3. 培训后

（1）作业。① 作业量。为了便于培训工作按计划、高质量地开展，培训通知发布时，就要求学员准备课题申报书1份、学术论文1篇，开班后组内互相讨论并请专家指导。省培中心网站还有填写日志、问卷等作业。培训期间学员几乎每天晚上都在整理课题笔记，做作业。建议可否减少作业量，利用晚上时间开设学术沙龙，更能劳逸结合。② 作业提交。有些学员考虑到知识产权的问题，未发表或未申报成功的作业不想提交；有些参训学员提出要课件或资料，涉及每位授课教师的知识产权。建议做好平衡，满足学员与授课教师的双方要求。

（2）后续指导。对已参与培训的教师，进行后期指导，跟踪观察其培训效果。即使培训结束了，日后工作学习中学员在科研方面遇到问题，仍可联系研讨。积极营造科研氛围，搭建学术平台，利用学术期刊、学术讲坛、学术沙龙、学术交流等形式和载体，持续提升职业院校教师的科研创新意识、学术思维素养和学术研究能力。

第五章　适合的职业教育教师队伍培养的保障

一、适合的职业教育教师队伍培养的政府保障

1. 聚焦审视、顶层谋划、有序建构

（1）聚焦审视。充分考虑区域、学校间的职教师资现状，推动师资队伍管理体制机制改革。缩小地区间差距，加强跨区域教育共同体建设，打破体制障碍，推动职教师资的融合式、优质化的全域均衡发展。

（2）顶层谋划。办公平而有质量的教育，办让人民满意的教育。寻求社会资金支持，解决经费问题。工欲善其事，必先利其器。加强职教师资人才引进力度，挖掘校内优质特长师资，聘请校外专家助阵，内培外引、内兼外聘。以供给侧结构性改革为主线，把握数字化、网络化、智能化融合发展契机，利用产业升级、产品开发、服务创新等方面的技术优势，在质量变革、效率变革、动力变革中发挥教师作用，提升职教师资使用效率。

（3）有序建构。进一步推进领导岗位任职和教师岗位平行交流制度，加快构建校际教师支教、骨干教师送教、各类名师走教的体系，全面提升教师专业发展水平。实施教学名师计划、博士倍增计划、教师国际化计划。

2. 系统培训

（1）保证培训时间。2018年7月，美国总统特朗普正式签署了《加强职业与技术教育21世纪法案》，给教师提供了必要的职业培训，帮助教师在人工智能时代竞争中获得优势。目前我国政府和学校对教师参训方面

缺乏规划和保障，导致教师参加培训的机会和次数极少。因此为了保证教师既能参加培训，又不影响学校正常的教学活动，就将集中培训的时间大多安排在周末和假期。建成人人皆学、处处能学、时时可学的学校。

（2）更新培训理念。用新课程理念与方法进行培训，开展有效性评估。每学期都对教师进行业务或心理培训，引导教师掌握更加优秀的教育教学方法，用更阳光的心态面对存在差异的学生，享受学校生活，享受工作的乐趣，成为乐观、自信、敬业、博学的幸福教师。

（3）加强培训管理。有效的管理和监督，是提高培训有效性的关键。与培育新时代教师的使命相适配，与培养合格教师的任务相适配，与培养健全人格的教师相适配。进行需求调研，确定培训目标，选择培训内容。设置适合教师差异性的多样化课程，让教师专业成长充分化、个性化。

3. 生涯发展

促进教师终身发展，具有终身学习意识，长期从教、终身从教，建设适合学生终身发展的教师队伍。只有树立起终身学习的理念，才能适应客观的千变万化。建成教师终身教育与学习体系，形成网络化、数字化、个性化、终身化的现代教育体系，以便于教师长久发展。

（1）开发生涯发展指导课程。如《教师生涯发展指导》系列课程，开设生涯发展指导类选修课程。结合生涯书籍，编写适合教师需求的生涯发展指导校本教材，为教师的生涯发展提供指导。

（2）开展生涯指导实践活动。组织教师参加社会活动，如下企业、做乡长等，是社会化发展的需要。健全完善学校、企业、社会相互融合的培训体系，为终身学习者提供便利条件。充分利用现行财政、税收政策，为终身学习者提供优惠政策。

（3）开展生涯发展咨询活动。为更科学地帮助教师了解自己，在心理咨询室准备心理测试软件，辅助教师生涯发展个别指导。针对每个教师进行全面的个性特征测试，并邀请相关指导专家给教师做测试报告集体解读，帮助教师了解自身的潜在优势与不足，针对教师个性特点，给出职业发展方面的实用建议。建立健全终身教育学校、机构体系，为终身学习者提供场所、场景，建立健全学科交叉、专业融合的课程体系，为终身学习者提供权利选择。

二、适合的职业教育教师队伍培养的学校保障

1. 目标统一

（1）聘任与报酬标准统一。教师聘任制要符合教育本身的特点，全面推行教师资格证制度，注重科学性。教师有足额按时取得工作报酬的权利，学校不能随意扣发教师的工资或者重新进行分配。

（2）聘期时间制度统一。依据教育教学的特点，为教职工提供一个较长时间的聘期，如三年、四年，以利于教师从容进行教学和科研。慎用竞争上岗制、末位淘汰制、一年一聘聘任制等，尽量避免出现种种加重学生负担、损害师生身心健康的事情。教育事业的发展最需要宽松和谐的工作环境和广阔良好的工作平台，对教师而言，真诚的关怀和信任，比冷酷的制度有效。

（3）教学评价标准统一。① 教师团队评价。展开适合的教学评价是重要的教学行为。教师评价体系力求科学，建立有效的科学绩效评价体系。要对职称评聘、业务培训、干部选拔、年度绩效考核等制度不断完善，使团队中的每个成员都能切身地感受到学校对自己贡献的认可和客观、公平的评价，保证教学团队的高效运转。在教师团队内部，通过教师竞聘上岗促进专业教师的合理有序流动，优用劣汰；通过民主"双评"等活动推动学校评价、学生评价以及团队内部自我评价相结合的评价方式，使评教规范化、制度化，为教师团队的可持续发展提供良好的运行保障机制。② 教师个人评价。考察备课次数、作业批改次数、单元检测次数、出勤率，关注教师的行为态度，即教师是否自愿参加，是否积极主动。在实践中，是否科学规范地从事课程开发实践。教师的个性特长是否得到发展，兴趣爱好是否得到满足，是否形成了教育科研成果等。充分挖掘地方

特色文化，利用教学特长和社会资源，开发校本课程，践行适合师生发展的教育。教师要对学生身心发展的共性有把握，对每个学生的家庭背景、性格特征、成长经历等情况了如指掌。

2. 层次清晰

（1）适材施教。课程结构适合宽口径需要，课程教学适合技能型培养目标。生态平衡、和谐共生的观念已深入人心。以教师学习为突破口，营造适合教师的教学计划、评价标准、课程体系、教育环境，提升教师个人素质。关注课堂的生机与活力，建设生态化课堂。

（2）适度融合。以集体备课为载体，创造适合学生的新型备课方式。教师应时刻秉承这一教学理念，自觉改善自身的教学行为。在适合教育理念下，要倡导全体教育观，真正做到教育的公平发展，尤其是优质教育资源的供给，教师更要用一颗公平公正之心看待每一位学生。

（3）适当践行。目前教育内涵发展不充分，人才培养模式教条，学生评价标准单一，学校多样化选择不够，办学特色不够鲜明。课程设置要适合行业岗位需要，重视教师的行动研究意识。适合教育要依靠教师在教育实践中对学生的特点、问题与发展进行研究，并在实践中不断探索，以研究的思维来解决教育教学中的实际问题。要使教师教学效率得到极大提高，实现教学成果智能测评，以此提升教学质量。

（4）适力发展。教育科研能有效激励和激发更多教师投入科研，走上幸福科研之路。教育教学中，将"难题即课题，教学即研究，成长即成果"作为科研推进总思路。明确职业教育改革创新方向，多元主体办学，拓展学生课后学习途径，分担教师教学压力。如教育企业通过建构课后习题库并结合图像识别技术，实现对学生上传题目的快速识别，这样便可以及时反馈答案与解题思路。

3. 创新实践

适应专业、行业的可持续发展，以"传统文化"为核心，组建"育德、益智、劳技、健美"四大模块。每年组织教师"走出去"，将教育教学、师德建设以及学生教育转化等方面的经验与同行分享。技术教育变革带来了极大加速，要注重技术环境如专利、论文、技术竞赛、科研环境等质量提升和优化。对教职业研究的教师，要增加交叉学科的基础课程；对教科技成果转化的教师，要增加专业方向和工程实践能力的课程；对教教学成果转化行业应用的教师，要增加对接智能企业实践能力的课程；对教一线操作技术技能的教师，要增加顶岗实习的有关课程。

三、适合的职业教育教师队伍培养的企业保障

职业教育是与经济社会发展联系最为紧密的教育，培养更多适合的教师、构建现代职教体系，可以培养更好更多的适应企业发展需要的人才。人才是企业发展不竭的动力源泉，只有更多高素质、高技能人才加入企业的人才队伍，企业才能不断发展壮大。因此，企业必须深度参与教师的后续培养体系。

1. 树立正确认识

企业必须树立正确认识，坚持"海纳百川，有容乃大"的精神，深化企业与职业院校合作，才能彼此走在人才培养、技术发明创新的前沿。这是因为：一方面，企业与职业院校"无缝对接"，参与制定人才培养模式，开展订单式培养，职业院校教师才能培养出企业所需的高端技能型人才；另一方面，职业院校聚集了大量高素质、高技能的人才，拥有了解企业生产发展的教师队伍，他们可以为企业的发展带来智力支持和智慧源泉。所以说，职业院校教师与企业是可以有机结合、相得益彰的，是可以共同服务于构建职教体系大局的。

2. 注重积极行动

建立与经济社会发展相适应的现代职教体系，需要将正确认识化为积极行动，强化行业企业与职业院校合作，反映职业教育发展的经济属性。① 充分利用职业院校现有资源，既可以服务于企业的纵深发展，又可以在实际工作经验中锤炼专业技能、提升技艺。② 协助职业院校挖掘、培

养潜在的教师资源。企业要将产教结合贯穿企业发展的全过程，要强化指导、深入参与职业院校教师培养，明确企业参与职业教育的责任。在培养模式上，坚持教师专业与企业岗位、授课内容与职业技能相结合的原则，坚持培养过程与生产过程的紧密对接，积极推进教师取得职业资格证书与实际工作经验，使教师适应产业需求、职业需求。

现代社会三个部门之代表政府、职业院校、企业，既是彼此独立的，又是相互联系、彼此影响的，政府、职业院校、企业只有通力合作，各司其职，才能为建设精良适合的教师队伍奠定坚实基础，才能服务于构建现代职教体系的大局，满足人民群众接受职业教育的需求，满足经济社会对高素质劳动者和技能型人才的需要。

第六章 适合的职业教育教师队伍的培养个案

一、适合的职业教育 Q 老师个案

走进职业院校,近距离观察了一名专业课 Q 老师,通过对其长达一年的观察,总结了其成长的过程和特点,以飨读者。Q 老师是一位从教近十五年的职业院校教师,多年来孜孜不倦,不断提升自身业务能力,实现专业成长,锻造了高尚人格,献身于教育事业。

(一) 教学科研

1. 教学交互化

Q 老师是常州科教城某学院的计算机专业教师,担任专业主干课程"计算机基础""图形图像处理""人机交互""毕业设计""网站设计"等的教学工作。教学通常在机房进行,Q 老师通过实时系统自动记录学生在课堂的表现,包括日常考勤、迟到早退、课间练习完成、作业上交等情况,通过对学生各种成绩的数据分析,准确了解到学生的学习情况并及时提出改进措施。

2. 教研网络化

Q 老师与教研室的老师们一起开发试验课、示范课、公开课、研究课,要求每人每年必须撰写一篇教学论文、一篇教学案例分析,参与校、区、市组织的论文评比及教学比赛,争取获得好名次。教学中 Q 老师与教研室的老师们积极利用兴起的慕课平台进行教学,指导学生登录世界三大慕课平台注册学习,让学生感受现代科技进步的力量和世界教育发展的步伐,也有机会让学生体验世界上顶级大师讲授的、高品质的课程。

3. 竞赛常态化

Q 老师以技能大赛为抓手，与课程改革相结合进行创新创优，在课堂层面进行教学改进实践，将所掌握的绝技绝活用于实训，取得了明显的效果；对实验室的教学软件系统进行了技术改造和升级革新，取得了显著的经济效益与社会效益。Q 老师和教研组老师一起不断深入行业，了解行业最前沿的第一手动态资料，在实践中发现问题、分析问题、解决问题。在技能大赛及创新大赛中精心指导学生，如指导计算机专业职业院校组的学生，参加常州市、江苏省的创新大赛和技能大赛，并取得了多项优异成绩。

4. 科研可持续化

Q 老师积极寻找前沿的学术问题申报课题，开展研究，全面提高自身素质，努力使自己成长为一名科研型、技能型、反思型的教师。通过听课、阶段试验、撰写教学案例和学生个案等做好课题研究。

5. 班主任精细化

Q 老师担任过 5 届班主任，带过的学生累计达 165 人。Q 老师主要从数据化、反馈、概率预测三方面开展班主任工作。第一，数据化。Q 老师每接一个新班，便着手建立学生 QQ 群、微信群。通过群这一实时桥梁，学生可以交流专业问题、共享学习资料并上交作业，老师可以及时在群中布置作业、收取作业、批改作业和发布各种通知、消息等。第二，反馈。班级日常管理中，通过量化考核进行计分统计，通过反馈管理班干及全班同学，灵活掌握班级动态。第三，概率预测。Q 老师根据大数据的反馈，结合自身丰富的工作经验，预测判断班级学生的各种概率事件，及早做出预防措施。

6. 学习终身化

Q 老师树立了终身学习的理念，力争具备终身学习的五种能力（学习能力、教育科研能力、适应现代教学能力、研究学生能力、自我调控能力）。还积极访学，学习了美国先进大学的教学经验和科研方法。如果条件允许,还准备进一步深造,攻读博士学位。

(二)团队建设

Q老师作为领衔人,申请了其所在学院设立的名师工作室并获准立项建设,即Q××计算机名师工作室,团队共招募了10名成员,有职业院校的教师,也有企业的工程师;有计算机专业的理论学者,也有行业企业的实践家。Q老师带领工作室成员砥砺前行,经过一段时间的建设,实现了以下五个转化。

1. 品牌战略化

Q老师组建了自己的计算机团队并确立了研究方向,推出了所在学院计算机专业的品牌,在园区起到了战略宣传的作用。工作室利用其计算机专业的技术优势,建设了专门的工作室网站用于宣传和展示,网站上包括领衔人及各位成员的介绍与成果、工作室新闻与公告、教研活动、教学资源库、社区交流、博文发表等。网站制作精良、更新及时、交互方便、技术先进,充分展现了大数据的特征。

2. 师资融合化

Q老师以"名师工作室"等形式组织特级教师、教学名师与一定数量的一线教师结成研修共同体,提升成员教师的教学能力和水平。工作室采用导师培养制度,在推出Q老师自己这一名师起到引领示范作用的同时,也培养了一批青年教师。Q老师根据工作室每名成员教师的特点制订了不同的培养方案,包括培养目标、培训课程、培训形式等,制定工作室切实有效的发展规划,同时组织工作室全体成员认真进行反思式的讨论、研究,能够从中受益。利用人脉资源的优势联系行业,合理组织成员下企业锻炼,提高专业技能水平,使他们能够在"教坛新秀—教学能手—骨干教师—专业带头人—职教名师"这"五级梯队"中逐步得到相应提升。

3. 资源共享化

Q老师在工作室网站上公布了很多教学视频及教案,可供教师们随时查看、互相学习,也可以供学生们随时、随地学习。另外还在网站开发了研修社区、互动平台等,可以在视频下留言评论或者就有疑问的知识点进行提问,授课教师可以进行实时解答。还可以定期录制视频在网站播放,解说工作室的资源建设新情况,分享经验、共享资源。《教育信息化"十三五"规划》中提道"教育资源公共服务平台服务水平日渐提高,资源服务体系已见雏形"[①],这也是Q××计算机名师工作室资源库建设的初衷,让优质资源辐射影响更多教师,造福更多学生。

4. 教学信息化

教研中,领衔人定期带领成员对教学进行研讨,从教案的设计、课件的准备、教具的选择,到说课稿的雕琢等方面,制作出教学用书、指导用书、练习册和优秀课件,更好地从事专业理论课与专业实践课的教学。教学中充分发挥教育技术学的优势,使用现代技术进行教学,无论是硬件还是软件,其先进程度及更新速度均能走在前列。开设校级、区级与市级讲座,积极参与各级"两课"评比,经常外出参与教学竞赛、信息化大赛等,提升日常教学水平。

5. 科研创新化

Q老师围绕工作室不同时期的建设主题,以写促研,以写促教,以写促进自己的发展。组织成员积极申报市厅级、省部级课题,一旦获批后便督促成员召开研讨会进行头脑风暴式的研讨,形成论文、专著等成果。还通过报告会、职教教师论坛、公开教学、拍摄专题电视片等发挥辐射带动作用,对校域乃至园域教学发展和教师培养起到推动作用。

(三)校外拓展

在"大众创业、万众创新"的政策背景下,中共中央办公厅、国务院办公厅出台了《关于实行以增加知识价值为导向分配政策的若干意见》,其中说道:"科研人员在履行好岗位职责、完成本职工作的前提下,经所

---

① 教育部. 教育部关于印发《教育信息化"十三五"规划》的通知(教技〔2016〕2号)[Z]. 2016-06-07.

在单位同意,可以到企业和其他科研机构、职业院校、社会组织等兼职并取得合法报酬。鼓励科研人员公益性兼职,积极参与决策咨询、扶贫济困、科学普及、法律援助和学术组织等活动。"① Q 老师正是这一国家政策的积极响应者和践行者。

1. 校企合作

(1)创建大数据平台。利用目前便捷的大数据技术,Q 老师申请了公众号与微信号,将各种活动信息实时发布在公众号及微信圈中;创建了专门的微信群与 QQ 群,用于组织各种亲子活动;另外还开通了支付宝,方便各种业务结算。

(2)组织亲子类活动。Q 老师创新校企融合的模式,带领名师工作室的老师与行业紧密结合,创建了亲子活动中心,为教学科研提供实时讯息。Q 老师带领团队,利用团队成员的专业优势,针对常州市亲子活动市场,陆续组织了各种亲子活动,如生存极限大挑战、鲁班小传人等,活动多种多样,几乎每个周末都有设置。这些活动益处很多,第一,为常州市的亲子活动出谋划策、添砖加瓦。第二,开阔孩子的视野,丰富孩子的生活,增长孩子的见识,更能让孩子们了解各行各业的新技术,提高社交的兴趣和技巧,提高与人打交道的能力。第三,锻炼了团队成员利用专业优势为社会服务的能力。

(3)组织公益类活动。就关注自闭症儿童,组织了多项公益活动,如在天喜儿烘焙店开设的"关爱星星"的孩子公益活动——与"星星的孩子"一起 DIY 棒棒糖。此次活动首先在儿童康复中心学校集合,参观并聆听天爱儿童康复中心的介绍,了解"星星的孩子"以及天喜儿烘焙坊的由来,近距离了解"星星的孩子",与星娃儿们互动分享。然后步行到天喜儿烘焙店参观,与星娃一起制作棒棒糖。最后还有捐款仪式及集体合影,

---

① 中共中央办公厅国务院办公厅. 关于实行以增加知识价值为导向分配政策的若干意见[EB/OL]. http://www.gov.cn/xinwen/2016 – 11/07/content_5129805.htm.

活动筹得的所有善款都将捐给天爱康复学校的星娃们。Q老师的团队还发出倡议,让大家一起行动起来,为星娃们尽一点力量。

2. 微商

(1) 商业模式化。Q老师利用计算机专业这一优势,考察市场并找准品牌,带领团队教师及学生一起尝试做微商。一方面开阔了团队教师与学生的视野,另一方面也训练了工作室教师与学生在商界实战的能力。Q老师发现做微商必须具备三个基本条件:第一,手机。微商几乎就是用手机在做生意,所以一个流畅、快速的手机是必不可少的。第二,产品。好品牌很关键,厂家必须是正规注册的微商营销模式公司,公司已把产品的税都交齐,便没有税收的问题,同时产品的品质还要好,能得到大众的认可。第三,朋友圈。一个不少于200人的朋友圈,顾客永远是上帝。对于这三样,Q老师的团队都已具备,而且在他们不断的经营与努力中,各方面都打造得越来越好。

(2) 交流分享化。Q老师引进了××商学院的红点课程,让团队的每位教师与学生均参与了课程学习。让团队的成员均能习得最前沿的商业知识,拉近与行业的距离。这类课程一般会在当天指定免费听课的时间,每天有动态的上课密码,多的时候有六千多人同时在线。这样的红点软件,还可以用在日常的教学与培训中,无论是授课,还是教研活动,均是非常好的选择,可以节约资源,方便听众。

(3) 支付便捷化。Q老师团队尝试了近一年的微商之后,发现电子支付方式增多,现金支付方式逐渐减少,电子支付与时俱进,是微商兴起的一个条件。分析决定大家使用不同支付方式的原因,一方面是出于生活方便或者生意需要,另一方面是出于观念接纳程度和主动适应意识。Q老师团队分析了这大半年的业务过程中的所有支付方式后,发现支付宝转账的占46.7%、微信转账的占40%、现金支付的占13.3%,合计手机支付占86.7%,现金支付占13.3%。

(4) 物流快捷化。Q老师团队微商做得好,还要归功于物流的便捷,这是微商得以快速发展的预备条件。顾客网上下单，物流上门取货、送货，所有过程只是信息流的传递，线上与线下配合，相得益彰。

一年观察下来，发现 Q 老师算是职业院校中勇于开拓创新的一类教师了，能结合国家政策，积极开展教科研活动，深入实际、不断尝试，对自己的工作精益求精、追求卓越，是职业院校教师的生力军，是改革前行的主动力。这样的教师可以多引进，或者给足政策多培养，这有利于带动职业院校教师队伍的成长发展。

二、适合的职业教育园区个案

一支优良的师资队伍是职业院校最宝贵的战略资源与最重要的核心竞争力，是职业院校持续健康发展的根本保证。随着职业教育集团化进程的逐步推进和职教园区规模的不断发展，"集约办学、资源共享、规模效应、整体优化"的办学思路在职教园区的办学理念中集中展示。职业院校进入了一个全新的快速发展阶段，已由注重规模发展走向注重内涵建设。每所职业院校均把师资队伍建设放在了极其重要的地位，因此拥有一支师德高尚、业务精湛、结构合理、充满活力的高素质专业化教师队伍刻不容缓。但职教园区中每所职业院校各自为政，教师管理模式多样、政策多变，不利于师资的统筹利用，出现了教师懈怠、管理松散、人力资源内耗严重的情况。

本着面向有利于职业院校园区师资队伍建设的方向，以常州市五所三年制职业院校所在地常州职业院校园区（常州科教城）为研究原型，通过对比分析，探究其中五所三年制职业院校师资队伍建设中存在的问题，试图通过构建"教师资源中心"来优化其师资配置，提高其师资管理效率。在"教师资源中心"下设人事中心、兼职中心、"双师型"教师中心、薪酬中心、档案中心等日常管理部门，分别负责人事的聘任、中转、调度、薪酬发放等，以期实现职业院校园区教师资源的管理科学化、调配高效化、成本节约化。这或许对全国的职业院校园区（如盐城职业院校园区、呼和浩特职业院校园区、内蒙古职业院校园区等）的师资管理有所启发，甚至为其他职教园区、职教集团、职教城、科教城、大学城的师资队伍建设提供借鉴。

（一）职业院校园区概况

1. 概念

目前国内针对职业院校园区还没有被认可的统一概念，对职业院校园区、职教园区、高职园区、职教集团、职教城、科教城、大学城均没有具体明确的界定，甚至连它们之间的区别都没有明确的阐述。在中国期刊网搜索，发现研究大学城的文献最多，与篇名"大学城"精确匹配的2003—2020年文献为2 702篇。以同样方式检索，职教集团804篇、科教城104篇、职教园区82篇、高职园区74篇、职教城72篇，可见对职业院校园区的研究还处于起步阶段。而且国内的职业院校园区也不多，笔者在中国期刊网搜索学者已经研究的职业院校园区，有盐城职业院校园区、呼和浩特职业院校园区、内蒙古职业院校园区等。鉴于对职业院校园区没有统一的界定，笔者在此尝试着给职业院校园区下一定义：职业院校园区是由四所以上的三年制职业院校或五年一贯制职业院校在地理位置上处于同一个园区中而形成的，以培养高端技能型专门人才为目标，通过政府扶持、行业主导、学院主体实现资源优化配置和共享，充分发挥群体优势、组合效应和规模效应所构建的现代化职业教育体系和公共服务平台综合体。

2. 特征

其特征表现为：一、职业院校性。园区内的院校可全部由三年制职业院校组成，也可全部由五年一贯制职业院校组成，或者由两者组合而成。学制可全部为招收高中毕业生的三年制职业院校，也可全部为招收初中毕业生的五年一贯制职业院校，或者是两者兼而有之。二、公益性。职业教育主要招收高中三年后毕业的学生，将其培养成高端技能型专门人才，具有普惠性和公益性。以政府出资、行业赞助、学院筹备的资金来源模式进行办学，当然还同时吸纳社会捐赠，而且这一比例将逐步增加。三、共享性。所有的资源共享，包括所有的硬件实施和软件实施均实行共享。硬件实施如办公资源、教室、实训基地、图书馆、食堂等，软件实施如教师、规章制度、管理办法、信息渠道、消息来源、企事业单位的联系等。四、开放性。整个园区互相融通，学生只需持有 1 张智能卡，便能在园区各个职业院校的图书馆借书、食堂吃饭、机房上网、实训中心实习，当然前提是能容纳。五、独立性。园区内的职业院校、企业、行业协会、政府机构、科研院所、中介组织等若干个成员单位之间并不存在从属关系，各成员单位一般都具有独立的法人资格，具有相当的独立性。

3. 常州职业院校园区（常州科教城）的历史

目前，常州职业教育园区中有 5 所职业院校（分别为常州信息职业技术学院、常州纺织服装职业技术学院、常州工程职业技术学院、常州轻工职业技术学院、常州机电职业技术学院）和 1 所本科院校（常州大学）。2002 年年初，常州市委、市政府决定建设"常州大学城"，当年 10 月，常州大学城奠基开工。2006 年，常州大学城更名为常州科教城，即常州职业院校园区。历经 10 年发展，常州职业院校园区（常州科教城）已有全日制在校生 7.6 万名，并面向全国 26 个省市招生。本书只研究五所三年制职业院校，常州大学不在研究范围之内。

4. 常州职业院校园区（常州科教城）的办学特色

常州职业院校园区（常州科教城）秉承"资源共享、集约发展、内外开放"的建设理念，按照"政府主导、学校主体、统一规划、市场运作"的思路组织实施。学校之间没有围墙，实现了公共设施和教育教学资源共享。六所院校占地不到 5 000 亩，实现了土地的节约使用和各类资源的充分利用。集政府和各校之力建设了设备先进、开放共享的现代工业中心；根据各校的专业优势分别建成了数控技术、模具技术、汽车技术、计算机网络技术、制造业信息化技术等 13 个共享性实训基地；建设了拥有 2 万 G 容量的图文信息系统和国家职业技能鉴定所、创新服务中心、培训管理中心、后勤服务中心等公共服务体系,基本具备了政府主导型职业教育集团化发展模式的组织形态。①

(二)"教师资源中心"建设构想

常州职业院校园区(常州科教城)已经走过十年之际,正逐步走向发展的瓶颈期,各种问题开始集中爆发。随着常州市政府对后起之秀中职教育园区——殷村职教园区建设投注大量的精力,加之职业院校生源紧缩,三年制高职在面临生源危机的同时还面临发展危机。五所三年制高职的整合迫在眉睫,合并恐怕是经历了十年发展之后不得不提出的一条生存之路。如在招生上,由常州科教城统一招生,比五个学院轮番上阵宣传让人更有信任感。也许这违背了当时设立职业院校园区的构想,但为了平复各学院各自为政的混乱状态,减少内耗和不必要的恶性竞争,资源的内部整合则是刻不容缓的。可将常州科教城按专业进行归类,同类专业并入同一学院进行管理,师资、教学设备等做相应调整,各个专业均优胜劣汰,每个学院只办强势专业,绝不在五所学院中重复设置专业。如常州纺织职业技术学院最大的一个系:机电系,便可归入常州机电职业技术学院,纺织学院专心做纺织,更显精、专、深,机电学院则在机电上谋求长远发展。实现精准化发展,人无我有,人有我优,人优我特,确实彰显专业建设的优势。将五所三年制职业院校在内部机构上合并,设立为五个二级学院,校内资源进行充分整合,树立起职业院校合并的一面旗帜。以上只是对常州职业院校园区未来发展的一点思考。但笔者对师资队伍感想最深,也做了较多思考,加之研究旨趣的关系,对师资方面进行了深入构想,即设立"教师资源中心"。也许几年后的常州科教城会让职教界有一个更大的期待,就让我们首先从人(师资)的管理入手,构建第一步。

---

① 王明伦. 政府主导:高等职业教育集团化发展模式之选择——以常州高等职业教育园区为个案 [J]. 中国职业技术教育, 2010 (25): 53-56.

1. "教师资源中心"概念描述

"教师资源中心"是常州职业院校园区（常州科教城）的一个专门的教师管理机构，统筹常州信息职业技术学院、常州纺织服装职业技术学院、常州工程职业技术学院、常州轻工职业技术学院、常州机电职业技术学院五所三年制高职的所有教师的所有方面的管理，包括人事、档案、薪酬、教学任务分配、兼职教师等方面的管理，是五所三年制高职优化人力资源配置，实现集约化管理的综合、统一的人事部门。

2. "教师资源中心"的部门构建

设想在常州职业院校园区（常州科教城）设立"教师资源中心"，管理其中五所三年制高职的所有教师。建立师资库，实行跨校互聘教师，实现师资的充分共享。在"教师资源中心"下设人事中心、兼职中心、"双师型"教师中心、薪酬中心、档案中心等几个日常管理部门，分别负责人事的聘任、中转、调度，薪酬发放等。各中心的具体职责如下：

（1）人事中心。工作人员由目前五所职业院校人事部门人员组合而成。第一，人事配置部。负责将五所高职的 3 000 余名职教教师全部合在一起，按照管理岗（正处、副处、正科、副科、干事等）、专业技术岗（包括教师系列、学生思想政治教育系列、教育管理研究系列、实验师系列等）、工勤技能岗（初级工、中级工、高级工、技师、高级技师等）进行归类。五所高职上报需要的教师计划，人事中心根据双方自愿的原则，进行教师配置。第二，人事调度部。当出现人员调动、辞职、引进时，负责人员的更换、替补、安置等工作。

（2）兼职中心。第一，校际兼职部。负责五所三年制高职间的兼职调动，搜集每所学院需要的兼职教师人数及具体岗位，报送人事中心，进行调度安排。第二，校外兼职部。负责五所三年制高职教师与外校间的兼职工作，外校如有需要兼职教师的，可以和此兼职中心联系、备案，此中心则根据校内教师平时申请兼职的情况，定期组织推荐，报送人事中心统一安排。

(3)"双师型"教师中心。第一,单纯型"双师型"教师部。3 000余名职教教师中,凡是"双师型"教师均登记在案,具有双证的老师,对其职业资格证进行登记。常州职业院校园区内部需要学科构建或者团队构建时,可充分利用优势进行组建。常州职业院校园区对外需要有相关特长的"双师型"教师时,有针对性地遴选、派出,特别是在技能大赛等重要场合,更能体现人的作用。教学中将"双师型"教师合理分配,针对不同专业进行整合,让其在教学中发挥所长。第二,耦合型"双师型"教师部。对在同一门课的理论和实践上配合得比较好的教师,登录在案,排课时按单纯型和耦合型两种不同类型进行组合,分配在教学中,形成比学赶超的教学态势。

(4)薪酬中心。第一,专职教师薪酬部。根据每位教师的岗位、绩效,进行每月工资的计算、造表、发放。第二,兼职教师薪酬部。对校际相互兼职的教师薪酬进行造表并统一发放。在校外兼职的教师(对外)以及在常州科教城内部兼职的教师(对内),则根据课时数及课酬标准进行薪酬发放。

(5)档案中心。第一,专职教师档案部。负责三千多名专职教师的档案。第二,校际教师档案部。建立校际兼职教师库。第三,校外教师档案部。建立校外兼职教师库。做好备案查询工作。(图6-1)

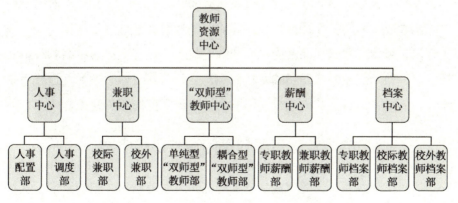

图6-1 "教师资源中心"部门建制

3. "教师资源中心"的运作构想

（1）民主管理。校内开小会，科教城开大会。日常由每所学院自行组织开会，科教城有重大活动时，集中召开会议。每学期开学、结束时，科教城均要按惯例召开一次教师大会。形成定制之后，便是教师的集会、盛会，也将是每学期的固定动作，在教师们中间形成良好的影响和口碑。

（2）自由流动。教师在校际自由流动，促进教师的知识更新、学历提升及专业教学知识的切磋。俗话说"树挪死，人挪活"，一岗定终身的时代已经远去，教师如能在科教城五所职业院校范围内自由流动，对缓解教师的职业倦怠可谓是注入了一针强心剂，新鲜感也会大大增强，教师队伍必将充满活力。

（3）公开竞聘。管理岗、专业技术岗、工勤技能岗均实行聘任制，不同工种聘期长短不同。岗位均进行公开竞聘，实行优胜劣汰。适度运用淘汰制，可让教师保有适度的危机感。平时在学院中均是各司其职，因为没有了更多层级的管理，教师间更加民主和平。

（4）因岗设人。以职责定岗位，不因人操纵工作。所谓"铁打的营盘流水的兵"，一个岗位以岗位职责来定夺，而不以岗位上某个领导人的意志来定夺，工作具有惩戒上的延续性，一切以制度为依据。

（5）自由兼职。每位教师可自由选择是否兼职，自由选择在校内兼职还是在校外兼职。实行多劳多得的原则，教师的兼职收入学校采取不抢占、不分成的原则，鼓励教师在校际兼职。兼职课时可算工作量，如不算工作量，可提高薪酬标准。为提高教师的收入，改善教师的生活和经济状况，鼓励教师到校外薪酬高的院校兼职，弥补教师收入的不足，这样有助于留住教师，而且能扩大学校的影响力，提高学校的知名度。

三、适合的职业教育殷村国际职教小镇个案

殷村国际职教小镇要建设一支师德高尚、业务精湛、结构合理、实践能力过硬的教师队伍，才能适应新时代经济及产业转型升级的需要，才能

为培养大国工匠做准备。殷村国际职教小镇（以下简称"小镇"）的师资队伍，既要有深厚的理论功底，又要有较强的专业实践能力，才能适应"中国制造2025"提出的要求与中国经济转型升级的需要，培养出新常态、新时代需要的大国工匠。小镇师资队伍建设提升是指针对小镇师资队伍实施精确分类、精确管理、精确帮扶的治理方式。小镇师资队伍建设提升的价值主要体现在以下三方面：一是小镇宏观发展的需要。小镇应坚持以服务为导向，服务于国家和区域的经济发展战略需要，围绕实践性、应用性和技术性，办公平而有质量的教育，办让人民满意的教育，提升小镇对社会的服务能力。二是小镇教学开展的需要。小镇教师既要掌握基本的教学技能，能解决教学实际中遇到的具体问题，又要有工程创新能力，能对现代教育技术进行实施、应用、创新。三是小镇专业建设的需要。要紧跟地方特色产业发展，优化专业布局，重构专业课程体系，创建实践基地和服务平台，全面提高社会服务职能。

（一）殷村国际职教小镇特色

1. *特色小镇：多元创新，开放国际*

小镇以职业教育为特色，以社会主义新农村为重点，带动经济社会人文协调发展。小镇是一个生态的绿色校园、开放的社区学院、产学研的科技孵化园、师生共同成长的快乐家园。小镇坚持"小镇村合一"、城乡统筹、循序渐进的"制宜性"规划设计理念，建设一个人地关系和谐、青春活力永驻、兼具城乡优点的"田园式"职教小镇。小镇以专业所需用房建设为重点，同时强调整体生态，尽可能地把土地作为共享资源，与现代农业、产业、青少年的教育结合起来。注重构思精妙、就地取材、灵活运用、整合资源，引进了国外办学模式，同时体现了国内的民族特色。多元架构使得职教小镇更加国际化，是一种可持续创新的产业组织形态，是一个多元、开放、融合的综合体。

2. *特色理念：东方剑桥，新式农村*

小镇不仅是学习的地方，也是产业化基地，更是推进社会主义新农村建设的一种重要方式，还为城市居民休闲旅行提供了良好环境。按照"资源集约化、标准现代化、办学国际化、服务社会化"的理念，打造职业教育创新发展的常州范例，是常州职业教育创新发展的重点工程。小镇以城乡一体化为全新思路，整合资源、统筹推进，做到"园、村、区联动，学、游、居合一"，建设"东方剑桥式"新农村、4A级生态休闲旅游区和文化道德体验区合于一体的小镇，是推进各项事业整体协调发展的全新探索。思考怎样更好地节约土地，产生浑厚的凝聚力量，并把环保作为一个非常重要的要素，持续融入小镇的建设和发展之中。

3. 特色模式：四校一基，职教名城

小镇有"四校一基地"，分别为江苏城乡建设职业学院、常州交通技师学院、常州艺术职业技术学校、常州市人民警察培训学校、江苏省常州未成年人社会实践基地，前三所学校已经入驻。小镇通过职业院校带动衔接，形成人才培养方式，培养创新型、高素质的应用型技能人才。小镇可容纳全日制学生2万人，每年可提供社会培训4万人次，提供体验和实践教育以及网上学习100万人次。不仅以市场为导向，以服务为宗旨，更强调每个学习者个体素质和品质的提升，更强调创新能力。常州市委、市政府紧紧围绕率先基本实现现代化的总目标，继续实施科教与人才强市战略，努力把常州建设成为创新创业城、现代产业城、生态宜居城、和谐幸福城。牢固确立教育在经济社会发展中的基础性、先导性和全局性战略地位，加快完善终身教育体系，提高各类人才培养水平。职业教育是地方经济转型和产业结构调整的助推器，是培养高素质应用型人才，广泛促进就业创业的摇篮。发展好职业教育，建成高水平省职业教育创新发展实验区，将常州打造成中国职教名城。

（二）殷村国际职教小镇师资队伍

1. 小镇师资书面调研

对已经入驻小镇的三所学校的师资情况进行调研，结果如表6-1所示。

表6-1 已入驻小镇三校的师资概况

学校	专任教师/人	正高/人	副高/人	硕士及以上/人	双师/人	生师比
江苏城乡建设职业学院	248	6	103	130	166	17.54
常州交通技师学院	100	0	45	22	64	18.52
常州艺术职业技术学校	108	1	15	52	20	14.43

注：（1）江苏城乡建设职业学院：有教育部第二届行业职业教育教学指导委员会委员（2015—2019年）3人，住房和城乡建设部专业类指导委员会委员3人，江苏省"333"人才工程第三层次培养对象4人，江苏省"青蓝工程"优秀骨干教师培养对象1人，常州市创新创业人才导师5人。（2）常州交通技师学院：有江苏省教学名师4人，江苏省专业带头人5人，常州市教学名师2人，常州市专业带头人5人。（3）常州艺术职业技术学校：有市级骨干教师6人，"831"高层次创新创业人才培养工程人才1人，"六个一批"人才培养计划和常州市教学名师1人。（4）此表参考三校的"十三五"规划整理而成。

2. 小镇师资访谈调研

对已入驻小镇三校的师资管理部门及教师个人进行了访谈，就小镇在师资队伍建设中存在的问题进行了深入调查，总结分析其师资队伍建设的困境，具体如下：

（1）师资结构待优化。第一，专任教师数量偏少，教授、博士占专任教师比例不高，具有海外留学背景的高层次人才比例偏低。教师队伍中有影响的高端人才、学科带头人、学术创新团队缺乏，省级有突出贡献的中青年专家、省级以上教学名师、六大高峰人才等省人才工程项目及人数偏少。第二，教师队伍整体水平不高，影响了学科及专业建设，制约了重大科研项目的申报，原创性、高水平成果少。

（2）教学能力待提高。第一，部分教师对教学的重要性认识不够，在教学上投入精力较少，教学积极性不高，责任心不强，教师的作用没有充分发挥，教师的勤奋及开拓进取精神总体不强。第二，部分教师教学设计缺乏科学性，不注重教学环节，不注重启发式、探究式、讨论式等教学方法的运用，课堂驾驭能力较弱；教学手段落后、教学方法单一，不注重

"互联网+"对教学手段的影响，过分依赖 PPT 教学，且 PPT 制作质量不高；学生主体性及个体性不明显，教学效果不理想。第三，青年教师的教学主动性不强，钻研教材教法的深度不够，缺乏对教学过程的整体把握。

（3）师资政策待改进。囿于资金与知名度，吸引人才的力度不够，高层次人才很难引进，存在数量不足、质量不高、结构欠合理、教师聘任不科学等问题。由于观念认识问题，教师积极性得不到发挥，高水平教师很难脱颖而出，人才流动受阻，预警与退出机制不畅。

3. 教师团队工程建设

（1）人才引培工程。改革用人体制机制，制定特殊政策，设立专项资金，采取超常规措施，引进和培养高学历、高职称、高技能等高层次人才。小镇引进和培养博士 3~5 人，教授等正高级职称 3~5 人，省内外知名专业带头人 3~5 人。聘请 20~40 名省内外知名的建设行业专家、学者、教授和高技能人才作为小镇兼职教授和专业发展建设咨询专家。引进专任教师原则上必须达到硕士及以上学历（学位）。支持并鼓励教师在职攻读硕士、博士学位，每年选送 10~20 名教师脱产或在职攻读与所在岗位和专业相关的硕士学位，每年支持、选送 1~2 名骨干教师、专业带头人攻读博士学位。小镇专、兼职教师中具有硕士及以上学历或学位的比例达 50%以上，40 周岁以下青年教师中具有硕士及以上学历或学位（含在读）的达 90%以上，其中博士（含在读）10 人以上。

（2）双师培养工程。加大具有行业企业工作经验的专业教师引进力度，每个专业至少引进 1 名具有 5 年以上企业工作经历的技术人才和能工巧匠，充实专业教学团队。实施"镇企师资联姻计划"，建立"镇企互通、人才共用"机制，吸引行业企业一线的专业技术人才、能工巧匠担任兼职教师，参与教学工作。兼职教师库人数达到 300 人，兼职教师承担的专业课学时比例达 40%以上。办好教师技能比赛，完善专业教师到企业实践的制度，与企业联合培养专业教师，以此来提高专业教师的双师素质，使具有双师素质的专业教师比例达到 80%以上。建立镇内三产实体和教学岗位流通、兼职机制，镇内三产实体工作人员在校内兼课逐步达到每周4~6学时，每学年160学时。

（3）名师打造工程。确定教学名师、专业（学科）带头人培养名单，加大培养培训和宣传力度，每年有计划地安排名师、带头人参加国内外培训、学术研讨和交流，主持或参与教改课题，到企业挂职锻炼、到职业院校做访问学者，积极搭建"名师工作室""创新工作室"等成长平台。全面提高专业（学科）带头人的能力，发挥其在专业建设、教研课改、镇本教材开发、技术研发等方面的带头和把关作用，加强宣传力度，提高名师和带头人在该专业领域的知名度。培养镇级专业（学科）带头人20~30名、院级专业带头人8~10名、镇级名师8~10名，力争打造1~2名省级名师。

（4）团队建设工程。以名师、专业带头人为核心，骨干教师为主体，引入能工巧匠，以团队的形式引领教师队伍成长，形成年龄、职称结构合理的专业教师梯队。加强专兼职班主任队伍建设，关注专职班主任队伍的建设和成长。以专业教研室为主体，呼吁班主任（辅导员）、优秀镇友、行业企业专家广泛参加，构建教育教学团队，引领学生深入学习和全面成长。制定相关政策，加强和引导教学团队建设，使教学团队成为开展教育教学与科研、创新教育与大赛、技能培养与大赛、社会科技服务等工作的主体力量。努力打造3~5个镇级优秀教学团队、2~3个院级优秀教学团队，争创1~2个省级优秀教学团队。

4. 文化专业融合建设

（1）文化课教师队伍。文化课教师通常都编在基础部，目前只有江苏城乡建设职业学院与常州交通技师学院设有基础部。四所学校文化课教师队伍可探索进行资源整合，甚至可以成立一个公共的基础部，所有的文化课教师全部编入基础部。将基础部设在小镇管委会下，负责整个小镇基础课的日常教学。充分利用教师资源，不够的可以聘请，或设立兼职教师库，从兼职教师库中抽取以备不时之需。小镇基础部整合之后，如文化课教师仍有盈余,对于有意转型的教师,可建议并帮助其转到相近的教师比较短缺的文科专业,或根据其所学专业就近相似转型,使其学有所用。

(2)专业课教师队伍。由于专业课之间没有太多的相似之处,各属不同行业,所以融合专业课教师队伍难度较大。但在教学设备上还有共用的空间。各专业的教师采取民主管理、因岗设人的方式,在镇内公开竞聘,便于教师在镇际自由流动,在镇内外自由兼职,切实提高教师的待遇,真正留住教师。

后 记

后记，就是写在书的最后。书稿前前后后经历了长达几年的思考，用了一年多的时间码出来，算是孕期颇长，又遇难产，其中的艰辛不足为人道。对于著作等身的人来说，这只是后学晚辈的一次小试牛刀的过程，虽道路曲折，但也算曲径通幽，终得返大道。感谢庄西真博士在书稿写作过程中的鞭策与激励，我的书稿能成为其主编丛书中的一本，我深感荣幸。感谢臧志军博士在书稿构思中给予的启发性建议，对书稿大纲的抽刀断水式调整，以及对书稿第二章第五部分有关"一带一路"的写作贡献。感谢温丙帅副教授作为科研团队成员之一，多年来对团队科研工作的大力支持、对职教论文写作的执着追求，以及其对书稿第四章第七部分有关"适合的职业教育教师职称评定培养途径"的写作贡献。感谢李德方博士对书稿逻辑结构的深刻解读，让我受益匪浅，终于鼓足了勇气，敢于下水一试身手。感谢刘猛博士在书稿写作宏观上的指导，让我举灯前行，集职教百家之长，然后再动笔，不至于迷失在写作过程之中。感谢彭明成副研究员对我的提醒与督促，即使筚路蓝缕，也要砥砺前行。感谢贺文瑾博士与袁丽英研究员对我经年累月的鼓励，学术之路虽枯燥艰辛，但只要懂得坚守，勤奋刻苦，沿着一条路不断走下去，柳暗花明，也是能取得小小突破的。感谢苏州大学出版社刘诗能老师的严格审稿与辛勤策划，曾经的编辑部主任认真依旧，不忘从编初心，让我时常有回到十几年前的感觉。感谢苏州大学职业技术教育韩冉冉专硕与钟申专硕在书稿定稿过程中，克服了学业上的困难，利用一切空余时间，帮忙各自通读了一遍，贡献了一分力量，保证了书稿校对的质量。职业教育的发展，需要多少代人的持续努力，同样一本书稿的完成，也需要很多人的鼓励。不论是职业教育学部的老师，还是江苏理工学院的老师，抑或是出版社编辑人员，限于篇幅，在此不再一一列举感谢，你们的支持我铭记在心！

孙建波

于江苏理工学院职师楼 108 室